PASSAPORTE
PARA O SABOR
tecnologias para a elaboração de cardápios

OBRA ATUALIZADA CONFORME
O **NOVO ACORDO ORTOGRÁFICO**
DA LÍNGUA PORTUGUESA.

1ª edição: 2000
2ª edição: 2001
3ª edição: 2002
4ª edição: 2003
5ª edição: 2004
6ª edição: 2006
Reimpressão: 2007
7ª edição: 2008
8ª edição: 2010
Reimpressão: 2013
Reimpressão: 2014
Reimpressão: 2015
Reimpressão: 2017
Reimpressão: 2018

Dados Internacionais de Catalogação na Publicação (CIP)
(Câmara Brasileira do Livro, SP, Brasil)

Barreto, Ronaldo Lopes Pontes
Passaporte para o sabor: tecnologias para a elaboração de cardápios / Ronaldo Lopes Pontes Barreto. – 8ª ed. – São Paulo : Editora Senac São Paulo, 2010.

Bibliografia.
ISBN 978-85-7359-940-4

1. Alimentos 2. Cardápios – Elaboração 3. Culinária 4. Gastronomia I. Título.

00-2369   CDD-642

Índice para catálogo sistemático:

1. Cardápios : Elaboração   642

PASSAPORTE
PARA O SABOR
tecnologias para a elaboração de cardápios

Ronaldo Lopes Pontes Barreto

Prefácio de Laurent Suaudeau

8ª edição

Editora Senac São Paulo – São Paulo – 2010

ADMINISTRAÇÃO REGIONAL DO SENAC NO ESTADO DE SÃO PAULO
Presidente do Conselho Regional: Abram Szajman
Diretor do Departamento Regional: Luiz Francisco de A. Salgado
Superintendente Universitário e de Desenvolvimento: Luiz Carlos Dourado

EDITORA SENAC SÃO PAULO
Conselho Editorial: Luiz Francisco de A. Salgado
Luiz Carlos Dourado
Darcio Sayad Maia
Lucila Mara Sbrana Sciotti
Jeane Passos de Souza

Gerente/Publisher: Jeane Passos de Souza (jpassos@sp.senac.br)
Coordenação Editorial/Prospecção: Luís Américo Tousi Botelho (luis.tbotelho@sp.senac.br)
Márcia Cavalheiro Rodrigues de Almeida (mcavalhe@sp.senac.br)
Administrativo: João Almeida Santos (joao.santos@sp.senac.br)
Comercial: Marcos Telmo da Costa (mtcosta@sp.senac.br)

Preparação de Texto: Ronaldo Duarte Rocha
Revisão de Texto: Katia Miaciro, Luiza Elena Luchini (coord.),
Maristela S. Nobrega, Sandra Regina Fernandes
Projeto Gráfico e Editoração Eletrônica: Fabiana Fernandes
Ilustrações: Fabiana Fernandes
Capa: Moema Cavalcanti
Impressão e Acabamento: Gráfica CS Eireli

Proibida a reprodução sem autorização expressa.
Todos os direitos desta edição reservados à
Editora Senac São Paulo
Rua 24 de Maio, 208 – 3º andar – Centro – CEP 01041-000
Caixa Postal 1120 – CEP 01032-970 – São Paulo – SP
Tel. (11) 2187-4450 – Fax (11) 2187-4486
E-mail: editora@sp.senac.br
Home page: http://www.editorasenacsp.com.br

© Ronaldo Lopes Pontes Barreto, 1999

Aos meus alunos, que com suas perguntas me reciclam e me incentivaram a escrever este livro.

A Maria Aydil, minha mãe, pelo exemplo de coragem e integridade.

A Alessandra, por tudo que representa.

SUMÁRIO

Nota do editor	9
Apresentação	11
Prefácio	13
Agradecimentos	15
Colaboradores	17
Introdução	19
Capítulo I Planejamento de um cardápio	21
Capítulo II Bases, molhos e métodos de cocção	47
Capítulo III Conhecendo os alimentos	85
Capítulo IV Produções culinárias	271
Referências bibliográficas	287
Glossário	295
Índice geral	301

NOTA DO EDITOR

Padrão de excelência em seu gênero, com um alto conceito também internacional, o Grande Hotel São Pedro e o Grande Hotel Campos do Jordão integram a área de Educação em Turismo e Hotelaria do Senac São Paulo. Nesses hotéis-escola desenvolvem-se processos educativos que são paradigmas nas áreas de turismo, hotelaria e gastronomia, sem paralelo na América Latina.

Este *Passaporte para o sabor: tecnologias para a elaboração de cardápios*, de Ronaldo Lopes Pontes Barreto, surge como inspiração do trabalho que se faz nos hotéis-escola, cujo acervo de conhecimentos formado na teoria e na prática cotidianas foi igualmente decisivo na elaboração da obra.

O resultado, vai-se ver, é não apenas um livro informativo e técnico do melhor nível, com uma variedade de dados para o planejamento de cardápios que de imediato se impõe como indispensável à consulta de todos os profissionais da especialidade, mas também um livro de interesse cultural, na medida em que a gastronomia ganha o prestígio de constituir um item da civilidade moderna – e, sem dúvida, um incentivo a mais para conhecer e desfrutar os recursos naturais do país.

APRESENTAÇÃO

Ao longo dos últimos anos os brasileiros estão descobrindo um país com facetas e características bastante diversificadas: o Brasil. Além dos aspectos mais tradicionais, como música, literatura e alguns esportes, as pessoas começaram a desvendar as nuanças das artes em geral, das manifestações populares da cultura, da história (por ocasião dos 500 anos), das raças e etnias e, finalmente, da gastronomia. A conscientização da pluralidade e das delícias das diferentes cozinhas regionais brasileiras passa por um lento processo de quebra de preconceitos, de acesso à informação sobre matérias-primas, pela absorção de novos alimentos e receitas e pela crescente influência que as viagens e os meios de comunicação proporcionam.

A consolidação das gastronomias regionais e nacional depende justamente de informação primária, de pesquisa básica. É preciso que se faça algum tipo de inventário sobre alimentação no Brasil. Esse inventário pode conter desde uma descrição pormenorizada dos alimentos em estado bruto até métodos de cocção, passando por hábitos alimentares, receitas, temperos, molhos e especialmente informações menos ortodoxas como as suscetibilidades etnogastronômicas pessoais e regionais. A partir dessa construção inicial podem-se elaborar projetos de *marketing* relacionados com a gastronomia e com as redes de distribuição dos alimentos, sejam eles novos ou tradicionais, nacionais (ou internacionais) e locais, simples ou sofisticados, artesanais ou industrializados, raros (e exóticos) ou básicos. As delícias gastronômicas de um povo estão ligadas à sua cultura, educação e modo de vida. Comer, em todas as culturas e civilizações, é mais do que simplesmente garantir a sobrevivência cotidiana. Comer é um ato simbólico cultural, representa um estilo de vida, aprofunda relações familiares e sociais, enriquece o processo de construção do conhecimento, além de ser uma das maiores delícias da existência, talvez apenas superada pelo sexo ou pela amizade.

Neste livro, Ronaldo Barreto contribui de forma decisiva para a construção do conhecimento na área de gastronomia brasileira. Sua "casa de delícias" possui alicerces fundamentados em uma cultura elaborada ao longo de inúmeros cursos e viagens; as paredes foram erguidas com base em uma metodologia científica rigorosa; os telhados foram colocados em vários planos, pois não é uma construção óbvia ou simplista; o acabamento é sofisticado sem ser enjoado; e a arquitetura é elegante, pois não se pode escrever sobre o prazer do sabor de maneira árida, ou melhor, insípida. Se este livro fosse uma casa, seria na verdade um imenso restaurante com várias salas para degustação, varandas para repouso, amplas janelas para se debruçar sobre a paisagem, portas e divisórias para deixar passar a luz e a ventilação e muita cor, odores e sons, tudo preparando o espírito para uma lauta refeição. Quem já viu as divertidas aulas e palestras do Ronaldo vai descobrir que ele e sua equipe souberam passar para o texto a precisão da informação e a leveza do estilo. Se este livro fosse um grande restaurante, sua leitura seria o tranquilo saborear de um bufê entremeado pela surpresa de aromas, molhos e temperos exóticos ou incomuns. É aí que reside o segredo da receita do texto: ele possui um sabor que remete ao conhecimento clássico sem ser dogmático ou excludente. É um prato complexo mas não indigesto; bem elaborado mas não enjoativo. O livro mostra que descobrir a gastronomia brasileira é uma viagem mais ampla e satisfatória do que imaginávamos, cujo único efeito colateral talvez seja a dificuldade de atenuar os prazeres da gula após a luxúria do conhecimento de alguns dos seus componentes mais essenciais. Boa degustação.

Luiz Gonzaga Godoi Trigo

Professor de lazer e turismo da USP/Leste e da PUC-Campinas.
Livre-docente em lazer e turismo pela ECA/USP.
Doutor em educação pela Unicamp.

PREFÁCIO

A meu ver, este é um presente à cidadania brasileira, primordial para identificar cada vez mais o consumidor brasileiro perante sua forma de se alimentar, reforçando sua identificação cultural gastronômica ao conhecer os produtos da terra.

Poucas pessoas têm conhecimento e paixão à cultura gastronômica brasileira e tantos conhecimentos teóricos das cozinhas mundiais como o escritor e grande amigo professor Ronaldo Lopes Pontes Barreto.

Eu admiro e respeito este baiano de Salvador, erudito e dedicado, verdadeiro dicionário ambulante do "saber comer".

Este livro será, sem dúvida, um dos grandes pontos de referência na formação do cidadão cozinheiro neste país. Ele terá em mãos um mapa geogastronômico para ajudá-lo a estabelecer cardápios, na definição de uma cozinha regional contemporânea baseada em princípios fundamentais dos conhecimentos técnicos de uma cozinha, "aceitando e assimilando o que vem de fora e transformando numa coisa sua".

Este livro ajudará também a demonstrar que é possível estabelecer cardápios para toda a população usando produtos da região e incentivando os produtores agrícolas da terra.

Parabéns, Ronaldo! "Nós, cozinheiros", o homenageamos por crermos que seu livro pode contribuir para a construção efetiva de uma nação orgulhosa dos seus produtos e de sua cozinha. Como dizia o grande filósofo francês Brillat-Savarin: "Mais vale a descoberta de um grande prato do que de uma nação".

Melhor ainda quando uma nação se identifica com a cozinha dos seus produtos.

Parabéns e um grande abraço do amigo e admirador,

Laurent Suaudeau

Chefe de cozinha francesa, fundador da Escola de Artes Culinárias Laurent, Maître Cuisinier de France *desde 2004.*

AGRADECIMENTOS

Foram tantas as pessoas que direta ou indiretamente contribuíram para que este projeto se tornasse realidade que temo cometer alguma injustiça ao mencionar alguns nomes e omitir outros.

Agradeço à área de Educação em Turismo e Hotelaria do Senac São Paulo por ter encampado a ideia; ao professor doutor Luiz Gonzaga Godoi Trigo pelo incentivo; à equipe do Grande Hotel São Pedro – Hotel--Escola Senac, na pessoa de seu gerente geral Antônio Pereira de Moraes, pelo apoio e suporte logístico; aos meus assistentes em São Paulo, Campos do Jordão e Águas de São Pedro por terem compreendido as horas e aulas ausentes durante a elaboração do livro; aos profissionais que colaboraram nos seus respectivos campos de conhecimento com informações e sugestões; e, finalmente, a Asdrubal Senra pela dedicação indispensável à conclusão do livro.

COLABORADORES

Colaboraram para que este livro se tornasse realidade: alunos dos cursos de Cozinheiro-Chefe Internacional e de Tecnologia em Hotelaria das Faculdades Senac de Turismo e Hotelaria de São Paulo, Águas de São Pedro e Campos do Jordão; todos os meus professores-assistentes envolvidos neste projeto, meus colegas da área de Educação em Turismo e Hotelaria do Senac São Paulo, Topema, Ana Beatriz Rodrigues, Antônio Favoretto, Bettina Orrico, Carolina Barros Collet e Silva, David Lord Tuch, Dieter Doppelfeld, Dulce Cunha, Eduardo Bianchini, Evelyne Congal, Eunice Satie Uemori, Flávia LaVilla, dr. Franco LaVilla, Georges e Pepita Thévoz, Hanna Bermudes, Hélio Marques Trindade, Isabel Obladen Piragini, Jânio Rech, João Carlos e Sandra Ferreira Motta, Jerôme Dardillac, prof. dr. Luiz Antônio Martinelli, Liliam Ma, Luciano Neri Belcufin, Ma Kin Fu, Marcelo Traldi Fonseca, Maria Emilia Vaz Martins, Mariângela Taramelli Francisco, Marlene Buratto, Miguel Dias Marques, Otoniel Ferraz de Andrade Jr., Rodolfo Krause, dr. Sebastião Pereira de Faria Jr., Siwla Helena Silva, Teresa Guerra, Roberto, Emilia, Marcos e Roberta Simões, Paulo, Jana, Erika e Pedro Dias. Os chefes: Carla Pernambuco, Carlos Sieffert, Douglas Santi, Emmanoel Bassoleil e Luciano Boseggia.

INTRODUÇÃO

Como escrever um livro ao mesmo tempo informativo e técnico sem transformá-lo em um compêndio cansativo? Essa foi a minha grande preocupação logo de início.

Assim, optei por coletar informações sobre os alimentos e reuni--las de uma maneira ao mesmo tempo útil e prática, buscando passar o maior número de dados para quem precise planejar cardápios. Obviamente o assunto não está esgotado, nem poderia, sendo a gastronomia algo tão vivo e mutante.

Procurei conciliar conceitos técnicos e tradicionais aos alimentos encontrados no Brasil e despertar a curiosidade em relação ao enorme potencial que possuímos, à incrível biodiversidade das nossas águas, ao leque de ofertas das nossas frutas e legumes, sem contudo me deixar levar por um ufanismo ingênuo e muito menos deixar de lado os fundamentos clássicos da cozinha.

CAPÍTULO I
Planejamento de um cardápio

O cardápio, também chamado menu, lista ou carta, é um veículo de informação, venda e publicidade de um restaurante, e tem por finalidade auxiliar os clientes na escolha dos alimentos ou bebidas.

A origem da palavra *menu* remonta à Paris do século XVIII, época das confrarias, as quais podem ser consideradas precursoras dos atuais sindicatos. Nelas estavam agrupados os diversos segmentos e profissionais; havia os *rôtisseurs, charcutiers, vinaigriers, sauciers, moutardiers, pâtissiers, traiteurs* e *restaurateurs* etc. A confraria dos *traiteurs* – isto é, aqueles que "tratavam" com o cliente qual o tipo de alimentação a ser levada para casa – separou-se em 1738 da corporação dos *tripiers*, que tinham por hábito cozinhar tripas, vísceras e miúdos – *menus morceaux* – em grandes caldeirões. As pessoas, ao se aproximarem, pediam então pelos *menus morceaux* ou simplesmente *menus*.

Os hoteleiros, por sua vez, desde 1549, eram obrigados a afixar na porta dos estabelecimentos uma listagem com as produções culinárias.

Somente em 1765, um cozinheiro chamado Boulanger abriu, na rue des Poulis, o primeiro restaurante, ou seja, um local onde as pessoas podiam "restaurar" suas forças; foi processado pelos *traiteurs*, mas obteve ganho de causa.

Ao entrar em um restaurante, todo cliente espera, consciente ou inconscientemente, satisfazer desejos de ordem física e emocional, de modo que os cardápios devem vir ao encontro dessas necessidades. Para tal devem despertar a atenção do cliente, apresentando uma variedade de pratos compatíveis com seus gostos, tendo uma forma gráfica original e sendo fáceis de manusear.

É importante ainda que os cardápios sejam claros e legíveis, com todos os nomes dos pratos escritos corretamente, apresentados em sequência lógica e racional e bastante explícitos com relação aos preços, para que o cliente tenha noção correta da despesa que terá.

PLANEJAMENTO DE CARDÁPIOS

O cardápio – ou menu – é um instrumento de vendas, portanto deve ser cuidadosamente pensado e elaborado; ele faz parte do *marketing* do restaurante e deve estar voltado para atingir o segmento de mercado proposto. Ao planejá-lo, é necessário estabelecer:

Objetivos

- Que tipo de cardápio?
- Haverá sugestão do chefe? Como será apresentada?
- Haverá um cardápio para eventos?
- Qual será a margem de lucro?
- Qual a previsão de vendas?

A partir desse momento, passa-se a trabalhar baseando-se nos seguintes aspectos:

- *Intuição*: nada científica, manifesta-se geralmente em decoração, uniformes, logotipo e cores, modismos.
- *Informação*: objetiva e mensurável, obtida por meio de pesquisas e dados oficiais:
  - utilização de novos produtos de mercado;
  - busca de novos hábitos alimentares;
  - idade, sexo, poder aquisitivo e ocupação da clientela;

- população, localização, clima e tráfego;
- concorrência;
- custo da matéria-prima e dos equipamentos;
- escolaridade e formação profissional da mão de obra necessária.

Cuidados especiais com a redação de cardápios

O cardápio – peça primordial de vendas – reflete a imagem do restaurante; inconscientemente o cliente está avaliando a qualidade do papel, a impressão e as ilustrações ao escolher seu prato. Como essa escolha é feita pela leitura da relação, a redação e a correção gramatical são elementos que devem nortear quem planeja e redige o cardápio.

Indiscutivelmente, na França a gastronomia é um dado cultural, uma grife, sendo sua culinária mundialmente conhecida e o francês a língua gastronômica (o francês está para a gastronomia como o inglês, para a informática). Há publicações – como o livro do prof. Vladimir Durussel: *Étude, rédaction & planification des menus* (École Hôtelière de Lausanne, Suíça) – que tratam do tema com profundidade e que serviram de referência e subsídios para algumas das noções aqui registradas.

Devido a sua grafia, presente em cardápios de várias partes do mundo, há necessidade de conhecimento de algumas técnicas na redação de menus:

- *Uso de maiúsculas:*
  - sempre no início de frase: Truite au bleu, Champignons à la crème;
  - em nomes próprios ou sobrenomes: filet Chateaubriand, crème Dubarry, tournedos Rossini, sauce Mornay, pêches Melba, tournedos Henri IV;
  - sempre ao nos referirmos a países, localidades, acidentes geográficos:

– Madère: vin de Madère;

– Saint-Jacques: coquilles Saint-Jacques;

– Provence: herbes de Provence;

– Saint-Germain: potage Saint-Germain;

- em nomes de hotéis ou restaurantes: Waldorf, Savoy, Carlton.

Há algumas exceções: podemos escrever molho bechamel com letra minúscula e sem acento agudo, embora indique o nome do marquês de Béchamel, que teria inventado o molho. *Crème chantilly* não se refere à cidade francesa de Chantilly, e sim à preparação. O mesmo ocorre com *gâteau saint-honoré*.

Também devem ser grafadas com letra minúscula determinadas preparações:

- chef: entrecôte du chef;

- grand-mère: rôti de bœuf grand-mère;

- maison: terrine maison;

- maître-d'hôtel: beurre maître-d'hôtel;

- royale: consommé royale.

Outras denominações eventualmente também devem ser grafadas com minúscula, sendo aconselhável recorrer a um bom dicionário gastronômico em caso de dúvida.

- *A forma à la:*

À la é a forma elíptica de *à moda de*, *à maneira de*, e deve ser escrita das seguintes formas:

- *à la* para cardápios em francês;

- *alla* para cardápios em italiano.

O "l" de *la* é sempre minúsculo, portanto deve-se escrever *à la carte* e não "À La Carte".

Antes de vogais o "a" de *la* é suprimido, fazendo-se a ligação com o uso do apóstrofo:

- à l'americaine;
- à l'anglaise;
- à la créole;
- à la française;
- à l'italienne;
- à la russe;
- à l'indienne;
- à la reine;
- à la royale;
- à l'ancienne;
- à la hongroise;
- à la polonaise;
- à la provençale;
- à la diable;
- à la gelée;
- à la moelle;
- à la moutarde;
- à la crème;
- à l'orange;
- à l'ananas;
- à la broche;
- à l'étouffée.

No entanto, escreve-se:

- Salade russe;
- Sauce provençale;
- Poisson meunière;

- Entrecôte grillée maître-d'hôtel.

Com a letra "h" em algumas palavras suprime-se a vogal do artigo:

- L'huile – Les huiles;
- L'huître – Les huîtres.

Em contrapartida, escreve-se:

- Le haricot – Les haricots;
- Le homard – Les homards;
- Le hors-d'œuvre – Les hors-d'œuvre (invariável).

- *Quando usar **de** e **en**:*

O *de* significa um complemento, ou seja, um alimento é feito de ou com certo ingrediente; o *en* indica que o alimento está sendo servido em determinado recipiente ou massa:

- Brochette de saucisses;
- Chaud-froid de saumon;
- Pâté en croûte;
- Salade de champignons;
- Mousse de foie gras;
- Truffes en chausson;
- Pommes de terre en robe des champs;
- Œufs en gelée.

- *Uso de **au** (sing.) e **aux** (pl.):*

Significa que o alimento é feito com ou composto por determinado ingrediente:

- Poulet au chou;
- Choux au chocolat;
- Sorbet au citron;
- Mousse au citron;

- Consommé aux profiteroles;
- Mille-feuilles au coulis de framboises;
- Langouste aux herbes thaïes.

- *Pleonasmos:*

Deve ser evitada a menção do nome e dos ingredientes quando subentendidos na preparação. Por exemplo, *sopa minestrone*: minestrone já implica uma sopa típica, tornando-se assim desnecessário escrever "sopa".

São também pleonasmos *Apfelstrudel de maçã, guacamole de abacate, torta lemon pie*; *Apfelstrudel* é sempre feito de maçãs e *guacamole* é sempre feito com abacate, e *pie* é um tipo de torta.

- *Denominações culinárias:*

Há termos culinários que automaticamente são associados a determinados ingredientes:

- argenteuil – aspargos;
- chantilly – creme batido;
- clamart – ervilha;
- dubarry – couve-flor;
- indienne – curry;
- crécy – cenouras;
- florentine – espinafre;
- macédoine – frutas ou legumes;
- nantua – camarão;
- niçoise – tomates, alho, anchovas;
- parmentier – batatas;
- périgueux – trufas;
- portugaise – tomates;
- primeurs – legumes;

- pincesse – aspargos;
- printanière – legumes;
- provençale – alho e tomate;
- saint-Germain – ervilhas;
- soubise – purê de cebolas;
- vichy – cenouras.

- *Nomes de produtos e marcas:*

Os nomes de produtos (vinhos, bebidas em geral) devem ser grafados com letra minúscula, pois derivam de um produto geral, mas quando se trata de marca, esta deve estar em maiúscula. Exemplos:

- Podemos pedir um vermute, mas tomaremos um Martini.
- Solicitamos um *bourgogne*, mas tomaremos um vinho de Bourgogne.

- **Sautée *ou* sauté?**

Em francês o feminino é feito acrescentando-se um *e* ao final da palavra, sem modificar a pronúncia; assim, o correto é escrever:

- Pomme de terre *sautée* ou batata *sautée*;
- Pommes de terre *sautées* ou batatas *sautées*;
- Legume *sauté* ou legumes *sautés*.

Tomate em francês é feminino; o correto é: *tomate farcie* (recheada) – *tomates farcies* (recheadas).

Em caso de dúvida o melhor mesmo é usar as palavras equivalentes em português: *saltear* e *rechear*, respectivamente.

- **Bourguignon *ou* Bourguignonne?**

O correto é escrever *bœuf bourguignon* ou *bœuf à la bourguignonne*, porém, ao nos referirmos ao vinho: *vin de Bourgogne*.

- *Adjetivos:*

Os adjetivos devem concordar com o nome com o qual se relacionam diretamente. Por exemplo, *costeletas de cordeiro grelhadas* e não "costeletas de cordeiro grelhado". Dessa forma, sabemos que o cordeiro não foi grelhado inteiro, mas somente as costeletas.

Em algumas produções, porém, teremos: *filés de truta defumada* ou *filés de truta defumados*. No primeiro caso, *defumada* relaciona-se com a *truta*. No segundo, *defumados* relaciona-se com *filés*, sem alterar o resultado.

- *Emprego de singular e plural:*

Quando o prato não contiver mais do que uma unidade de determinado produto, deveremos escrevê-lo no singular. Exemplos:

- Brochete de pintado;

- Bisteca de porco;

- Filé à parmigiana.

O mesmo se aplica para um legume ou parte dele. Exemplos:

- Salsão grelhado;

- Couve-flor frita;

- Erva-doce na manteiga;

- Salada de alface;

- Molho de tomate.

Escrevemos no plural:

- Costeletas de cordeiro;

- Aspargos na manteiga;

- Champignons à la crème;

- Endívias braseadas;

- Feijões verdes;

- Lentilhas cozidas;

- Ervilhas na manteiga.

Obs.: A palavra *hors-d'œuvre* (entrada) é sempre invariável e sem a elisão:

- *Le hors-d'œuvre – Les hors-d'œuvre.*

- *Denominações culinárias em português:*

Em português, de acordo com as regras gramaticais, emprega-se letra maiúscula apenas no início da oração ou em nomes próprios. Contudo, por razões estéticas, continua-se a escrever em letra maiúscula cada produção do cardápio.

Algumas produções culinárias já constam no dicionário com suas respectivas grafias em português, embora muitas delas soem estranhas aos nossos ouvidos: bechamel, bufê, canapê, consomê, entrecosto, entremez, filé, fricassê, em juliana, omelete, patê, pavê, ragu, suflê, entre outras.

O importante é adotar uma linha coerente de apresentação gráfica, devendo-se evitar a mistura de idiomas, exceto se a proposta do restaurante é a *fusion-food*, na qual a fusão de estilos e culinárias pode vir revestida de originalidade se feita com talento.

- *Emprego do italiano:*

Os italianos comem *sequencialmente*, começando pelos *antipasti* (entradas), erroneamente traduzidos por antepastos. Em italiano, o plural masculino é feito com a letra "i" e o feminino, com a letra "e", o que exclui o uso do "s". Assim, devemos escrever *funghi* e não "funghis", *melanzane* e não "melanzanas". A sequência de um cardápio à la carte italiano obedece normalmente aos seguintes critérios:

- *Antipasti* (entradas);

- *Minestre* ou *Zuppe* (sopas) ou *Riso* ou *Risotto* ou *Risotti* (pratos à base de arroz ou risotos);

- *Pasta* (diversas massas);

- *Uova* (patos com ovos);

- *Pesce* ou *Frutti di mare* (peixes e frutos do mar);

- *Piatti del giorno* ou *da farsi* (pratos à base de carne, aves, miúdos servidos como pratos principais);

- *Contorni* (acompanhamentos) *insalata* ou *insalati* (saladas), servidos geralmente após o *Piatto del giorno*;

- *Formaggi* (queijos);

- *Frutta* (fruta), *Frutte* (frutas);
- *Gelati* (sorvetes);
- *Dolci* (sobremesas em geral).
- *Já têm grafia em português:*

Bolognese (bolonhesa), *cannelloni* (canelone), *spaghetti* (espaguete), *lasagne* (lasanha), *gnocchi* (nhoque), *ravioli* (ravióli), *taglierini* (talharim), *parmigiano* (parmesão).

Cuidados especiais no planejamento de cardápios

São necessários para quem planeja:

- *Conhecimentos culinários:*

Para que o cardápio apresente variedade de formas de cocção e riqueza de combinações entre pratos e guarnições, apresentando uma seleção de pratos com originalidade.

- *Conhecimentos de serviços de restaurante:*

Há certos pratos que exigem talheres e *mise-en-place* especiais, podendo o restaurante não estar aparelhado para esse serviço ou, ainda, os funcionários não estarem treinados para tal.

- *Análise de clientela:*

Para quem vou vender? Quem vem ao meu restaurante quer comer o quê? Como posso criar um hábito nesta clientela? Trata-se de uma clientela habitual ou ela se renova?

Planejar cardápio é também arte, pois harmonizar todos esses elementos não é tarefa fácil, implicando sensibilidade por parte do profissional responsável.

- *Análise de vendas:*

Outro ponto importante para a composição de um cardápio, principalmente na hora da atualização, pois reflete as preferências da clientela em relação ao que o restaurante oferece e indica os pratos mais rentáveis, os que devem ser mais trabalhados e os que devem ser retirados do cardápio.

* *Definição de cor:*

O cardápio faz parte do restaurante, portanto sua cor/estilo/estética/ *design* gráfico deverá ter alguma relação com a decoração do ambiente.

* *Definição do tipo de letra:*

Deve-se levar em consideração a luminosidade do restaurante; o tamanho e o tipo de letra são importantes.

* *Definição sobre ilustrações:*

Que tipo de ilustração o cardápio comporta? São importantes bom gosto e senso estético.

* *Distribuição de pratos no cardápio:*

A localização do nome do prato influi em seu nível de vendas. Pesquisas revelam que no cardápio há uma zona nobre – o centro e o lado superior direito – e outra secundária.

* *Definição da colocação dos preços:*

Os alimentos devem ser listados por ordem crescente de preços a partir dos mais baratos.

* *Elaboração de um "boneco":*

Quem planeja um cardápio deve fazer um modelo para a execução dos serviços de arte-final, evitando assim a perda de tempo e dinheiro.

* *Acompanhamento na execução da arte-final:*

Deve haver minuciosa revisão do texto, conferência de tamanho, corte, dobra e tonalidade de cor. A arte-final só deve ser aprovada se for levada ao restaurante para conferência de cor, visibilidade e clareza de leitura à luz ambiente.

Um cardápio impresso com muitas falhas compromete a imagem do estabelecimento.

* *Fichas técnicas:*

No dia a dia encontramos receitas em livros, revistas, jornais e até, quem sabe, aqueles pratos tradicionais caseiros, com receitas especiais de alguém da família. Mesmo assim, essas receitas devem ser testadas e, se aprovadas, passadas para fichas técnicas e de custo, criando-se assim um receituário de consulta fácil e um sistema de padronização.

- *Estatísticas de vendas:*

São o retrato do que a clientela do restaurante procura, elementos essenciais para atualização do cardápio.

- *Pesquisa de novos pratos:*

Por que não utilizar a criatividade de seu chefe de cozinha? Por que não pesquisar novos ingredientes? Por que não tentar misturar frutas típicas com carnes, aves e peixes? Por que não ousar?

- *Mercado abastecedor:*

Um determinado prato precisa de um ingrediente específico. É fácil e barato encontrá-lo no mercado? Quando a opção é difícil, infelizmente, surgem improvisações, que irão depor contra a imagem do restaurante e a autenticidade da receita.

- *Custo:*

A seleção de um prato está diretamente ligada à relação custo x contribuição marginal, isto é, qual o lucro que esse prato pode trazer para o restaurante.

- *Sazonalidade:*

Quais os produtos da época? Durante a estação, legumes, frutas e até mesmo peixes e frutos do mar são de melhor qualidade e mais baratos. Atualmente, porém, os métodos de congelamento e a facilidade de importação e transporte mudaram muito esse conceito.

- *Ofertas do mercado:*

O que a concorrência oferece para o mercado consumidor? Devo seguir a tendência?

- *Planejar para um período:*

O cardápio envelhece e deve ser atualizado sempre que se fizer necessário, pois a clientela percebe a preocupação na busca de novidades. Entretanto, os pratos considerados "estrelas" ou "especialidades da casa", assim como os mais vendidos, não devem ser alterados. Há restaurantes que conservam os seus "carros-chefe" por longos anos.

- *Ordem clássica do cardápio:*

Dependendo do tipo de restaurante, a sequência clássica de produções culinárias (veja capítulo III) é imprescindível, principalmente quando se trata de restaurante francês.

- *Variedades de formas de cocção:*

Um cardápio deve apresentar uma boa variedade de formas de cocção, permitindo ao cliente amplo leque de escolha, exceção feita a restaurantes temáticos.

- *Variedade de guarnições:*

É importante que haja uma variedade de guarnições; deve-se ser criativo e sair do binômio batata frita–arroz.

- *Variedade de cores:*

As pessoas comem primeiro com os olhos; portanto, devem-se levar em consideração a apresentação do prato e a variedade de cores. Imagine a monotonia de um cardápio em que um creme de aspargos é seguido por filé de peixe à milanesa com batatas fritas e coroado com um pudim de leite.

- *Humor:*

Cuidado com o humor, sobretudo em relação ao nome de pessoas homenageadas em receitas e a sua descrição. Esse aspecto está intimamente ligado à clientela que frequenta o restaurante.

- *Descrição X identificação:*

Ao escolher um prato, o cliente não é obrigado a saber que *filet de saumon à la florentine* é um filé de salmão com espinafre como guarnição.

Em muitos restaurantes, a tarefa de explicar a composição do prato cabe ao maître ou ao garçom. Isso, porém, deve ser cuidadosamente pensado, pois além de exigir bom treinamento do pessoal acarreta demora na escolha do prato.

- *Seriedade e profissionalismo:*

Deve-se sempre estar atento aos pratos típicos ou clássicos que têm guarnições tradicionais.

Deve ser vendido aquilo que realmente é oferecido. As improvisações nessa área são comuns e afetam a imagem do restaurante. O exemplo mais comum é o onipresente filé ao vinho Madeira – em sua maioria feito com vinho tinto simples.

NOÇÕES DE BRIGADAS E SERVIÇO

A brigada de um restaurante é composta basicamente por profissionais que lidam diretamente com o público. No jargão profissional diz-se que estão "na linha de frente".

A reputação de um estabelecimento está diretamente ligada à qualidade do seu atendimento. Os profissionais do restaurante são o espelho da empresa e complementam o trabalho da cozinha. Um bom prato merece sempre um bom serviço e vice-versa.

Assim, a brigada de um restaurante está relacionada com o tipo de atendimento e sua categoria, embora alguns profissionais sejam comuns a todas as categorias de restaurante.

O cardápio é peça fundamental no dimensionamento de uma brigada. Vejamos de maneira sucinta a diferença entre uma pizzaria de 150 lugares e um restaurante francês de 50. À primeira vista, a pizzaria deveria ter mais funcionários por ser maior, porém, o nível de qualificação exigido de seus profissionais é menor do que o exigido dos profissionais de um restaurante francês, ou seja, uma pizzaria não comporta alguns cargos mais qualificados.

Os tipos de restaurante e respectivas brigadas são tratados nos livros *Manual do maître-d'hôtel*, de Aristides de Oliveira Pacheco, e *Tecnologias gerenciais de restaurantes*, de Marcelo Traldi Fonseca, ambos da Editora Senac São Paulo. As tarefas e competências das brigadas de restaurante, bar e cozinha são encontradas no *Guia das profissões hoteleiras*, do Senac São Paulo e da Organização Internacional doTrabalho (OIT), editado pelo Senac São Paulo.

Abordaremos agora conceitos com os quais os diversos tipos de alimentos tratados neste livro podem ser apresentados:

* À la carte:

Cardápio com vários tipos de produções culinárias, escritas de forma sequencial, que permite ao cliente efetuar sua escolha entre entradas frias e quentes, saladas, consomês, cremes e sopas, ovos e farináceos, peixes e frutos do mar, aves, carnes, guarnições e sobremesas.

A conceituação do restaurante é que irá determinar a maior ou menor presença desses itens.

- Table d'hôte:

Menu pré-fixado, geralmente encontrado em hotéis com sistema de meia pensão ou pensão completa. Seu modo de apresentação pode ser em bufês, empratado ou mesmo em sistema misto. No *table d'hôte*, a classificação das produções culinárias muda em relação ao *à la carte*. Os alimentos são divididos em entradas, pratos principais e sobremesas. Nesse sistema estão também os menus do dia ou sugestões do chefe, assim como os chamados *menus confiance* ou *menus dégustation*.

- Self-service:

Conceito genérico que engloba todos os tipos de serviço em que o cliente se serve sozinho ou com o auxílio de um funcionário.

- *Serviço empratado* (Pre-platted service – Sur assiette):

Muito mais que um tipo de serviço, é um conceito atual, encontrado praticamente em todos os tipos de restaurantes, em quase todos os países. O prato já vem pronto da cozinha direto para a mesa do cliente.

Organização de uma brigada de cozinha

Uma cozinha é composta por profissionais com diferentes competências e responsabilidades.

As brigadas clássicas eram formadas por elementos especializados com atribuições definidas, seguindo a divisão tradicional preconizada por Escoffier. As cozinhas possuíam áreas físicas consideráveis com grandes espaços e instalações diversificadas.

A tendência atual é a racionalização de espaços, equipamentos e mão de obra.

Os cozinheiros altamente especializados deram lugar a, basicamente, três tipos de profissionais: quente, frio e doce.

As cozinhas, por sua vez, podem ser de pequeno, médio ou grande porte.

Tendo em vista a administração e a supervisão das atividades de uma cozinha, e para melhor compreensão das competências profissionais, são necessárias a descrição detalhada das atividades, assim como a interrelação com os outros postos e setores de trabalho.

- *Setores anexos:*
  - recepção de mercadorias;
  - almoxarifado (câmaras frigoríficas);
  - copa limpa e copa suja;
  - cambusa;
  - sala do chefe;
  - câmara para lixo;
  - despensa do dia (opcional).
- *Instalações, móveis e equipamentos básicos:*
  - distribuição funcional;
  - padronizações físicas e técnicas.
- *Características físicas:*
  - ventilação;
  - iluminação;
  - piso;
  - materiais usados;
  - segurança;
  - fluxo do pessoal, produtos e lixo.

No Brasil, até recentemente, sentíamos falta de uma formação acadêmica para profissionais de cozinha. Nossos cozinheiros, na maioria das vezes, não tiveram uma educação formal e adquiriram experiência pela prática, suprindo as lacunas administrativas com intuição e improvisação.

O profissional brasileiro é reconhecidamente talentoso, autodidata e polivalente.

No entanto, torna-se necessária a profissionalização desse setor, já que uma cozinha não é tão somente um local de produção de alimentos. A cozinha moderna exige que um chefe se transforme em um administrador capaz de organizar e obter resultados positivos.

O trabalho de uma cozinha pode ser dividido em fases:

1ª) planejamento;

2ª) *mise-en-place* – abertura;

3ª) produção;

4ª) serviço;

5ª) fechamento (controle).

Organização funcional da cozinha

A organização funcional de uma cozinha deve corresponder a suas necessidades operacionais e permitir o fluxo dos serviços da maneira mais racional possível.

Existem vários tipos de cozinha com tamanhos e características que variam de acordo com as produções culinárias e o segmento de público (demanda) que se deseja atingir.

A estrutura funcional deve obedecer a algumas normas fundamentais para melhor atender à organização do trabalho.

O planejamento físico deve levar em consideração, além do espaço disponível, as características da produção culinária, existindo para cada realidade uma solução específica.

Podemos conceituar uma cozinha de acordo com os seguintes parâmetros:

1. Estrutura funcional:

1.1. Setor de preparação: Cozinha fria;

1.2. Setor de preparação: Cozinha quente;

1.3. Setores especializados: Açougue (peixaria),
Legumeria,
Confeitaria/Padaria.

Perfil dos cargos, descrição das tarefas e competências

• *Chefe de cozinha:*

O chefe de cozinha de uma grande empresa coordena o trabalho de uma equipe de cozinheiros (chefes de partidas), ajudantes de cozinha (*commis*) e peões ou copeiros. Normalmente é secundado por um subchefe, cujas competências são quase idênticas.

O trabalho de um grande chefe engloba, entre outras atividades, planejamento, previsão, supervisão e controle. De acordo com o *Guia das profissões hoteleiras*, as competências dos profissionais de cozinha estão divididas em tarefas.

Tarefas de administração e direção

Supervisão e direção pessoal:

- dirigir, controlar e supervisionar as atividades do pessoal de cozinha por meio de ordens claras e precisas;
- administrar o trabalho dos chefes de setores distribuindo responsabilidades e competências;
- organizar as reuniões regulares com os funcionários;
- organizar o treinamento formal e treinar o pessoal no ambiente de trabalho ou em conjunto com o departamento de treinamento (gerência de RH);
- resolver as situações de emergência;
- cuidar da segurança em geral (física e patrimonial);
- participar de processos de seleção pessoal da sua área;
- explicar e informar a equipe acerca dos menus:
  - qualidade dos produtos,
  - preparo correto,
  - apresentação;
- aumentar a produtividade pela motivação da equipe.

Planejamento:

- organizar o trabalho da cozinha em função dos serviços e atividades;
- preparar plano de trabalho e escala de revezamento do pessoal;
- elaborar cardápios (menus e sugestões);
- obedecer aos critérios definidos de porções e pesos;
- elaborar fichas técnicas de receitas e custos (junto com o *controller*);
- ajudar na elaboração e descrição de cargos e funções (junto com a gerência de RH);
- participar das reuniões de planejamento ou reformas das áreas físicas.

Previsão e controle:

- planejar e avaliar as atividades e os resultados da cozinha por meio de relatórios;
- participar dos inventários e controles na cozinha;
- autorizar a compra ou requisição de produtos;
- controlar os produtos comprados na hora do recebimento, verificando se as matérias-primas encomendadas foram entregues;
- supervisionar a estocagem e conservação de produtos;
- controlar o desempenho financeiro do seu setor;
- controlar a qualidade e a apresentação dos pratos preparados na cozinha.

Tarefas de execução

Regra geral, e levando em conta as responsabilidades e atribuições do cargo, o chefe de cozinha (chefe executivo) não desempenha costumeiramente tarefas de produção de alimentos, a não ser em situações excepcionais, como:

- criação de nova receita de cardápio;
- definição e acerto de um prato especial que marque seu desempenho profissional;
- acabamento de prato para o qual julgue dever empenhar-se pessoalmente;
- preparo de pratos utilizando técnicas especiais de cocção;
- apresentações especiais de pratos frios e quentes;
- organização e montagem de mesas de bufê.

Para o desempenho dessas atividades, o domínio das técnicas de trabalho de cozinha, no seu nível mais elevado, é indispensável.

Qualificações exigidas:

- formação profissional comprovada com experiência de vários anos e preferencialmente em empresas de grande porte;
- capacidade de gerenciamento;
- senso de relações humanas, de organização, de iniciativa;
- espírito de liderança.

- *Cozinheiro* entremetier:

O termo *entremetier* deriva do francês *entremets*, que literalmente significa "entre pratos". Na culinária clássica o termo abrangia um conjunto de pratos que sucediam os assados misturando doces e salgados, tais como *crêpes* e *beignets*, cremes e caldas, produções à base de ovos, frutas cozidas, sorvetes, merengues, massas doces (tortas, *pies* etc.), flãs, produções doces à base de féculas, cremes doces montados.

Atualmente, o cozinheiro *entremetier* é o profissional que prepara todos os acompanhamentos e guarnições. Seu campo de trabalho é restrito a grandes empresas que mantêm uma brigada completa.

- *Cozinheiro* saucier:

Saucier deriva da palavra *sauce* (*molho*, em francês). É o cozinheiro responsável pelo preparo de fundos e caldos básicos e molhos quentes.

Essa praça é encontrada geralmente nas grandes cozinhas ou naquelas em que os pratos com molhos são relevantes.

Trata-se de uma função muito importante e delicada, que requer grande experiência e habilidades culinárias. Com o desenvolvimento de novos produtos, incluindo bases para molhos, há uma tendência de suprimir esse posto de trabalho.

• *Cozinheiro* rôtisseur *(cozinheiro de assados e grelhados):*

O verbo *rôtir* quer dizer *assar* em francês, daí o *rôtisseur* – especializado na produção de todos os alimentos assados no forno, espeto ou grelha, bem como das preparações à base de frituras: carnes, peixes, aves, caças e legumes.

• *Churrasqueiro* (grillardin):

Especializado na preparação de carnes e aves na grelha, *broiler* ou espeto. Apesar do caráter muito restrito em suas produções, o churrasqueiro deve possuir elevado grau de qualificação, sendo um profissional muito requisitado em churrascarias e sobretudo em restaurantes especializados em grelhados.

• *Cozinheiro tornante*/tournant:

Pode ser considerado um dos cozinheiros mais completos dentro de uma brigada de cozinha. Deve ser um profissional polivalente, capaz de confeccionar todas as produções culinárias constantes no cardápio.

Suas funções variam de acordo com o tamanho, a categoria e a organização da empresa, podendo vir a ser o único responsável do seu turno de trabalho, substituindo todos os chefes de partida.

• *Cozinheiro* garde-manger:

O termo *garde-manger* significa guarda-comida e vem do velho armário homônimo. No jargão culinário é aplicado indistintamente ao pessoal e ao local de trabalho.

Trata-se do cozinheiro especializado em preparações frias, charcutarias, saladas, molhos frios, bufês e peças moldadas no gelo ou outros materiais. Hierarquicamente está no mesmo plano do chefe confeiteiro.

- *Açougueiro de cozinha:*

Esta função se justifica em cozinhas que consomem grandes quantidades de carnes, com diferentes cortes, estendendo-se a aves e peixes.

O açougueiro deve ser um profissional qualificado, capaz de desossar e aparar criteriosamente, obedecendo a critérios de padronização. Deve saber também estocar e calcular as previsões para as *mise-en-places*.

Um açougue criteriosamente administrado é uma fonte de lucro e um fator de melhor organização do trabalho.

- *Sushiman:*

Apesar de não fazer parte de um organograma tradicional de cozinha, a inclusão do *sushiman* deve-se ao fato de o Brasil, em especial São Paulo, possuir uma enorme variedade de restaurantes japoneses, a tal ponto que esses estabelecimentos suplantaram as churrascarias.

No Japão, para tornar-se *sushiman*, são necessários anos de treinamento; há quem diga até oito anos. No Brasil, a versatilidade da nossa mão de obra, especialmente a nordestina, fez surgir um grande número de profissionais que, na maioria das vezes, aprendem na prática a difícil arte de cortar peixes.

- *Chefe confeiteiro* – Chef pâtissier:

É o chefe de partida com responsabilidades idênticas às de um grande chefe, mesmo subordinando-se ao chefe de cozinha.

A confeitaria é um setor importante e relativamente independente dos outros, com um nível específico de produção culinária.

O profissional dessa área deve estar apto a:

- assegurar uma produção impecável a uma confeitaria e padaria;
- reciclar-se e estar a par das novas tendências;
- elaborar fichas técnicas de receitas e custos;
- elaborar lista de produções culinárias;

- supervisionar e controlar a utilização das matérias-primas;
- treinar e formar sua equipe;
- ser criativo e de bom gosto.

- *Confeiteiro:*

Executa preparações específicas do setor de confeitaria, com um nível de especialização menos elevado em relação ao chefe confeiteiro.

- *Padeiro/masseiro:*

Trabalha no setor de confeitaria para preparar exclusivamente produtos de padaria e derivados.

- *Ajudante de cozinha:*

Assiste todos os cozinheiros nas tarefas de limpeza, preparação dos gêneros alimentícios e, de modo geral, em todas as tarefas internacionalmente chamadas de *mise-en-place*, que precedem os cozimentos propriamente ditos.

Algumas dessas preparações podem exigir o domínio de técnicas de trabalho já bastante complexas, devido ao tipo de produções realizadas.

Colaboração com setores e gerências de um hotel

A cozinha deve ter estreita colaboração com outros setores e gerências de um hotel no intuito de realizar um bom trabalho de equipe:

1. gerente de alimentos e bebidas;
2. *maître* executivo ou equivalente;
3. *steward*;
4. gerência administrativa (setor de compras, controle e custos);
5. gerência de recursos humanos;
6. gerência de hospedagem;
7. gerência de manutenção.

A comunicação e a troca de ideias favorecem o espírito de união de uma empresa e melhoram sensivelmente o atendimento aos clientes.

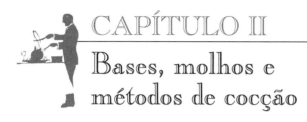

CAPÍTULO II
Bases, molhos e métodos de cocção

BASES

Bases de cozinha são preparações compostas por diferentes ingredientes, utilizadas para facilitar a confecção de determinadas produções culinárias, servindo também para modificar ou melhorar o sabor, a textura, a cor e o aroma dos alimentos.

Estão tradicionalmente divididas em quatro grupos:

1. fundos básicos (caldos);
2. ligações ou espessantes;
3. aromáticos ou aromatizantes;
4. embelezadores e melhoradores de sabor.

Fundos de cozinha

Os fundos são a base da cozinha clássica, influenciando e caracterizando o sabor das produções culinárias que servem de base: molhos, sopas, cozidos.

Os fundos possuem normalmente três componentes:

- *Componentes nutritivos ou de base:*
    - ossos, aparas, carcaças de boi, vitela, frango, porco ou caças;

- espinhas e aparas de peixe;

- legumes.

- *Componentes aromáticos: mirepoix, bouquet garni, sachet d'épices*, folhas de louro, ervas aromáticas etc.

- *Componentes líquidos:* geralmente água, eventualmente vinho.

Os fundos, após cocção, passam a ser denominados *caldos*. Em francês não existe essa diferenciação de terminologia, sendo o termo *fonds de cuisine* usado para duas etapas: os fundos e o caldo já cozido.

Em virtude dessa duplicidade, existe uma grande confusão no emprego de duas palavras em português.

Os caldos básicos são, dessa maneira, o resultado da cocção dos fundos e servem de base para várias preparações culinárias (consomês, sopas, molhos) e como elemento de cocção para carnes, aves, peixes, grãos e legumes.

Podem ser divididos em:

- *Fundos claros* – fonds clairs

- *Fundos escuros* – fonds bruns

- *Fundos de aves* – fonds de volaille

- *Fundos de peixe* – fonds de poisson

- *Fundos de legumes* – fonds vegetariens

- *Fundos de caça* – fonds de gibier

Aos fundos básicos podemos ainda acrescentar os fundos gordurosos e os reduzidos.

- *Fundos gordurosos:*

- manteiga clarificada e manteiga derretida;

- óleos vegetais e azeite.

Nos molhos emulsionados quentes (holandês, *béarnaise* e derivados), utiliza-se manteiga clarificada (manteiga da qual foram retirados água, lácteos e sal, formando uma manteiga a ser aquecida a temperaturas mais elevadas sem queimar) ou manteiga derretida (que conserva as características da manteiga).

Nos molhos emulsionados frios (maionese e derivados), utilizam-se azeite de oliva, óleos e gorduras vegetais.

* *Fundos reduzidos:*

As reduções são todos os líquidos utilizados com fundo para molhos ou outras preparações. O líquido escolhido para dissolver os sucos ou resíduos deve combinar com o sabor do prato. Como elemento de redução, pode-se utilizar leite, vinho tinto ou branco, cerveja ou mesmo outro caldo básico.

Não se devem confundir os fundos reduzidos com os espessantes ou agentes de ligação, que têm outra característica química, além de outra utilização culinária.

Resumo:

Fundos claros (fonds clairs)

Os fundos claros podem ser divididos em:

1. fundo claro de vitela (bovino);
2. fundo claro de aves;
3. fundo claro de peixe.

* *Fundo claro de vitela ou boi:*

São preparados que têm por base ossos de vitela ou boi em pequenos pedaços (ossos de vitela são considerados os melhores, pelo sabor mais suave). Os ossos podem ser deixados de molho em água fria por algumas horas e depois branqueados (ver Métodos de cocção). Quando frios, devem ser levados ao fogo com a *mirepoix* e água. Deixar cozinhar em fogo lento durante 4 horas. Desengordurar e passar em pano fino umedecido. Guardar em geladeira. Podem ser utilizados na confecção de diversas preparações culinárias: molhos, sopas, cocção de legumes etc.

- *Fundo claro de aves (*fond de volaille *ou* Fond clair de volaille):*

Obtido da mesma forma que o fundo claro de vitela, substituindo-se os ossos de vitela por ossos ou carcaças de aves. Podem ser acrescentados também alguns miúdos (moelas, pés, pescoço etc.).

O fundo claro de ave é um caldo básico utilizado na preparação de sopas, cremes, *veloutés*, sopas *purées* e molhos claros.

- *Fundo claro de peixe (ver Fundos de peixe).*

Fundos escuros (fonds bruns)

São preparados tendo por base ossos e carnes de boi, vitela ou porco. Antes da cocção, os ossos são enfarinhados e dourados no forno. A carne é frita, a fim de se obterem os sucos naturais, e acrescentam-se os componentes aromatizantes (*mirepoix* com ou sem toucinho) e água. Levar para cozimento em fogo brando, acrescentando-se a cebola *brulée*, a cebola *piquée* e o *bouquet garni*. Para se obter uma coloração mais escura, pode-se usar purê ou extrato de tomate e reduzir com vinho tinto ou água.

Após várias reduções, os fundos se transformam em glacês, extratos e essências.

- *Glacês (*glace de viande):*

São a redução de fundo escuro, com aparência de xarope concentrado. Os glacês frios têm consistência de gelatina devido ao colágeno presente nos componentes cartilaginosos. Pode-se acrescentar gelatina sem sabor para aumentar a ligação.

Após a primeira depuração, voltar a reduzir até concentrar. Coar o fundo em *chinois* ou em peneira fina sobre um recipiente menor para facilitar a concentração. Levar ao fogo baixo e deixar evaporar cerca de 1/3 do caldo. Coar novamente e repetir a operação até que fique espesso. Para melhor verificação, mergulhar uma colher; se ela ficar coberta de uma camada brilhante e viscosa, o glacê está pronto. Colocar em uma tigela, deixar esfriar e levar à geladeira. O fundo deve atingir a consistência de gelatina sólida. Não confundir com o glacê em confeitaria (preparação à base de açúcar).

- *Extratos:*

São glacês concentrados e sem gordura, que se tornam sólidos após resfriamento.

- *Essências:*

São glacês reduzidos e concentrados, com aparência pastosa.

Os extratos e as essências são utilizados para reforçar o sabor de molhos, sopas e assados. Em confeitaria, a expressão *essência* se refere aos líquidos oleosos obtidos da destilação de substâncias vegetais.

Fundos de peixe (fonds de poisson)

Têm por base espinhas e aparas de peixe e diferem dos chamados *fumets* pelo modo de preparo.

- *Fundo de peixe:*

É preparado com espinhas dorsais, cabeças sem guelras e nadadeiras de peixe cortadas em pedaços (evitar os peixes de carne gordurosa), *mirepoix*, vinho branco, água e *champignons* laminados (opcional). Colocar o peixe e os temperos em uma panela grande. Cobrir com o vinho e a água e ferver em fogo baixo, escumando com cuidado. Continuar a escumar até não se formar mais espuma. Acrescentar mais líquido se necessário e deixar por mais meia hora. Passar por uma peneira forrada com um pano fino umedecido.

- *Fumet de peixe (*fumet de poisson*):*

Entende-se por *fumet* a preparação em que os ingredientes são previamente dourados em manteiga quente. A sequência de preparo é idêntica à do fundo de peixe.

As utilizações posteriores do fundo e do *fumet* variam:

- fundos: *veloutés* de peixes e frutos do mar;
- *fumets*: cozimentos *à poché*, *bisques*, cremes, sopas regionais.

Fundos de legumes (fonds végétariens)

O fundo de legumes ou vegetariano serve de base para preparações da cozinha vegetariana ou dietética. Seu preparo é semelhante ao dos outros fundos, com a diferença de que somente legumes ou gorduras vegetais são utilizados.

Fundos de caça (fonds de gibier)

Apesar de o fundo de caça não ser normalmente utilizado no Brasil, é importante mencioná-lo. São preparados como os fundos escuros (*fonds bruns*), substituindo-se os ossos de vitela ou boi por ossos de caça de pêlo ou de pluma, como pato, ganso, coelho, javali etc.

Pode-se acrescentar à água vinho tinto ou branco e mudar a composição de aromatizantes, incluindo erva-doce, zimbro ou sálvia à *mirepoix*.

Agentes de ligação ou espessantes (liaisons)

As ligações são realizadas pelos componentes espessantes que servem para engrossar líquidos. São utilizadas na confecção de molhos, cremes, sopas, pudins e suflês, e algumas delas em produções de confeitaria.

As ligações podem ser classificadas em dois grupos com várias subdivisões:

- *Naturais:*
  - ovos (gemas, inteiros);
  - sangue;
  - coral;
  - outras ligações.

- *Elaboradas:*
  - amido;
  - creme de leite;
  - gelatina.

Naturais

- *Ovos:*
  - *Gemas* – A gema sozinha, sem a clara, é um elemento de ligação, sempre a uma temperatura inferior a 70 °C. As temperaturas elevadas endurecem as gemas (coagulação de albuminas), separando-as do elemento líquido. As ligações com gema são feitas em combinação com outro ingrediente:
    - creme de leite, para engrossar e enriquecer molhos e sopas;
    - azeite, gordura ou manteiga, para emulsionar molhos quentes e frios (ligações a frio e a quente);
    - farinha de trigo, para confeitaria (pode-se ferver até 4 minutos);
    - água fria (na cozinha dietética) – quatro gemas para dois copos de água.
  - *Ovos inteiros* – Servem como ligação em pudins e outras produções de confeitaria. A coagulação dos ovos permite a confecção de *royales* ou *crèmes renversées*.
- *Sangue:*

  O sangue é empregado como ligação em produtos de charcutaria ou em receitas específicas cujos molhos são feitos com o próprio sangue (molhos pardos). Acrescenta-se vinagre para evitar a coagulação. Não se deve atingir o ponto de fervura.
- *Coral:*

  Usa-se coral de lagostas ou de algum outro crustáceo misturando-o com creme de leite ou manteiga. Não deixar ferver.

- *Outras ligações:*

Iogurte e queijos brancos são ingredientes muito utilizados na cozinha vegetariana, assim como algas marinhas e gomas alimentícias vegetais, que também podem ser utilizadas como espessantes.

Elaboradas

- *Ligações por amido:*

O amido é um polissacarídeo que, com a umidade, fermenta e aumenta de volume permitindo a aglutinação e provocando o espessamento do líquido, criando a *liaison*.

O amido é encontrado nas farinhas de trigo, milho (maisena) e arroz (creme de arroz), na batata (fécula), na mandioca (tapioca e polvilho), na araruta, em leguminosas secas e em certas frutas.

As ligações por amido podem ser a quente e a frio.

- A quente – *Roux*: Tradicionalmente o *roux* é uma mistura de manteiga derretida e farinha de trigo, em quantidades mais ou menos iguais, variando de acordo com a preparação desejada. O tempo de cocção varia de acordo com o tipo de *roux* a ser utilizado, determinando assim sua coloração, que serve também como parâmetro para a divisão dos *roux*.

  – *Roux* branco ou claro (*roux blanc*): necessita de pouco cozimento, o suficiente para fazer desaparecer o gosto da farinha crua. O grau de ligação é forte, servindo para molhos claros e sopas cremosas de tonalidade clara.

  – *Roux* amarelo (*roux blond*): necessita de cocção suave até ficar ligeiramente dourado. Possui grau de ligação médio e é utilizado em alimentos de cor amarelo-queimada ou mais escuros.

  – *Roux* escuro (*roux brun*): deve ser cozido até obter-se uma coloração bem escura. Possui grau de ligação fraco e é utilizado em molhos escuros e pratos específicos.

Existe um *roux negro* (*roux noir*), utilizado na cozinha *créole*.

Com a tendência da culinária voltada para uma cozinha leve e natural, o tradicional *roux* começa a ser substituído por misturas de féculas e gorduras vegetais ou animais. As féculas mais utilizadas são as de araruta e de batata. A fécula de arroz e de milho, insolúvel até os 60 °C, adquire consistência gelatinosa depois de fria.

As ligações com féculas interferem somente na consistência dos molhos, não alterando a cor dos mesmos.

- A frio:
  - *Beurre manié*: nome dado à mistura não cozida de manteiga amolecida e farinha de trigo, em proporções que variam, formando uma pasta homogênea. Recomenda-se separar a mistura em pedacinhos e depois acrescentar pouco a pouco ao líquido quente, misturando com o auxílio de um batedor.

  - *Singer* (salpicar de farinha): método que consiste em salpicar farinha – branca ou torrada – ao alimento a ser frito ou salteado. Utilizado nos *fricassés*, *emincés*, braseados.

- *Creme de leite:*

O creme de leite puro não pode ser considerado um elemento de ligação; somente depois de misturado com gemas de ovos modifica a aparência dos molhos. Quando acrescentados às sopas, cremes com gemas de ovos compõem as sopas *veloutés*. O creme de leite pode ainda enriquecer molhos e outras preparações culinárias.

- *Gelatina:*

A gelatina, substância inodora e incolor, era originalmente um produto obtido pelo cozimento das cartilagens (pés, tendões, cabeças) de animais. Atualmente é obtida também de algumas algas.

As gelatinas são comercializadas em folhas e em pó, naturais ou aromatizadas. São utilizadas para engrossar molhos frios (dando origem aos *chauds-froids*), cremes, musses e produtos de confeitaria.

Aromáticos

São componentes à base de legumes, ervas e especiarias adicionados a fundos, sopas e molhos com a finalidade de realçar e acentuar o sabor.

- Mirepoix:

Cenoura, cebola, salsão cortados em cubos. São utilizados para aromatizar fundos, sopas, molhos, braseados. Normalmente a proporção é de 25% de cenoura, 25% de salsão e 50% de cebola.

- Mirepoix *branco:*

É um *mirepoix* do qual se retira a cenoura e ao qual se adiciona alho-poró. Utilizado para aromatizar molhos claros e fundos.

- Bouquet garni:

Composto basicamente de salsão, cenoura, salsinha, folha de louro, amarrados. Retira-se após fornecer ao fundo, molho ou sopa o sabor desejado. Os ingredientes do *bouquet garni* podem variar de acordo com a região.

- Sachet d'épices:

Dente de alho, folha de louro, pimenta em grãos, tomilho, talo de salsinha envoltos em pano fino ou gaze. Do mesmo modo que o *bouquet garni*, é retirado após sua utilização.

- *Cebola* brulée – ognion bulé:

Cebola cortada ao meio e tostada na chapa ou frigideira. Além de aromatizar, acentua a cor de fundos escuros.

- *Cebola* piquée – oignon piqué:

Cebola descascada e cortada ao meio. Leva uma folha de louro espetada em um pequeno corte lateral e cravos-da-índia espetados.

Embelezadores e melhoradores de sabor

São complementos de molhos, sopas e massas com a finalidade de melhorar o aroma e a textura dos comestíveis.

- *Liga fina:*

Mistura de gemas com creme de leite que suaviza o sabor e a consistência e melhora a textura de cremes e *veloutés*.

- *Creme de leite, nata e manteiga:*

Empregados para o mesmo fim da liga fina.

- *Corantes naturais e artificiais:*

Utilizados para realçar ou mudar a cor de uma preparação.

MOLHOS

Molhos são produções culinárias quentes ou frias que servem para acompanhar, realçar, disfarçar ou mesmo identificar um alimento. Presumivelmente a palavra molho, em português, resulta do fato de que essas produções "molham" o alimento. Em praticamente todos os outros idiomas latinos conservou-se a raiz latina *salsus*: em francês, *sauce* (fem.: *la sauce*); em espanhol e italiano, *salsa* (sinônimo de salgado); em inglês, igualmente *sauce*.

Nas antigas brigadas de cozinha havia um cozinheiro especializado na arte de fazer molhos – o *maître saucier* –, função que tende a desaparecer com as novas técnicas culinárias e a atual realidade de mercado.

Os molhos eram parte integrante de uma receita e tiveram seu apogeu nos séculos XVII e XVIII. Com o passar do tempo evoluíram e sofreram modificações.

Auguste Escoffier dividiu os molhos de acordo com sua temperatura e consistência, classificando-os como básicos e derivados. Atualmente podemos separá-los da seguinte forma:

- *De acordo com sua composição:*
  - molhos básicos, derivados e semiderivados;
  - molhos emulsionados;
  - molhos especiais;

- molhos contemporâneos.

- *De acordo com a temperatura:*

  - quentes ou frios.

Ou ainda:

- base escura;

- base clara;

- emulsionados (frios e quentes);

- líquidos;

- especiais;

- contemporâneos;

- manteigas compostas;

- molhos doces (confeitaria).

Molhos básicos

São aqueles que servem de base para outros molhos, além de ser utilizados como acompanhamento ou complemento de cocção.

São considerados básicos os molhos *demi-glace*, *velouté*, bechamel e tomate. Algumas correntes culinárias incluem também o holandês e a maionese.

Dividimos os molhos básicos em quatro grupos e suas subdivisões:

- *Molhos de base escura:*

  - espanhol;

  - *demi-glace.*

- *Molhos de base clara:*

  - bechamel;

  - *velouté.*

- *Molhos emulsionados:*

  - maionese;

  - holandês.

- *Molho de tomate*

Molhos de base escura

* *Molho espanhol:*

Apesar do nome, o molho espanhol é um clássico da cozinha francesa cuja preparação foi muito simplificada. A versão atual mais próxima da receita original tem como ingredientes *mirepoix* gordo, purê de tomate, fundo escuro, *roux* escuro, manteiga, *sachet d'épices.*

* *Molho* demi-glace:

O *demi-glace* nada mais é que a redução em quantidades iguais de fundo escuro e molho espanhol. Deve ser brilhante, translúcido, de coloração marrom escura e textura consistente sem ser viscoso.

Os tempos modernos introduziram novas técnicas de fazer o *demi--glace.* A farinha de trigo, elemento de ligação do *roux*, foi substituída por féculas ou outros elementos de ligação.

* *Molhos derivados do* demi-glace:

São molhos que utilizam o *demi-glace* como base e variam segundo o que é acrescentado:

* *bigarade* – vinho do Porto, suco de laranja, raspas de laranja e de limão;
* *bonnefoy* – molho *bordelaise,* redução de vinho branco, echalotas;
* *bordelaise* – vinho tinto, cebola picada, grãos de pimenta--do-reino, folha de louro, suco de limão;
* *chateaubriand* – echalota, tomilho, louro, lâminas de cogumelos, vinho branco, manteiga, estragão, salsinha;
* *charcutière* – cebolas picadas, vinho branco;
* *chasseur* – cebola roxa picada, *champignons* picados, vinho branco;
* *colbert* – cebola picada, pimenta-do-reino em grãos, vinho branco, suco de limão;
* *diable* – vinho branco seco, vinagre, echalota, tomilho, pimenta-do-reino, louro;

- *diane* – *mirepoix*, azeite, marinada de vinagre, pimenta em grãos, suco de limão;
- *duxelles* – cebola picada, manteiga, vinho branco;
- *estragão* – vinho branco, estragão;
- *financière* – vinho Madeira, essência de trufas;
- *godard* – *mirepoix* gordo, champanhe, essência de *champignons*;
- *italiano* – cebola picada, *champignons*, presunto em *brunoise*, vinho branco;
- *lyonnaise* – cebolas fritas deglaçadas em vinho branco, vinagre;
- *madeira* – vinho Madeira;
- *marchand de vin* – cebola roxa, vinho tinto;
- *moutarde* – cebola, vinho branco, mostarda de Dijon, suco de limão;
- *moscovite* – *poivrade*, infusão de zimbro, amêndoas tostadas, uvas passas, vinho Marsala;
- *périgueux* – vinho Madeira, trufas picadas;
- *piquante* – cebola picada, vinho branco, vinagre, pimenta ou páprica, pepino em conserva, estragão, salsinha;
- *poivrade* – *mirepoix*, azeite, marinada vinagre, pimenta--do-reino;
- *robert* – cebola picada, vinho branco;
- *romaine* – vinagre balsâmico caramelado, *pignoli*, uvas passas brancas e pretas;
- *salmis* – azeite, ossos de galinha, *mirepoix*, vinho branco, essência de trufas;
- *zingara* – cebola picada, vinho branco, molho de tomate, páprica, trufas.

Molhos de base clara

Os molhos de base clara bechamel e *velouté* diferenciam-se pelo fundo (caldos de peixe, frango, vitela ou leite); o elemento de ligação é sempre o *roux* claro ou amarelado.

* *Molho bechamel:*

O marquês de Béchamel, ministro do rei Luís XIV, foi supostamente o inspirador do molho homônimo. O bechamel é um dos molhos básicos, tendo como elementos *roux* claro, leite, uma cebola *piquée* e componentes aromáticos.

O molho bechamel tem muitos derivados e pode ser utilizado como base para sopas e como liga em algumas preparações culinárias (suflês, croquetes).

Molhos derivados do bechamel:

* *aurore* – creme de leite, purê de tomate;
* *crème* – creme de leite, suco de limão;
* *curry* – cebola, manteiga, *curry*, creme de leite;
* *moutarde* – molho *crème*, mostarda de Dijon, suco de limão;
* *mornay* – gema de ovo, creme de leite, queijo tipo Gruyère;
* *nantua* – caldo de camarão, creme de leite, manteiga de crustáceos, conhaque, pimenta caiena;
* *soubise* – purê de cebola, pitada de açúcar, creme de leite.

* *Molho* velouté:

O molho *velouté* é composto por *roux* e pelo fundo claro de boi, vitela, aves ou peixes, resultando em vários tipos de *velouté* utilizados nos mais variados pratos e molhos derivados e subderivados.

O *velouté* serve também de base para as sopas do tipo *veloutés*, ligadas com creme de leite e gemas de ovos, e os molhos *chaud-froids*.

Molhos derivados do *velouté*:

* *albufera* – molho *suprême*, glacê de carne, pimentão em lâminas;

- *allemande* – *velouté* de vitela, gema, creme de leite, suco de limão;
- *anchois* – *velouté* de peixe, anchovas;
- *au vin blanc* – *velouté* de peixe, gema, creme de leite;
- *aurora* – molho *suprême*, purê de tomate;
- *bercy* – *velouté* de peixe, echalotas, salsa picada;
- *camarão* – *velouté* de peixe, manteiga de camarão;
- *cardinal* – *velouté* de peixe, manteiga de lagosta, essência de trufas;
- *champignon* – *velouté* de vitela, *champignons* laminados;
- *chaud-froid* – *veloutés* diversos, gelatina, creme de leite e outros ingredientes;
- *curry* – *velouté* de vitela, *curry*, leite de coco, suco de limão;
- *diplomate* – *velouté* de peixe, manteiga de lagosta, trufas;
- *estragão* – molho *suprême*, estragão picado, creme de leite;
- *hongroise* – *velouté* de frango ou vitela, cebola, manteiga, páprica, purê de cebola;
- *ivoire* – molho *suprême*, glacê de carne;
- *joinville* – *velouté* de peixe, manteiga de camarão, trufas;
- *poulette* – molho *allemande*, suco de limão, salsinha picada;
- *ravigote* – *velouté* de vitela, vinho branco, echalota;
- *riche* – *velouté* de vitela, *glace de viande*;
- *suprême* – *velouté* de frango, creme;
- *toulousaine* – molho *suprême*, gema de ovo, creme de leite;
- *villageoise* – *velouté* claro, purê de cebola, gema de ovo, creme de leite, manteiga.

Molhos emulsionados

São aqueles resultantes de uma emulsão – processo pelo qual dois líquidos antagônicos em sua estrutura molecular, por exemplo água e gorduras, são, por meio de dispersão em partículas minúsculas, incorporados temporária ou permanentemente.

A emulsão é temporária quando não se sustenta por muito tempo: molho vinagrete e *beurre blanc*. É permanente quando adicionado um elemento emulsificador – gema – que lhe confere estabilidade: a maionese. Pode ainda ser semipermanente, como no molho holandês.

* *Maionese:*

A maionese, do francês *mayonnaise*, é um dos principais molhos emulsionados a frio. Pode ser produzida em indústria alimentícia ou artesanalmente.

Trata-se de um molho estável, cremoso, de coloração marfim ou amarelo-pálida, utilizado como acompanhamento de pratos frios, cobertura de sanduíches e base para outros molhos.

Alguns cuidados são imprescindíveis antes de se fazer a maionese:

* todos os ingredientes devem estar em temperatura ambiente;
* utilizar recipientes de aço inoxidável ou louça refratária – materiais como alumínio ou ferro comprometem a qualidade do produto final;
* incorporar o azeite cuidadosamente;
* caso a maionese desande, acrescentar água quente ou vinagre e continuar batendo continuamente.

Derivados da maionese:

* *aïoli* – alho, azeite;
* *andalouse* – purê de tomate, cubinhos de pimentão;
* *anglaise* – mostarda;
* *cambridge* – anchova, alcaparra, estragão, cerefólio, mostarda, cebolinha, salsinha;

- *chantilly* – creme de leite batido;

- *curry* – *curry*, alho, coentro em grãos;

- *dijonnaise* – mostarda de Dijon, suco de limão;

- *golf* – maionese, *catchup*, conhaque, creme de leite;

- *gribiche* – maionese em que a gema de ovo crua é substituída por gemas cozidas, alcaparra, ervas, clara de ovo picada;

- *rémoulade* – pepininho em conserva, salsinha, cerefólio, estragão, alcaparra e essência de anchova;

- *rosé* – suco de beterraba, pimenta-do-reino;

- *tartare* – maionese em que a gema de ovo é substituída por gema cozida, cebolinha, cebola;

- *verte* – espinafre, salsinha, estragão.

- *Molho holandês (*sauce hollandaise*):*

Na Europa Ocidental, muitos chefes de cozinha pedem como pré--requisito de admissão aos jovens cozinheiros a confecção de um molho holandês, um molho clássico sutil e delicado. Trata-se de uma emulsão quente, preparada em banho-maria com vinagre de maçã, pimenta-do--reino em grãos, gemas de ovos, manteiga clarificada e suco de limão. O uso da manteiga clarificada resulta em um molho mais estável e sem o gosto pronunciado da manteiga derretida. Uma vez pronto, o molho holandês deve ser servido de imediato. Caso seja necessário, conservá--lo em local morno por pouco tempo, em banho-maria.

Derivados do molho holandês:

- *arlésienne* – molho *béarnaise*, gemas, tomate *concassé*, essência de anchovas;

- *béarnaise* – a redução de vinagre é preparada com estragão;

- *choron* – molho *béarnaise*, purê de tomate;

- *ao endro/dill* – molho holandês, iogurte natural, endro/*dill*;

- *foyot* – molho *béarnaise*, glacê de carne;

- *maltaise* – molho holandês, suco e raspas de laranja;
- *maracujá* – molho holandês, suco de maracujá;
- *mikado* – molho holandês, suco e raspas de tangerina;
- *mousseline* ou *chantilly* – molho holandês, creme de leite batido;
- *paloise* – molho holandês, folhas de hortelã frescas.

Apesar de a denominação correta em português ser *molho bearnês*, convencionou-se chamar molho *béarnaise* ao molho emulsionado quente, preparado como o holandês, diferenciado apenas pela presença do estragão (fresco ou liofilizado).

Molho de tomate

Apesar de não ser considerado um molho básico por algumas correntes culinárias, o molho de tomate pode ser encarado como tal pela sua importância principalmente na cozinha italiana. Os mais conhecidos são à bolonhesa, à putanesca, calabrês, de frutos do mar, com *funghi*, nos ragus italianos.

Existem algumas maneiras de se fazer o molho de tomate, um molho de coloração ferruginosa (daí ser considerado por algumas correntes como molho ferruginoso).

Molhos frios

- *Vinagrete ou* vinaigrette*:*

O vinagrete (em francês *vinaigrette*) é feito exclusivamente com vinagre ou outro acidulante, azeite de oliva virgem, sal, pimenta-do-reino e opcionalmente mostarda. É uma emulsão temporária, bastando uma ligeira mistura para que volte à normalidade.

Ao vinagrete podem ser acrescentadas ervas aromáticas, anchova, alcaparras e condimentos. Se aquecido é utilizado em emulsões quentes com *coulis*, purês de legumes e frutas, *jus de rôti* e *court-bouillons* (vinagrete quente para peixes).

No Brasil, o que é tratado como vinagrete é na verdade o molho Campanha.

Derivados do vinagrete:

- *agridoce* – alho, gengibre fresco, limão, mel, molho de soja, *catchup*, xerez, sementes de gergelim, pimenta caiena;
- *argentino* – tomate, cebola, cebolinha, salsa, ervilhas;
- *campanha* – tomate, cebola, salsa;
- *estragão* – o vinagre tradicional é substituído por vinagre de estragão, suco de uva branca, salsa, tomilho, hortelã, alecrim, mostarda em grãos, açúcar;
- *gengibre* – parte do vinagre é substituída por vinagre balsâmico, gengibre fresco picado;
- *grapefruit* – suco de *grapefruit*, molho inglês, queijo picante, açúcar;
- *gribiche* – gema de ovo cozida, alcaparra, pepino em conserva, cebolinha verde, cerefólio, estragão, clara de ovo cozida;
- *lima e coentro* – coentro fresco, suco de lima-da-pérsia, mel;
- *mostarda* – mostarda de Dijon, suco de limão, tomilho;
- *ravigote* – mostarda, cebola, alcaparra, ervas aromáticas;
- *roquefort* – queijo *roquefort* ou *gorgonzola*, suco de limão, creme de leite.

Molhos especiais

São molhos que por suas características não se enquadram na classificação usual, podendo ter como elemento básico creme de leite, iogurte, geleias, queijos etc.:

- *Bread sauce*: leite, miolo de pão, cebola cravejada, manteiga, creme de leite.
- *Coco*: leite de coco, tomate, coentro, cebola, azeite.

- *Cumberland*: geleia de groselha, vinho do Porto, suco de laranja e limão, mostarda, pimenta caiena, gengibre, zestes (cascas) branqueadas de laranja e limão.

- *Gorgonzola*: *gorgonzola*, creme de leite, azeite.

- *Iogurte banana*: iogurte, banana, mel, especiarias secas.

- *Iogurte hortelã*: iogurte, alho, hortelã, leite.

- *Mascavo*: açúcar mascavo, creme de leite, suco de limão, cebola, pimenta-do-reino.

- *Mexicano*: iogurte, cebola, gengibre fresco, pimenta *jalapeño* picada, hortelã, coentro.

- *Mint sauce*: vinagre, folhas de hortelã frescas, açúcar.

- *Mostarda*: creme de leite, mostarda.

- *Pesto*: azeite, manjericão, *pignoli* ou nozes, *pecorino* ou parmesão, alho.

- *Raiz-forte*: creme de leite batido, raiz-forte fresca, açúcar, suco de limão, pimenta-do-reino em pó.

Molhos contemporâneos e alternativos

Chamamos de contemporâneos e alternativos os molhos que não pertencem aos grupos básicos ou especiais. São preparações que à primeira vista diferem muito do conceito tradicional que se tem de um molho e utilizam matérias-primas alternativas, proporcionando uma série de novas criações: *chutneys*, *coulis*, *jus* e sucos de assados, molhos à base de manteiga, *relishes*, *sabayons* salgados, *salsas*.

- Chutneys:

De origem indiana, em forma de geleia agridoce e picante, feitos com vários tipos de frutas ou vegetais cozidos em vinagre, condimentos e ervas aromáticas. Servem como acompanhamento para carnes, aves, queijos ou como recheio para sanduíches, tortas etc. Servidos geralmente frios.

- Coulis:

Denomina-se *coulis* ao purê de legumes ou frutas aquecidos em banho-maria ou cozidos em fogo lento. Pode-se acrescentar ao final manteiga ou creme de leite. São utilizados como elemento de decoração e servem para espelhar os pratos.

- Jus *e sucos de assados:*

Suco desprendido do assado (*jus de rôti*). Pode ser deglaceado com vinho e espessado com amido (*jus lié*).

- *Molhos à base de manteiga:*

Os molhos que têm por base a manteiga podem ser divididos em três categorias: *beurre blanc*, manteigas derretidas e manteigas compostas.

- *Beurre blanc* – preparação na qual a manteiga em flocos é adicionada a uma redução de echalotas, vinho branco e fundos de cocção, batendo-se continuamente até formar uma emulsão. Podem ser acrescentados creme de leite e ervas aromáticas.

- *Manteigas derretidas* – servem como acompanhamento ou tempero, sendo preparadas a partir da manteiga derretida, à qual se acrescenta um ingrediente ácido (vinagre ou suco de limão). A manteiga é aquecida até atingir uma coloração escura (*beurre noisette*); ao ser pingadas gotas de limão, obtém-se o *beurre meunière*, utilizado no preparo de peixes e suas variantes.

  – *Beurre à la grenobloise*: *beurre noisette*, alcaparras, cubos de limão.

  – *Beurre amandine*: *beurre noisette* e amêndoas previamente tostadas, cozidas na manteiga.

  – *Beurre meunière*: *beurre noisette*, suco de limão, salsa.

  – *Bercy*: manteiga derretida, cebola, vinho branco, tutano, salsa, pimenta-do-reino.

  – *Marchand de vin*: manteiga derretida, salsa, cebola, limão, vinho tinto e glacê de carne.

  – *Eggs and butter sauce*: manteiga derretida, suco de limão, ovos cozidos, salsinha, pimenta-do-reino.

- *Manteigas compostas* – são manteigas aromatizadas com diversos ingredientes, como ervas, raspas de limão, temperos e condimentos, fígado (*foie gras*), corais etc. incorporados à manteiga com um processador de alimentos. Normalmente são guardadas em congeladores e utilizadas para cobrir os mais variados alimentos (carnes, peixes, massas etc.). Segundo Escoffier, existem cerca de quarenta manteigas compostas, sendo as mais conhecidas a *maître-d'hôtel* e *café de Paris*. As manteigas podem ser feitas com ingredientes frios ou cozidos.

  – *Maître-d'hôtel*: manteiga, salsa, suco de limão, temperos.

  – *Café de Paris*: manteiga, alho, anchova, salsinha, cebolinha, conhaque, vinho Madeira, ovos batidos, temperos.

- Relishes:

Muito similar ao *chutney*, o *relish* é um condimento agridoce composto por frutas ou vegetais, muitas vezes em conserva (picles), finamente cortados e cozidos em açúcar, vinagre e especiarias. O *relish* pode ser servido frio ou quente. Tem a aparência de uma geleia pastosa.

- Sabayons *salgados:*

Os *sabayons* salgados resultam da mistura de gemas com fundos de cocção, azeite de oliva ou creme de leite, aromatizados com ervas, vinho seco ou champanhe, obedecendo aos mesmos processos dos *sabayons* doces (ver Sobremesas).

- Salsas:

De origem mexicana, muito utilizadas também na cozinha norte- -americana, são compostas por legumes, ervas e, às vezes, frutas, quase sempre crus ou cozidos *al dente*. Os ingredientes são picados ou batidos no processador de alimentos. *Salsas* são sempre frias e acompanham pratos frios ou quentes. Entre as mais famosas citamos o *guacamole*.

MÉTODOS DE COCÇÃO

Métodos de cocção tradicionais

O domínio dos métodos de cocção e a escolha adequada são essenciais para o sucesso na cozinha. Diferentes técnicas produzem diferentes resultados conforme o tipo de alimento, podendo ser usadas indistintamente para carnes, ovos ou legumes.

Os alimentos transformam-se sob a ação do calor: as texturas e os sabores mudam, as cores se alteram, há liberação de aromas e eles se tornam aptos a ser consumidos.

A cocção também serve para esterilizar a grande maioria deles.

Distinguem-se alguns métodos de cocção: por meio de calor seco, úmido, misto ou combinado e por aplicação direta ou indireta do calor.

Calor seco

Pode ser sem gordura ou com gordura. O termo *calor seco sem gordura* é empregado quando se aplica apenas o ar seco e nenhum líquido é acrescentado: assar, grelhar e defumar.

No caso do *calor seco com gordura*, a gordura adicionada tem função diferente dos líquidos de cocção, daí não ser considerada elemento umedecedor: saltear, fritar com pouca gordura e fritar por imersão de gordura.

- *Calor seco (sem gordura)*:

  - *Assar no forno*: mediante aplicação de ar quente e calor direto. O tempo de permanência varia de acordo com o peso e as características do alimento.

    – Alimentos frescos: Carnes, ovos, legumes ou outros alimentos crus vão ao forno previamente aquecido. Alguns devem ser branqueados, operação que consiste em mergulhar o alimento em água fervente, escorrer e enxaguar sob água fria.

    – Bolos, tortas, massas etc.: Massas folhadas, brioches, bombas, biscoitos e pudins são colocados em fôrmas ou recipientes de metal, cerâmica ou vidro refratário. A temperatura do forno deve ser predeterminada e várias produções pedem o uso de placa adicional com banho--maria. Algumas dessas preparações aumentam de volume durante a cocção.

Alguns cuidados imprescindíveis ao assar no forno são:

– preaquecer o forno na temperatura desejada;

– regular a temperatura de acordo com o tamanho e a característica do alimento;

– marinar previamente alimentos duros ou fibrosos;

– cobrir ou lardear alimentos que não forem suficientemente gordurosos;

– dourar previamente alguns alimentos em gordura quente, sobre a chapa ou boca de fogão, levando depois ao forno;

– assar alimentos gordurosos sobre grelhas colocadas dentro de assadeiras, aproveitando os fundos de cocção para untar;

– deixar descansar o alimento antes de cortá-lo;

– evitar furar as carnes;

– não derramar líquidos frios nos alimentos durante a cocção.

- *Assar ao ar livre*: utiliza-se uma churrasqueira cuja fonte de calor seja carvão ou lenha. A intensidade do calor deve ser regulada de acordo com a carne, havendo maneiras específicas para cada tipo. Assar no espeto, apesar de ser hábito muito difundido, é objeto de controvérsias, já que a corrente dos "grelheiros" prefere o uso das grelhas. A palavra assar, neste método de cocção, é até discutível, pois algumas correntes consideram *grelhar no espeto* o termo apropriado.

- *Grelhar*: consiste em preparar os alimentos por exposição direta ao calor seco e forte, utilizando-se grelha, chapa ou *broiler*. Esta técnica requer carnes bem macias, que devem ser pinceladas com óleo ou manteiga para não grudar nem ressecar. Algumas carnes podem ser também marinadas com antecedência.

– Grelha ou chapa: a ação do calor age diretamente por baixo e é repartida igualmente entre as grelhas ou a chapa.

– *Broiler*: a ação do calor vindo de cima age diretamente sobre o alimento, não sendo repartida uniformemente.

• *Defumar*: método usado antigamente para conservação. Penduravam-se pedaços de carnes nas chaminés e a fumaça, além de conservar, lhes dava um aroma especial. Atualmente, entende-se por defumar o processo de expor o alimento à fumaça proveniente de madeiras aromáticas. Em baixa temperatura (defumação a frio), a defumação realça ou conserva o sabor natural; em alta temperatura (defumação a quente), consiste de fato em um método de cocção. Praticamente, qualquer alimento pode ser defumado – peixes, aves, crustáceos, queijos e oleaginosas. É importante usar madeira que não seja perfumada e que esteja seca.

• *Calor seco (com gordura):*

• *Saltear*: de *sauter* (pular, em francês). Este método consiste em preparar o alimento em frigideiras apropriadas – *sauteuse* ou *sautoir* –, em altas temperaturas, sem tampa, agitando-as em movimentos contínuos e ascendentes, fazendo com que os alimentos "pulem". Uma boa maneira de treinar é com feijões ou outros grãos, impedindo-os de cair. São salteados alimentos em pequenas quantidades, em gordura muito quente.

Alguns cuidados imprescindíveis para saltear são:

– cortar os alimentos de maneira uniforme em pequenos pedaços;

– aquecer previamente a frigideira;

– usar pouca quantidade de gordura;

– evitar saltear grandes quantidades de alimentos de uma só vez;

– manter a frigideira em constante movimento;

– dourar bem em fogo alto, sem cobrir.

- *Fritar (com pouca gordura):*

  – frigir: com pouca gordura, sempre muito quente, sem movimentar o recipiente de cocção, ao contrário do processo de saltear;

  – frigir à chinesa: cozinhar rapidamente pequenas porções de alimento em pouca gordura, mantendo o recipiente em constante movimento. Utiliza-se o *wok*, tipo de frigideira chinesa, que deve se adaptar à boca do fogão e à intensidade da chama.

  Alguns cuidados imprescindíveis ao fritar com pouca gordura são:

  – nunca encher uma frigideira ou uma fritadeira com mais de 1/3 da sua capacidade;

  – enxugar bem os alimentos antes de fritar, algumas vezes devem ser previamente enfarinhados;

  – após a fritura, escorrer bem os alimentos em papel absorvente;

  – empanar alguns alimentos antes de fritar.

- *Fritar (por imersão)*: mergulhar completamente o alimento em grande quantidade de gordura, utilizando recipientes adequados, grandes frigideiras ou fritadeiras industriais.

  Alguns cuidados necessários ao fritar por imersão são:

  – empanar alguns alimentos;

  – manter a gordura limpa, trocando-a sempre que necessário.

Nas fritadeiras, dois processos são utilizados: o de *cesta*, em que se mergulham os alimentos na gordura quente em cestas de metal, e o de *pesca*, em que se colocam os alimentos diretamente na gordura quente, retirando-os com o auxílio de uma escumadeira.

Alimentos	Cesta	Pesca
Empanados secos	sim	não recomendável
Pequenos	sim	não
Empanados em massa	não	sim
Grandes	sim	sim

- *Empanar*: consiste em passar ou recobrir alimentos crus ou cozidos em misturas diferentes. O alimento empanado fica assim protegido, tendo o seu sabor aprimorado ou modificado. Segundo a *Larousse gastronomique*, tradicionalmente os métodos para empanar eram os seguintes:

  - à inglesa: miolo de pão adormecido em leite, ovos batidos em omelete, azeite, sal, pimenta-do-reino;

  - na manteiga: miolo de pão embebido em manteiga clarificada;

  - à milanesa: à inglesa com parmesão ralado.

  Atualmente, os métodos mais utilizados são:

  - à francesa: empanar em farinha de trigo e fritar na manteiga;

  - à *doré*: empanar em farinha de trigo, passar no ovo e fritar na manteiga;

  - à inglesa (1): empanar em farinha de trigo, passar em uma mistura de ovos batidos, azeite, sal e pimenta-do--reino e em seguida na farinha de rosca;

  - à inglesa (2): empanar em farinha de trigo, passar em uma mistura de leite e ovos batidos e em seguida na farinha de rosca;

  - à milanesa: passar na farinha de trigo, ovo batido, farinha de rosca e queijo parmesão ralado e em seguida fritar na manteiga;

– à vienense: à milanesa sem queijo parmesão ralado;

– à romana: passar na farinha de trigo e em seguida numa mistura de ovo, leite, parmesão ralado e salsinha;

– com massa: cobrir o alimento com massa feita de farinha de trigo, ovo, água, leite ou vinho. Chama-se *à Orly* quando a massa é misturada com cerveja;

– exóticos orientais: utilizando coco ralado, farinhas condimentadas, grãos, *aletria*, *crackers* etc.

Calor úmido

Termo utilizado para designar o método de cocção em que vapor, água ou outro líquido estão envolvidos. A cocção úmida geralmente é lenta, na qual o vapor penetra no alimento amolecendo as fibras.

Pode-se cozinhar em líquido ou cozinhar a vapor.

- *Cozinhar em líquido:*

  - *Escalfar (*pocher*):* consiste em cozinhar em líquido, lenta e delicadamente, sem tampar o recipiente, numa temperatura entre 65 °C e 80 °C, ou seja, "ferver sem fervura".

    Pode-se cozinhar *à poché* sobre fonte de calor utilizando-se:

    – fundos claros: para aves, peixes e frutos do mar;

    – água e sal: para ovos, defumados, miúdos, *quenelles*;

    – leite: para ovos e miúdos.

  - *Fervura branda (cozinhar em fogo lento* – simmer*):* método de cocção demorado, usando líquido suficiente apenas para cobrir o alimento. A temperatura não deve ultrapassar 95 °C. Ideal para carnes duras ou alimentos que devam ser cozidos por muito tempo a fim de adquirirem sabor e maciez. Normalmente inicia-se a cocção com água fria; o calor progressivo aumenta a concentração de sucos. Pode-se tampar o recipiente de cocção ou cobrir o alimento com papel untado com manteiga ou outra gordura.

- *Ferver (*boil*):* consiste em cozinhar em água a uma temperatura de 100 °C. Os procedimentos variam de acordo com as características dos alimentos:

  – cozinhar inicialmente em água fria e sem tampa (levados à ebulição): leguminosas, tubérculos e raízes;

  – cozinhar inicialmente em água fria e com tampa: batatas e leguminosas secas;

  – cozinhar em líquido fervendo e sem tampa: massas;

  – cozinhar em líquido fervente e com tampa: batatas e legumes à inglesa.

Obs.: A pressão atmosférica retarda o ponto de ebulição: quanto maior a altitude, mais tempo o alimento levará para cozinhar.

- *Cozinhar a vapor:*

Consiste em cozinhar no vapor que envolve o alimento, sem que o líquido entre em contato com o mesmo. Este método reduz a perda de vitaminas e conserva o valor nutritivo, sendo indicado para uma alimentação mais saudável e em dietas.

O cozimento a vapor pode ser feito de três maneiras:

- *Sem pressão*: utiliza-se recipiente com grelha no fundo, onde os alimentos são colocados para cozer no vapor do líquido em ebulição. Ex.: trutas cozidas no vapor (*truites au bleu*).

- *Com pressão*: feito em panelas especiais: de pressão, basculantes ou autoclaves, *steamers*.

- *Em* papillotte *ou* al Cartocchio (em italiano): consiste em colocar alimentos junto com temperos ou ingredientes líquidos em pequenos saquinhos de papel-manteiga ou alumínio, ou sacos de assar previamente untados e levados ao forno quente. Os alimentos estarão prontos quando o saquinho estiver inflado, podendo ser levados à mesa. Alguns alimentos podem ser pré-cozidos. Em outra técnica bastante saudável, recomenda-se a substituição do papel por folhas de couve, videira ou repolho, contudo, as folhas não incham e deve-se prestar atenção ao ponto de cocção.

Calor misto ou combinado

A cocção por calor misto realiza-se em duas etapas: inicialmente com calor seco, em corpo gorduroso, com a finalidade de criar uma crosta protetora em volta do alimento, impedindo a saída dos sucos; em seguida acrescentando-se líquido aromatizado em maior ou menor quantidade, dependendo do método.

* *Brasear:*

Deriva do francês *braiser*, ou seja, cozinhar em *braisière* – uma panela oval ou retangular provida de tampa e duas alças laterais. Por esse método, o alimento é previamente dourado em gordura quente e em seguida cozido em um líquido aromatizado. O braseado aplica-se a grandes peças de carne, que podem eventualmente ser marinadas em vinha-d'alhos. É importante que o tamanho do alimento seja proporcional à *braisière*.

* *Estufar:*

Método de cocção lento no qual os alimentos são cozidos no próprio suco ou com adição de muito pouco líquido ou gordura. *Étuver* ou *à l'étouffer* dos franceses. Alguns estufados podem ser preparados em panelas de barro refratário hermeticamente fechadas e seladas com uma pasta feita à base de farinha de trigo e água, atualmente substituída pela folha de papel-alumínio. O barreado, prato típico do Paraná, é um bom exemplo nacional.

* *Guisar, refogar, ensopar:*

Na prática confunde-se guisar com ensopar ou refogar. Em Portugal, a palavra guisar é sinônimo de ensopar, e no Brasil guisar fica entre refogar e ensopar. A diferença está na quantidade do líquido (nos ensopados utiliza-se mais líquido que nos guisados).

* *Guisar*: refogar o alimento, em geral carnes mais duras e gordurosas cortadas em pequenos pedaços, cozinhando em pouco líquido para formar um molho grosso e geralmente gorduroso.

- *Refogar*: fritar o alimento em pouca gordura e terminar no vapor que dele se desprende, cozinhando em fogo brando e panela tampada ou semitampada. Pode-se acrescentar um mínimo de líquido.

- *Ensopar*: refogar o alimento em gordura quente e, em seguida, acrescentar líquido e cozinhar em panela bem tampada.

- *Poêler:*

O *poêlage* é uma cocção lenta em recipiente fechado, a *poêle* – frigideira pouco profunda, redonda ou oval com cabo longo –, utilizando elemento gorduroso (manteiga ou gordura animal), que serve também para regar o alimento.

Auxiliares de métodos de cocção

- *Gratinar:*

Algumas correntes gastronômicas não consideram gratinar um método de cocção, sendo mais um acabamento. O gratinado caracteriza-se por uma crosta geralmente dourada, obtida por polvilhamento de queijo ralado ou farinha de rosca. Pode ser feito ao forno, salamandra ou *grill*. Os alimentos devem ser cozidos antes de ser levados a gratinar; uma bela cor dourada não significa que o mesmo esteja pronto.

- *Banho-maria:*

Utilizado como auxiliar de cocção. Coloca-se o alimento em um recipiente que, por sua vez, é colocado em outro com água quente ou fervente. Utiliza-se o forno ou uma fonte de calor.

Esse método é ideal para alimentos delicados que não podem ir direto ao calor forte, em especial o molho holandês, que talha ou resseca se submetido ao calor direto.

O banho-maria é também utilizado para a conservação dos alimentos (*chafing dishes* e equipamento de cozinha acoplado ao fogão) a uma temperatura constante. Deve-se contudo prestar muita atenção ao tempo de permanência, uma vez que a cocção continua, o que pode alterar o sabor e a textura dos alimentos.

Métodos de cocção contemporâneos

Embora não sejam métodos de cocção convencionais, sua inclusão se deve ao fato de proporcionarem vários programas de cocção utilizando equipamentos contemporâneos.

Assim classificados por uma questão de metodologia, todos eles são métodos tradicionais com uma roupagem nova, ou seja, equipamentos modernos, ágeis e econômicos que são utilizados principalmente em grandes cozinhas, no processo conhecido como cozinha de montagem.

Por micro-ondas

Cocção que ocorre por meio de ondas eletromagnéticas, geradas por uma unidade emissora, o magnetron.

Enquanto em todos os métodos de cocção o calor é aplicado a partir do exterior, no forno de micro-ondas as ondas se espalham pelo interior do alimento, provocando fricção entre as moléculas de água e, consequentemente, produzindo o calor diretamente no interior do alimento.

O forno de micro-ondas serve para descongelar, esquentar e cozinhar todo tipo de alimento. No entanto, alguns cuidados são essenciais, tornando-se imprescindível seguir os manuais de instruções dos fabricantes, bem como frequentar cursos sobre o assunto.

Algumas receitas devem ser adaptadas ao micro-ondas em virtude das características dos ingredientes.

Observações:

- utensílios de metal e papel-alumínio não são apropriados, pois os metais refletem as micro-ondas;

- micro-ondas não gratinam alimentos, embora já existam fornos com dispositivos que facilitam o corar. A coloração desejada pode ser obtida por outros recursos (molhos etc.);

- não podem ser feitas frituras porque a temperatura do óleo não pode ser controlada.

O micro-ondas é indubitavelmente um aparelho que alia sofisticação e simplicidade, sendo econômico, higiênico e rápido.

A decisão da compra e utilização de um aparelho de micro-ondas cabe única e exclusivamente ao usuário, após análise de suas produções culinárias e das vantagens e dos inconvenientes do uso do aparelho no seu estabelecimento.

Em forno combinado

Os fornos combinados atingiram um alto nível de tecnologia. Pela seleção dos programas de cozimento podem-se cozinhar e assar alimentos doces e salgados ao mesmo tempo sem interferência de gostos e odores. Esses fornos possuem também memória para regular o tempo de cocção e a temperatura do interior do forno, e um sensor para a temperatura interna dos assados. Normalmente são seis os programas de um forno combinado:

1. *Vaporização:* utilizado para branquear, cozinhar *à poché* e esterilizar compotas. Nesse programa a água é substituída por vapor saturado e a temperatura é automaticamente controlada.

2. *Vaporização rápida:* com temperaturas entre 106 °C e 120 °C, é mais usado para tubérculos e leguminosas secas, e vegetais com alto teor de amido ou carboidratos.

3. *Biovaporização:* com temperaturas que variam de 30 °C a 98 °C, a biovaporização é utilizada para o preparo de alimentos delicados como peixes, frutos do mar, charcutarias em geral, terrinas, gelatinas, pudins. Pode ser usada também no crescimento de massas com fermento e grãos de trigo. É o programa dos produtos embalados a vácuo.

4. *Combinado:* a combinação de vapor inicial seguido de ar quente numa temperatura entre 100 °C e 250 °C resulta em um programa em que o alimento é cozido, mas com acabamento de assado. Os sensores internos garantem que o alimento receba sempre a quantidade necessária de umidade. Utilizado no preparo de assados em geral, pães com levedura, massas folhadas e produtos de padaria.

5. *Regeneração:* regenera pratos já montados sem ressecamento ou perda dos nutrientes. A regeneração leva de quatro a seis minutos, o que pode ser alterado em função da característica dos alimentos. É uma solução bastante viável para banquetes e alimentação de coletividade em geral – institucional e industrial.

6. *Convecção:* o ar quente do calor por convecção deve ser limitado a alguns produtos, como produções de padaria e confeitaria, que não necessitam de vapor, alimentos empanados ou de cocção rápida. É também um programa especial para tostar e gratinar.

Os fornos combinados oferecem uma série de vantagens e proporcionam economia de mão de obra, energia, água, equipamentos e utensílios. Tudo indica que eles poderão se transformar no grande auxiliar dos profissionais da área. Existem vários modelos que atendem de trinta a quatrocentas pessoas em períodos que variam de 15 a 30 minutos.

Por indução (halogênica)

A cocção por indução é feita por meio de um fluxo de corrente circular que atravessa qualquer objeto de metal, cuja resistência provoca calor que aquece somente metais. Trata-se de uma placa de cerâmica com uma unidade geradora de calor que pode ser ligada em qualquer tomada monofásica ou trifásica com corrente de 200 V.

O calor gerado pode aquecer recipientes de aço inoxidável ou ferro fundido. Itens adicionais como grelhas ou fritadeiras podem ser acoplados ao sistema.

Atualmente o custo inicial é altíssimo. Não obstante, os defensores da placa por indução advogam que ele pode ser amortizado rapidamente:

- pela economia de combustível (gás) e redução de até 95% do uso de energia elétrica;

- pela economia de mão de obra no tempo de cocção e nas horas gastas com limpeza. Exemplificam que o fogão convencional de seis bocas requer duas horas de limpeza, em média, por dia. A placa por indução exige no máximo dez minutos;

- pela economia e racionalização em ventilação e iluminação, pois sem o calor gerado pelos fogões tradicionais as cozinhas ficam mais ventiladas;
- pelo menor desgaste dos utensílios;
- pelo menor risco de acidentes, já que o calor gerado só aquece metais.

Em forno de convecção

Pode ser elétrico ou a gás. A cocção se faz pela circulação de ar quente produzida por ventiladores. É encontrado em diversos modelos.

Em fritadeiras com controle digital

Podem ser a gás ou elétricas, em aço inoxidável. Fritam de 20 kg a 60 kg de alimentos por hora.

Cozinha de montagem (cuisine d'assemblage)

É a cozinha que utiliza técnicas e processos que permitem a racionalização de matéria-prima, mão de obra, equipamentos e área física pela eliminação de etapas intermediárias de corte, desossagem e alguns pré-preparos. No entanto, a obtenção desses objetivos só é possível com a junção de equipamentos, matérias-primas e técnicas de embalagem, de estocagem, de processamento e de cocção adequados.

Cook-chill

Alimentos ao natural, preparados e cozidos de maneira convencional, são divididos em porções, acondicionados em embalagens descartáveis ou em recipientes adequados e padronizados, resfriados e estocados em baixa temperatura (0 °C a 3 °C). Devem ser regenerados antes do consumo.

Cocção a vácuo (sous-vide)

Os alimentos são selados a vácuo em embalagens plásticas, cozidos a vapor e resfriados rapidamente. Podem ser estocados a uma temperatura entre 3 °C e 5 °C. Esse método permite conservar as qualidades organo-lépticas e nutricionais dos alimentos.

Cap-cold

Alimentos ao natural são preparados e cozidos de maneira convencional, divididos em porções, acondicionados a vácuo em embalagens apropriadas e descartáveis e, em seguida, resfriados a 0 °C, podendo ser estocados por até 45 dias nessa temperatura ou por mais tempo sob congelamento. São reaquecidos antes do consumo.

Blast chiller

Equipamento destinado a resfriar alimentos quentes em menos de sessenta minutos pela expansão de gases em temperaturas criogênicas ou compressores mecânicos.

Flash oven

Forno ultramoderno com aparência de um micro-ondas. Tem uma lâmpada de ação muito intensa, que lembra uma lâmpada de raios infravermelhos, capaz de cozinhar um alimento em até três minutos.

CAPÍTULO III
Conhecendo os alimentos

PESCADOS (PEIXES E FRUTOS DO MAR)

Excelentes fontes de proteínas, os peixes constituem uma ótima alternativa alimentar.

O extenso litoral brasileiro, com cerca de 8 mil quilômetros, possui muitas espécies que adquirem nomes diferentes de acordo com a região. Nossos rios contribuem com cerca de 1.400 espécies de peixes de água doce muito apreciados e consumidos.

A discussão sobre o sabor da carne dos peixes de água doce e de água salgada é sempre guiada por fatores emocionais e sem fundamento, pois ambas são saborosas e possuem méritos. Obviamente as pessoas nascidas à beira-mar afirmarão categoricamente que nenhum peixe é mais saboroso que o vermelho, ao passo que os habitantes do interior não perderão a oportunidade de ressaltar os prazeres de se degustar um bom pintado na brasa.

Além dos rios, os riachos e as lagoas também são responsáveis pelo fornecimento de parte dos nossos peixes de água doce.

A classificação apresentada a seguir foi feita para melhor entendimento pedagógico culinário e não obedece a classificações biológicas ou técnicas. Assim, dividimos os peixes em: de *água doce*, de *água salgada* e *importados*.

Podemos também classificá-los de quatro outros modos:

1. *De acordo com a procedência*: água doce e água salgada.

2. *Segundo o teor de gordura*: gordos, magros e meio magros.

3. *Segundo o formato*: achatados de cima para baixo, achatados lateralmente, alongados ou serpentiformes, cabeçudos, roliços, globosos e aberrantes.

4. *Segundo as características*: de couro e de escamas.

Como comprar

O ideal seria comprar peixes frescos diretamente do pescador. No entanto, nem sempre isso é possível. Muitos peixes são sazonais e envolvem em sua pesca e distribuição um grande número de pessoas. Mesmo assim existe a possibilidade de adquirir peixes frescos geralmente inteiros.

A primeira providência ao comprar um peixe é limpá-lo e eviscerá--lo, para em seguida ser utilizado ou estocado. Antes de comprar, porém, verifique os seguintes aspectos:

- *Odor:*

Apesar do cheiro característico que evoca o mar e que pode variar conforme a espécie, um peixe fresco, em boas condições, praticamente não tem cheiro algum.

- *Textura:*

Não hesite em passar a mão sobre o peixe. Sua carne deve ser firme e resistir ao toque. Se houver escamas, devem estar aderentes e brilhantes. Às vezes alguns comerciantes costumam borrifar os peixes para que fiquem sempre úmidos. Verifique também as barbatanas e caudas, que devem ser flexíveis e estar inteiras.

- *Olhos:*

Devem ser brilhantes e salientes. À medida que o peixe envelhece, os olhos tendem a afundar. Olhos vítreos e afundados podem significar que o peixe não está mais fresco.

- *Guelras:*

Devem estar róseas ou vermelhas e úmidas. Entretanto, alguns comerciantes inescrupulosos podem tingi-las artificialmente.

Caso sejam comprados peixes já filetados, é conveniente verificar se estão firmes e macios; filés velhos, em geral, são ressequidos e amarelados.

Moluscos e crustáceos devem também ser objeto de cuidado e atenção. Lagostas e camarões precisam ser comprados de fornecedores idôneos, verificando-se sempre instalações e registros oficiais referentes às vistorias sanitárias, além de meios de transporte e armazenagem.

Camarões devem ter a carapaça transparente, deixando visualizar a coloração dos veios, e olhos de cor negra bem destacados.

Lagostas quando frescas devem reagir ao toque levantando a cauda. Prefira lagostas pescadas em águas limpas. Caso compre congeladas, opte por aquelas previamente escaldadas vivas.

Estocagem

A menos que se possua uma câmara frigorífica ou *freezer* com condições de estocagem e congelamento, deve-se comprar a quantidade de peixe necessária para um ou dois dias no máximo.

Métodos para limpar, cortar, desossar e/ou conservar peixes

- Retirar as nadadeiras com tesoura ou faca.

- Retirar as escamas com escova especial ou faca apropriada, começando pela cauda e terminando na cabeça.

- Abrir o ventre com faca e retirar as vísceras, lavando bem, tirando coágulos de sangue alojados nas paredes internas e tornando a lavar.

- Retirar as guelras para a preparação de peixes inteiros.

- Retirar a cabeça quando a preparação assim o exigir.
- Desossar peixes redondos com faca específica, começando pela parte do dorso superior e descendo dos dois lados onde se aloja o espinhaço até a barriga, cuidadosamente para não deixar espinhas nos filés.
- Retirar a pele de peixes achatados começando pela cauda e puxando com força no sentido da cabeça.
- Retirar os filés, normalmente quatro: dois na parte superior e dois na inferior. Fazer um corte com a ponta da faca na coluna vertebral para separar os dois filés; enfiar a faca cuidadosamente entre o filé e as espinhas até separá-los.
- Manter peixes inteiros ou em cortes acondicionados adequadamente em câmara fria ou de congelados.

Peixes brasileiros de água do mar

- **Abrótea (*squirrel hake*)**: da família do bacalhau, é encontrado no litoral sul do Brasil. Trata-se de um peixe de carne deliciosa, que pode ser consumida fresca ou salgada. Suas ovas também são muito apreciadas. Outros nomes: brote ou brota.

- **Agulha ou peixe-agulha (*agujon needlefish – balaou*)**: nome genérico para vários peixes da mesma família, às vezes rejeitado em virtude da coloração verde de seu esqueleto. É mais consumido pelas populações litorâneas, geralmente frito inteiro.
- **Albacora (*albacore/white tuna – thon blanc*)**: um dos maiores peixes de nossas águas, muitas vezes confundido com o atum. É conhecido como atum-branco, em virtude da coloração da carne. Encontrado enlatado, é considerado um peixe de alto valor comercial e gastronômico.

- **Anchova ou enchova** (*anchovy – anchois*): são cerca de trinta as espécies do gênero *Engraulis* ou *Engraulídeos*. Igualmente numerosas são as denominações locais (petitinga ou pititinga, manjuba, sardinha-dentuça, anchoveta etc.). Muitas vezes é confundida com o aliche, em virtude de ser salgada e vendida como tal. Sua carne presta-se melhor para ser assada.

- **Atum** (*tuna – thon*): de carne saborosíssima e apreciada em todo o mundo, pode alcançar preços exorbitantes como o do atum azul no Japão (cerca de dez mil dólares por espécie). É um peixe consumido praticamente em todos os seus estágios, desde cru, na culinária japonesa, em *sushis* e *sashimis*, até os mais variados modos de cozimento. Enlatado, pode ser servido em saladas, maionese, no delicioso prato italiano *vittelo tonnato* (inusitada combinação com carne de vitela cozida e fria) e como ingrediente principal da deliciosa *salade niçoise*.

- **Badejo ou abadejo** (*grouper*): os badejos e sua subfamília são numerosos e encontrados de diversas formas em praticamente todo o litoral brasileiro. Muitas vezes confundido com a garoupa, é um peixe de alto valor comercial e também muito apreciado na pesca amadora. São cinco os tipos de badejo mais conhecidos: pintado – o menor de todos com corpo malhado; bicudo – de corpo comprido e coloração prata ao ser pescado; badejão ou badejo-ferro – o maior de todos, podendo chegar a quase dois metros, com carne muito saborosa porém muito perecível, deve ser consumido imediatamente; badejo-mira – o mais comum; e badejo-sabão – assim chamado por ter o corpo recoberto por gosma. A carne de badejo é considerada de excelente qualidade.

- **Bagre** (*catfish – poisson chat*): este peixe de couro é essencialmente de água doce, sobe os rios para desova e é encontrado também em águas salobras, estuários e mangues. Os bagres têm pouca importância comercial. Sua carne é saborosa quando bem preparada, prestando-se mais a ensopados. São uma iguaria em alguns países asiáticos. Devem ser tratados com muito cuidado, pois seus espinhos pectorais e dorsais podem causar ferimentos dolorosos e graves.

- **Baiacu (*puffers* ou *porcupinefish*)**: classificado entre os peixes aberrantes, os *Plectognatas* na verdade englobam três famílias diferentes. De aspecto muitas vezes repulsivo, o baiacu é tóxico e pode ser mortal. É muito importante que sua carne seja limpa por pessoas com habilidade para evitar a contaminação pelas glândulas e vísceras. Depois de corretamente limpo, é considerado uma iguaria, e no Japão sua carne atinge preços elevadíssimos, principalmente o *sashimi* de baiacu (*hogu*).

- **Barracuda (*salt water pike – barracuda*)**: enorme peixe, voraz e carnívoro, um dos preferidos para a pesca esportiva, é também consumido em ensopados ou sopas do tipo caldeirada.

- **Betara ou betarra (*southern king fish*)**: em algumas regiões é conhecido como *papa-terra*. É da família das pescadas e sua carne não é muito comum em restaurantes devido a seu pequeno tamanho.

- **Bijupirá ou beijupirá (*sergeant fish*)**: os indígenas brasileiros assim o denominaram por acharem sua carne com gosto de bolo de mandioca. É considerado por alguns *gourmets* um dos melhores peixes de carne branca, muito apreciado no Nordeste brasileiro. É um dos peixes mais procurados na pesca esportiva por sua tenacidade e valentia. No Sul do Brasil chama-se pirabiju ou pirabeju.

- **Bodião ou budião** (*parrot fish – perroquet*): por este nome são conhecidos vários tipos de peixe incluindo o peixe-papagaio – um peixe ornamental de cores belíssimas. Entre todos, o budião-batata é o mais consumido em restaurantes; sua carne é vendida como se fosse a do namorado.

- **Bonito** (*mackerel – auxide*): peixe de grande valor comercial, geralmente encontrado em conserva, enlatado. Melhor se servido assado ou cozido em *court-bouillon*.

- **Cação**: cações e tubarões fazem parte do imaginário popular, associados a monstros devoradores de tudo o que encontram. No Brasil, sua carne não tem grande valor comercial e pode vir cercada de algum preconceito. No entanto, encontram-se vários tipos de cação nos mercados de peixe: cação-anjo, cação-bagre, cação-lixa, cação-martelo, cação-viola e caçonetes. Esses peixes produzem um óleo muito apreciado e seu couro e cartilagem têm grande valor comercial. Os tubarões são objeto de pesca predatória em quase todo o mundo. Sua cartilagem e suas barbatanas são utilizadas em sopas e na medicina alternativa.

- **Cavala** (***king mackerel – maquereau***): de vários tipos e tamanhos, sendo os mais comuns a cavala preta e a cavala branca. Tem uma carne rica em vitaminas e sais minerais, desprovida de gordura, ideal para regimes.

- **Cavalinha** (*chub mackerel – maquereau blanc*): ao contrário da cavala, este é um peixe gorduroso, encontrado geralmente em conserva.

- **Cherne** (*snowy grouper – merou*): quando adulto pode chegar a dois metros e ultrapassar os 200 kg. Sua carne é saborosa mas um pouco gordurosa, por isso presta-se melhor a grelhados.

Quando cortado em postas, pode ser servido acompanhado de molhos delicados como o holandês. Os menores são conhecidos como chernete, chernote ou mesmo mero-preto.

- **Cioba** (*vermillion snapper* ou *mutton-fish*): muito popular em algumas regiões do Brasil, é um peixe de menor porte que o vermelho e também bem aceito na culinária por sua carne ser saborosa.

- **Congro ou congréo-rosa** (*rosy ling – congre*): conhecido por sua carne delicada, muito apreciada no Sul do Brasil e na Argentina; presta-se melhor a grelhados. O congro comercializado no Brasil é normalmente de procedência chilena ou argentina, já que o brasileiro aparece apenas em alguns meses e somente no extremo sul do Brasil.

- **Corvina ou murucaia ou cururuca** (*croakers*): a cururuca dos nossos indígenas tem grande valor comercial e, apesar do cheiro de iodo de algumas espécies, é uma carne de preço razoável. Deve ser preparada sobretudo em ensopados ou escabeches. Para corrigir o sabor de iodo basta deixá-la em tempero durante algumas horas.

- **Espada** (*atlantic cuttlefish – espadon*): peixe de corpo longo e comprido; seu formato lembra uma espada. Habitante de águas profundas, possui carne saborosa mas com muitas espinhas. Devido a sua textura é melhor consumi-lo frito em postas.

- **Espadarte/meca** (*sword fish*): um dos peixes mais apreciados do hemisfério Norte, tem pouco valor comercial no Brasil. Sua carne é considerada saborosíssima, comparável à do atum. É um peixe muito feroz, chegando a alcançar quatro metros, e um dos mais difíceis de serem pescados. Os indígenas o chamavam de pirapicu, e relatos do Brasil colonial descrevem espadartes perfurando o ventre de baleias na baía de Todos os Santos.

- **Galo (*atlantic moonfish*) ou peixe-galo ou galo-de-penacho (*lookdown – zée*)**: sua pesca é praticada em larga escala com redes de espera e arrasto. No entanto, a qualidade da carne é apenas razoável e presta-se mais a frituras.

- **Garoupa (*grouper*)**: encontrada ao longo do litoral brasileiro, a garoupa se subdivide em várias famílias, todas muito apreciadas pela qualidade e pelo sabor da carne. É um peixe que pode ser servido praticamente de todas as maneiras. Quando assado inteiro, o sabor da carne é ainda mais realçado; servido em postas é igualmente delicioso. Entre as mais conhecidas estão a garoupa-verdadeira ou garoupa-de-pedra (*grouper*), garoupa-são-tomé (*red grouper*), garoupa-pintada (*rock hind*), garoupinha ou garoupa-chita e garoupa-senhor--de-engenho (*barred rock-fish*).

- **Guaivira (*leather jacket*)**: peixe bastante popular no Sul do Brasil, em especial no litoral de Santa Catarina; de tamanho médio, cerca de 25 cm, presta-se a frituras e ensopados.

- **Linguado (*flounder/sole – barbue/turbot*)**: na realidade são *linguados*, tal a diversidade de famílias. Foram catalogadas 27 espécies, classificadas como:
  - *Pleuronactidae*: olhos e cor no lado direito, olhos grandes, formato oval;
  - *Boothidae*: olhos e cor no lado esquerdo, olhos grandes, formato oval;

- *Soleidae*: olhos e cor no lado direito, olhos pequenos, formato circular, cabeça arredondada;
- *Cynoglossidae*: olhos e cor no lado esquerdo, olhos pequenos, corpo longo.

A pesca comercial é praticada em larga escala. Sua carne, delicada e branca, presta-se ao preparo de inúmeros pratos em todas as culinárias. Usualmente filetado, pode também ser preparado em cortes inusitados e ornamentais, conhecidos como *colbert* ou *orgnette*. Rodovalho é o nome dado a uma espécie de linguado.

- **Manjuba (*braodband anchovy*)**: as manjubas são encontradas em trinta espécies diferentes, das quais 22 são industrializadas de diversas maneiras. As várias designações regionais, assim como tantas formas de preparo, prestam-se a muitas confusões. Muitas vezes as manjubas são confundidas com as sardinhas e até mesmo vendidas como aliche. Em virtude do preço acessível e de sua popularidade, são muito consumidas pelas populações de baixa renda. Geralmente são servidas fritas inteiras.

- **Maria-mole/maria-luísa**: de sabor semelhante ao da pescada e da corvina, tem esse nome porque a parte superior da sua cabeça é mole e oca. Pode ser servida frita ou assada.
- **Marlim branco ou azul (*white* ou *blue marllin – marlin*)**: embora pouco comercializado no Brasil, é um peixe de carne apreciadíssima no Oriente. Sua pesca comercial é praticada por navios japoneses, principalmente na costa do estado do Espírito Santo. No entanto as proibições e restrições a esse comércio têm se intensificado.

- **Merluza (*hake – merluza*)**: junto com a abrótea é chamada de "bacalhau" brasileiro. Sua pesca é de grande importância comercial e pode ser encontrada fresca, congelada ou salgada, o que a faz ser confundida com o bacalhau. Fresca pode ser consumida em filés ou postas. Às vezes é chamada de pescada portuguesa. O óleo de fígado de merluza é rico em vitaminas A e D.

- **Mero (*jewfish – mérou*)**: trata-se de um peixe gigantesco, que chega a pesar 450 kg. Em risco de extinção, atualmente está sob proteção ambiental. Conforme a Portaria Interministerial nº 13 de 2 de outubro de 2015, de autoria dos Ministérios da Pesca e Aquicultura e do Meio Ambiente, sua pesca está proibida nas águas jurisdicionais brasileiras até 2023.

- **Michole/mixole**: em algumas regiões é conhecido como michole-de-areia ou margarida. Apesar do pequeno tamanho, cerca de 20 cm, é comum encontrá-lo e sua carne é considerada saborosa, podendo ser preparada grelhada ou frita.

- **Miraguaia/piraúna (*drumfish*)**: peixe abundante no Sul do Brasil, confundido com a garoupa por seu tamanho e aparência. Pode vir a ser um bom substituto do bacalhau quando devidamente salgado.

- **Namorado (*sand perch*)**: um dos peixes nobres da cozinha. Chegando a medir um metro, o namorado tem alto valor comercial pela qualidade da carne: saborosa, sem gordura e sem espinhas. Presta-se a praticamente todas as formas de cocção e apresentação.

- **Olhete** (*yellowtail – sériole*): embora às vezes também chamado de olho-de-boi, o olhete é menor em tamanho, dificilmente passando de um metro. Sua carne é igualmente saborosa, cozida ou ensopada.

- **Olho-de-boi** (*bull eye/greater amberjack – poisson limon*): pode atingir 1,7 m de comprimento e pesar 80 kg. São peixes ágeis e fortes, de sabor muito apreciado, principalmente cozidos ou ensopados.

- **Olho-de-cão** (*bigeye – poisson soleil*): assim chamado em virtude do tamanho dos seus olhos, pela crendice popular de que o nome diabo deveria ser substituído por cão. É um peixe pequeno, de aproximadamente 25 cm, bem aceito no litoral norte do Brasil.

- **Pampo** (*pompano – pampre*): encontrado em toda a costa brasileira em cinco espécies diferentes, entre as quais a *sernambiquara*, o pampo é um peixe de carne muito apreciada sobretudo entre os norte-americanos. Pode ser preparado de diversas formas.

- **Parati** (*white mullet – muge*): da espécie *Mugilidae*, que engloba quatro famílias e dezoito variedades, o parati é um pequeno peixe cuja carne se assemelha à da tainha. Sendo muito gorduroso, é melhor prepará-lo grelhado ou assado.

- **Pargo** (*red porgy – pagre*): conhecido também como pargo-amarelo, pargo-liso e pargo-vermelho, é um peixe de carne branca, firme e muito apreciada assada ou cozida.

- **Paru** (*angel fish – poisson ange*): peixe de muita beleza, da mesma família do paru-soldado ou *black angel*. São considerados peixes ornamentais. Sua carne, embora possua uma tonalidade escura, é muito saborosa e poderia servir como alternativa para refeições mais econômicas.

- **Peixe-prego (echinorhinus brucus)**: espécie de tubarão de águas profundas. Tem uma coloração púrpura acinzentada acastanhada, e a superfície ventral é mais clara. Tem um focinho curto. O comprimento máximo observado é de 310 cm. Sua carne leve e saborosa tem boa aceitação pelos apreciadores da culinária japonesa, principalmente, como sashimi..

- **Peixe-voador** (*flyingfish – poisson volant*): há várias espécies na costa brasileira. Apesar de o sabor de sua carne ser muito bom, o peixe-voador é mais procurado por suas ovas, muito apreciadas no Japão, com o nome de *tobiko*.

- **Pescada** (*hake* ou *weakfish*): presente em toda a costa brasileira, com mais de trinta espécies. A cambucu, a amarela, a perna-de-moça, a bicuda e a pescadinha são as mais apreciadas. Sua carne é considerada excelente e muito apreciada, preparada em postas ou filés, cozida, frita ou simplesmente no vapor. Uma pescada de bom tamanho assada ao forno pode ser considerada um prato da mais alta gastronomia.

- **Pirapema/cumurupim/camarupim** (*tarpon – savale*): apreciado no Norte e Nordeste do Brasil, sua carne tem sido salgada e exportada, a exemplo do pirarucu amazônico. É um peixe de grande porte, podendo pesar mais de 50 kg.

- **Porquinho/peroá** (*triggerfish – baliste*): de tamanho pequeno, o porquinho mesmo assim é comercializado e muito consumido pelas populações de baixo poder aquisitivo. Pode ser frito ou ensopado.

- **Prejereba** (*tripletail – triple-queue*): apesar de sua pesca comercial ser rara e não ser um peixe muito popular, possui carne considerada excelente, prestando-se principalmente a assados. Pode alcançar 70 cm e pesar mais de 2 kg.

- **Raia/arraia** (*skate – raie*): as arraias ou raias estão entre os mais originais e diferentes habitantes do mundo animal. São peixes *hipotremas*, ou seja, possuem fendas branquiais no ventre, na parte inferior do corpo. Bastante numerosas na costa brasileira, encontram-se em várias espécies classificadas em ordens e subordens, incluindo uma espécie que vive em água doce. Do ponto de vista comercial e culinário, podemos dividi-las em:

  - *pristodei* ou peixes-serra;
  - *torpedinoidei* ou raias-elétricas;
  - *rajoidei* ou raias-violas;
  - *myliobatidoidei* (todas as demais raias).

  Popularmente são conhecidas como treme-treme (elétrica), raia-sapo, raia-pintada, ticonha, raia-viola, raia-chita, raia-santa, raia-manteiga, raia-lixa, raia-amarela, jamanta.

  A carne da raia é cartilaginosa, sendo melhor servi-la em postas cozidas. A moqueca de arraia é um prato muito apreciado na culinária baiana.

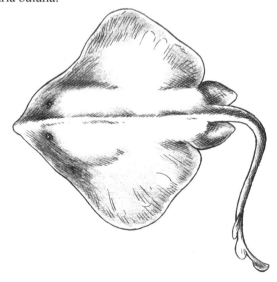

- **Robalo/camorim** (*snook – bar/loup de mer*): no Brasil encontram-se quatro espécies de robalo, peixe altamente considerado na gastronomia, apreciado por sua carne delicada e saborosa. Pode ser filetado grelhado ou servido em postas cozido.

- **Sardinha** (*sardine – sardine*): talvez o peixe mais popular do mundo, já que é encontrado praticamente em todos os mares. A pesca da sardinha é relatada desde os primórdios da humanidade, e no Brasil representa 30% do total dos peixes embarcados. É apreciada por praticamente todas as camadas sociais. Sua carne é agradável e pode ser encontrada nas feiras livres e nas prateleiras dos supermercados, em conserva com óleo ou molho de tomate, e também defumada. Pode ser servida grelhada na brasa ou frita.

  São inúmeras as espécies encontradas na costa brasileira, destacando-se: sardinha-verdadeira, sardinha-lage, sardinha--cascuda, sardinha-prata, sardinha-cachorro, savelha, savelha--mole ou apapá.

- **Serra** (*serra king mackerel – maquereau bonite*): existem dois tipos de peixe-serra: um possui carne similar à da raia e sua mandíbula sugere realmente uma serra; seu preparo deve ser idêntico ao da raia. O outro assemelha-se à cavala e é muito apreciado no Nordeste do Brasil. Pode ser preparado em postas cozidas.

- **Solteira/xarelete**: peixe de tamanho médio, diferencia-se do xaréu por possuir mais escamas na base das peitorais. Possui carne agradável, facilmente deteriorável, sem grande valor comercial; é encontrado nos mercados do Sul do Brasil.

- **Sororoca** (*spanish mackerel – maquereau espagnol*): peixe costeiro encontrado em grandes cardumes, possui carne semelhante à da cavala, com a qual é às vezes confundido. Presta-se aos mesmos modos de preparo.

- **Tainha (*mullet/liza – mulet*)**: pertencentes à família *Mugilidae*, as tainhas são encontradas no Brasil em oito espécies, em praticamente todo o litoral do Rio Grande do Sul até o Maranhão; no Nordeste é conhecida como *curimã*. Sua pesca industrial é muito importante e além da carne as ovas são muito apreciadas. Por se tratar de um peixe de carne gorda, é melhor assado ou grelhado.

- **Tamboril/peixe-sapo (*monkfish – lotte*)**: conhecido também como peixe-diabo, esse estranho peixe, cuja cabeça disforme e nadadeiras dão-lhe um aspecto repulsivo, é raro em nossas águas e até bem pouco tempo não tinha nenhum valor comercial. Atualmente, sua carne branca e macia é objeto de exportação, principalmente para o Japão. Com o nome francês de *lotte* é muito apreciado, já que se presta praticamente a todos os modos de preparo, quentes e frios.

- **Trilha (*spotted goatfish – rouget-grondin*)**: o salmonete, como é conhecido em Portugal em virtude da carne rósea, é um peixe de alto-mar pouco conhecido. Sua carne é considerada boa, por ser muito delicada. Existem o salmonete do alto-mar, conhecido como salmonete-de-barba, e o de-coroa, sem os dois barbilhos que lhe dão o nome.

- **Vermelho (*snapper – rouget*)**: considerado por alguns como o mais saboroso dos peixes, faz parte da família *Lutjanidae*, com várias espécies diferentes e uma série de nomes dependendo do tipo e da região. Vermelho-verdadeiro, vermelho-aricó, vermelho-do-fundo, vermelho-henrique, vermelho-paramirim, acará são alguns dos nomes encontrados. Muitas vezes o vermelho é confundido com a cioba, mas na realidade trata-se de dois peixes diferentes, apesar de a carne ter uma certa semelhança. Peixe de grande porte, com grande aceitação comercial, quando assado ao forno praticamente dispensa qualquer tempero, tal o sabor da sua carne.

- **Xaréu (*crevalle jack – carangue*)**: da mesma família dos pampos e do olho-de-boi, o xaréu, ao qual os indígenas chamavam de *guaracema* (*guaricema*), é um peixe robusto, quase sempre encontrado em grandes cardumes. Sua pesca de rede era um dos espetáculos mais bonitos que podiam ser vistos no litoral da Bahia. Além de sua carne saborosa, ideal para ser servida cozida e em suculentas moquecas, o xaréu possui ovas muito apreciadas. A guarajuba ou guaricema (*horse-eye jack*) é um peixe congênere, com boa aceitação nos mercados do Nordeste. A guarajuba é curiosamente chamada de carapau no Espírito Santo.

- **Xixarro**: nome dado a vários peixes: xixarro-pintado, xixarro-de-olho-grande, xixarro-calabar. Quando jovem é chamado de carapau. Trata-se de um peixe de baixo valor comercial pelo excesso de espinhas, sendo comercializado enlatado. Segundo o professor Eurico Santos, em seu livro *Nossos peixes marinhos – zoologia brasílica*, "o nome xixarro é dado não só a esta espécie, como a mais outras, muito semelhantes, que também registramos (aqui) sob outros sinônimos, evitando assim confusões". No Brasil é encontrado enlatado, de procedência peruana.

Peixes importados

- **Bacalhau**: o Brasil não possui o bacalhau em suas águas territoriais, pois trata-se de um peixe de águas frias, do norte do Círculo Polar Ártico. Por ser um peixe *esternotermo*, precisa estar sempre em águas a uma certa temperatura, fazendo com que migre sempre em busca da temperatura ideal. É encontrado nos mares da Noruega, Rússia, Islândia e Alasca. O nome científico do bacalhau é *Gradus morhua* e seu nome em inglês e francês varia de acordo com as características do peixe:

- fresco: *codfish* (inglês) e *cabillaud* ou *églefin* (francês);
- salgado: *stockfish* (inglês) e *morue* (francês).

No entanto, são quatro os peixes transformados em bacalhau: *cod*, o principal e considerado legítimo, e também *saithe*, *ling* e *zarbo*. Podemos encontrar bacalhau fresco importado em algumas redes de supermercado.

O hábito de salgar o bacalhau data de cerca de quinhentos anos. Os portugueses que pescavam nos mares do norte aprenderam com os noruegueses a arte de salgar. O peixe seco e salgado garantia sua conservação, mantinha todos os nutrientes e permitia efetuar a longa viagem de volta à terra-mãe. O hábito de comer bacalhau veio para o Brasil com os portugueses já no início da colonização e tornou-se um alimento sempre presente à mesa dos brasileiros, principalmente na época da Quaresma e na Sexta-Feira Santa. Infelizmente ao longo dos anos, o preço do bacalhau aumentou muito, mudando o perfil do consumidor. Além disso, vários peixes congêneres salgados passaram a ser vendidos como tal. Assim, identificar o verdadeiro bacalhau não é fácil; certifique-se sempre da procedência com o seu fornecedor e peça auxílio para melhor comprá-lo.

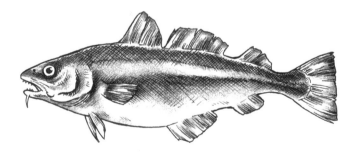

O Brasil é o maior importador de bacalhau do mundo. Nosso "bacalhau do Porto" na realidade vem da Noruega, que há mais de 150 anos exporta o pescado para o nosso país.

São inúmeras as receitas e os modos de preparo do bacalhau, fresco ou salgado, e estamos mais acostumados a associá-lo à culinária portuguesa com suas receitas tradicionais: bacalhau Gomes de Sá, Zé do Pipa etc.

- **Salmão (*salmon – saumon*)**: o salmão era, até alguns anos atrás, caro e quase inacessível. Com as facilidades de importação, sua grande aceitação transformou-se em um dos carros-chefes de praticamente todos os restaurantes, sendo servido de muitas maneiras diferentes, a tal ponto que começamos a ver uma certa "vulgarização" do uso dessa carne tão nobre e saborosa. O salmão é um peixe curiosíssimo e sua trajetória de vida, muito interessante. Seu hábitat natural é a água do mar, no entanto nasce nos rios, para onde volta por ocasião da reprodução e da morte. No Canadá existe a expressão *to die like a saumon*, ou seja, voltar ao lugar de nascença para morrer. A *piracema* do salmão é um espetáculo fascinante: ele sobe corredeiras, dando enormes saltos; nessa ocasião muitos são fisgados por pescadores ou apanhados por ursos.

  Existem várias espécies. Atualmente alguns países exploram racionalmente sua pesca em "fazendas", destacando-se a Noruega e o Chile, de onde vem a maior parte do salmão consumido no Brasil.

  A tonalidade rósea da carne do salmão tem sido realçada pela inclusão de sementes do nosso urucum em sua alimentação.

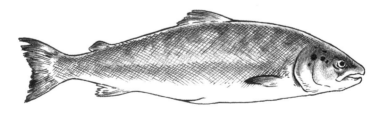

- **Saint-pierre**: no hemisfério Norte existe um peixe de água do mar chamado *saint-Peter's fish* ou *John Dory – saint Pierre*, sem nenhuma relação com o homônimo encontrado no Brasil, que é originário do rio Jordão e do mar da Galileia. É resultado do cruzamento de tilápias, por mutações genéticas, não sendo contudo um produto transgênico. As matrizes são importadas de Israel para o criatório no Brasil, onde é feita a alevinagem e engorda. É um peixe de carne branca, firme, muito apreciada por seu sabor e adequação aos mais variados métodos de cocção e preparo.

Entre os peixes importados comercializados no Brasil estão o arenque (*herring – hareng*), encontrado geralmente em salmoura, na preparação escandinava *rollmop*, e o hadoque (*haddock*), da família do bacalhau, geralmente defumado. O congro rosa argentino e o congro chileno são também dois peixes bastante apreciados sobretudo no Sul do Brasil.

Peixes de água doce

Possuidor da maior bacia hidrográfica do mundo, o Brasil abriga cerca de 1.400 espécies de peixes de água doce, sendo cerca de oitocentas na bacia Amazônica.

A pesca em nossos rios, por ser quase sempre predatória, é objeto de discussões acaloradas. Além disso, barragens construídas sem cuidados ecológicos, o desmatamento e o assoreamento das margens dos rios e o garimpo clandestino têm contribuído para a extinção de algumas espécies e põem em risco a delicada cadeia biológica.

Os peixes de água doce oferecem uma gama quase inesgotável de opções, desde o simples lambari frito até os mais requintados pratos com surubim, tucunaré, sem deixar de mencionar a truta, convertida em grande dama da gastronomia.

Trataremos do assunto de maneira genérica, mencionando os nomes dos peixes disponíveis no Brasil, algumas dicas sobre modos de preparo, sem nenhuma intenção de esgotar um tema muito rico e objeto de estudo mais aprofundado, principalmente tratando-se da região amazônica e do Pantanal Mato-Grossense.

- **Acará ou cará**: semelhante à tilápia, tem gosto de iodo. Melhor prepará-lo frito.

- **Apaiari ou acará-açu**: bonito peixe ornamental de quase 30 cm, possui carne muito saborosa e apreciada. Bom para assado ou em postas.

- **Apapá**: lembra uma grande sardinha dourada e pode ser preparado assado na brasa ou no forno.

- **Aruana ou aruaná**: da mesma família do pirarucu, com escamas prateadas e cujo aproveitamento é similar ao congênere.

- **Bagre (jundiaí ou jundiá)**: nome genérico para várias espécies encontradas em quase todo o Brasil. Peixe de couro, de carne saborosa com poucas espinhas, bom para ser assado dependendo do tamanho, ou em postas. No Rio Grande do Sul, depois de salgado leva o nome de *mulato-velho*.

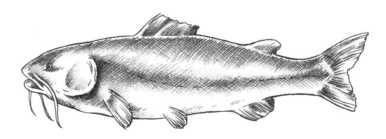

- **Cachara**: muito parecido com o pintado, pois é da mesma família, presta-se a ensopados, moquecas e também para ser assado inteiro e recheado.

- **Camurupim** (ver *pirapema*).

- **Carpa**: adaptando-se a praticamente qualquer ambiente, a carpa possui inúmeras variedades, sendo algumas somente para fins ornamentais. Sua carne é delicada, com poucas espinhas, lembrando de alguma forma a carne bovina. Muito apreciada pelas colônias estrangeiras, sobretudo a israelita, que prepara o *geffilte fish* com carne de carpa.

- **Cascudo**: seu nome origina-se da carapaça óssea que o envolve. Sua carne aproveitável encontra-se perto do ventre e só fica saborosa quando muito bem temperada e assada na própria casca ou então servida em postas em forma de sopa. Segundo o professor Euclides Santos, em seu livro *Peixes de água doce*, "quase a metade dos peixes *siluriformes* recebe o nome vulgar de cascudos, pois todos os da família dos *Locarídeos,* quer dizer, dos peixes revestidos de placa, têm tal designação; existem 1.412 espécies de *siluriformes* nas Américas do Sul e Central, e 415 dos *Locarídeos*".

- **Curimbatá ou corimbatá**: existem cerca de vinte espécies de peixe catalogadas, repartidas em quase todos os rios brasileiros. Seu tamanho e peso variam de acordo com a espécie. O curimbatá-uvu e o curimbatá-pacu podem chegar a 60 cm e pesar 8 kg. Presta-se muito bem à piscicultura pela sua prolificidade. Possui muitas espinhas e, antes de prepará-lo, deve-se retirar o cordão preto que aparece dos dois lados, e deixá-lo em água corrente até limpar todas as vísceras; esse procedimento serve para eliminar o cheiro de lodo presente em sua carne. Pode-se fritá-lo em postas ou assá-lo inteiro.

- **Dourada**: além do dourado do mar e do dourado do rio, existe a dourada, peixe de couro, exclusivo da bacia Amazônica, onde também é chamado de dourado, prestando-se a muitas confusões. A melhor maneira de prepará-lo é conservar seu couro e cortá-lo em postas, servindo-o em ensopados.

- **Dourado**: magnífico peixe dos nossos rios, troféu sonhado por todo pescador, é um peixe belíssimo coberto de escamas douradas com linhas pretas. Pode alcançar 25 kg e quase um metro, o que vem se tornando cada vez mais raro em virtude da pesca acirrada de que é vítima. O seu peso ideal de consumo é a partir de 3 kg; antes não é recomendável pois possui muitas espinhas. Pode-se servi-lo assado inteiro ou em postas cozido. O dourado assado recheado com farofa é um dos pratos tradicionais da boa cozinha caipira.

- **Jaraqui**: um dos peixes mais conhecidos da região amazônica, possui carne muito saborosa, podendo ser grelhado, assado na brasa, frito ou cozido. Por ter muitas espinhas – característica de vários peixes de água doce de pequeno porte –, sua carne, para ser consumida, recebe diversas incisões ao longo do dorso; esse método é chamado na Amazônia de "ticar o peixe".

- **Jaú**: um dos maiores peixes de água doce, podendo alcançar 1,5 m de comprimento e pesar 100 kg; é revestido por um couro espesso e possui uma cabeça equivalente a um terço do seu tamanho. Desse peixe tudo é aproveitado, pois além da carne, conservada em azeite ou cortada em mantas e salgada, o próprio

azeite do peixe é utilizado na indústria e para a conservação de couros, a cola é um substituto nacional para a cola de peixe importada pelo Brasil e os resíduos ricos em cálcio e matérias fosfatadas podem ser aproveitados na lavoura. Aproveita-se o jaú na culinária de duas maneiras: ele pode ser cortado em pedaços, frito e em seguida conservado em gordura e condimentos, em recipientes próprios, ou pode ser cortado em pedaços e ensopado.

- **Lambari**: até poderíamos utilizar o plural lambaris, tamanha a diversidade desse peixe da família dos *Tetragonopterídeos*, que engloba cerca de trezentos peixes denominados como tal. Para aumentar mais ainda a confusão, a mesma espécie chega a ter vinte nomes diferentes pelo Brasil afora. Os mais conhecidos são matupiri, olho vermelho, piaba, sauá, lambari-de-rabo-vermelho e, o maior de todos, lambari-de-rabo-amarelo, o tambiú.

- **Mandi**: são tantos os mandis que para melhor distingui-los acrescentou-se um segundo nome, resultando nos mandis bandeira, boi, guaçu, mandiguaru, casaca, branco, chorão, pintado, urutu e no maior e melhor de todos: mandijuba. Apesar de tamanha diversidade, a carne do mandi é apenas razoável, servindo melhor como recheio para outras preparações, exceção para o mandijuba, que se transforma em um bom ensopado.

- **Mandubé/mandubi**: muito apreciado pela excelência de sua carne, quase sem espinhas. Pode ser consumido fresco ou salgado. Seu hábitat e sua alimentação conferem à carne um gosto diferente da maior parte dos peixes de rios e lagos brasileiros.

- **Mapará**: encontrado em praticamente toda a bacia Amazônica, o mapará, assim como outros peixes de couro, sofre rejeição por parte das populações locais, que o associa à transmissão de doenças de pele. No entanto, sua carne é considerada de bom sabor.
- **Muçum**: o nome deriva do indígena *mbois açu*, ou seja, cobra grande, pois este peixe serpentiforme lembra realmente uma cobra. Distingue-se das enguias por não ter nadadeiras nem escamas, sendo seu corpo recoberto por uma gosma. Sua carne é branca, sem espinhas e muito saborosa assada ou cozida.
- **Pacu**: nome genérico para mais de trinta espécies: pacu-prata, pacu-de-canal, pacu-branco, pacu-borracha, pacu-curepeté. A maior parte delas encontra-se na bacia Amazônica. Sua carne branca e quase sem espinhas é, no entanto, um pouco gordurosa, prestando-se melhor a grelhados. No Mato Grosso faz-se uma espécie de cozido com a cabeça, e "quem come cabeça de pacu nunca mais quer sair do Mato Grosso". O cruzamento com o tambaqui deu origem ao tambacu.

- **Piaba**: piabas e lambaris são muito parecidos e pertencem à mesma família. As piabas são classificadas em diversas

espécies, sendo quase todas comestíveis, de carne muito apreciada. Piapara, a maior e mais saborosa, piaba-crioula, acará-pixuna, piaba-branca, piabinha, piabuçu são alguns dos exemplares da espécie.

- **Piapara** (ver *piaba*).

- **Pintado/surubim**: a denominação *surubim/pintado* engloba algumas espécies, como o surubim da Amazônia, surubim-chicote, surubim-lima e o pintado propriamente dito – um peixe muito apreciado pela carne saborosa, excelente quando assada em forma de churrasco ou em espetos. É um dos maiores peixes das nossas águas, de couro branco salpicado de pintas negras, o que deu origem ao nome. O pintado poderia se tornar uma das maiores fontes de divisas do Brasil, pois sua carne defumada rivaliza com a do salmão, e seca e salgada nada fica a dever ao bacalhau.

- **Piracanjuba**: muito mais que um peixe comestível, é um lindo peixe arredio e valente. Sua carne, de coloração rosa-salmão, pode ser considerada de excelente qualidade em qualquer forma que for preparada. Uma das peculiaridades deste peixe é que se alimenta de frutas silvestres, contrariamente a quase todos os outros, carnívoros. Na Amazônia há uma espécie chamada de matrinchã ou matrixã.

- **Piraíba**: apesar de ser um dos maiores peixes da Amazônia, sua carne é desprezada em virtude do forte preconceito de que é vítima – de ser transmissor de doenças de pele. Quando jovens, são chamados de filhotes e, curiosamente, muito apreciados.

- **Piramutaba**: de aparência semelhante à do surubim, tem contudo grandes filamentos caudais. Sua carne de coloração clara presta-se a assados, no forno e na brasa, e a frituras. Este peixe até pouco tempo atrás não gozava de grande valor comercial por ser considerado de qualidade inferior; no entanto, ultimamente tem sido objeto de comercialização, sendo distribuído para o resto do Brasil e até mesmo para o exterior.

- **Piranha**: nome dado pelos nossos indígenas, que significa *peixe-dente*. Normalmente, a piranha faz por merecer a reputação de peixe feroz; no entanto, tem grande utilidade e pode ser considerada o abutre dos rios. No Brasil há cerca de trinta espécies diferentes, sendo algumas mais agressivas que outras: piranha-branca, piranha-caju, piranha-chata, chupita e a temível piranha preta dos rios amazônicos. Apesar de todo o folclore que envolve seu nome, a piranha tornou-se uma espécie de cartão-postal do Brasil, e todo turista quer levar um exemplar empalhado e emoldurado. Sua carne é medíocre, além de ser um peixe terrivelmente espinhoso; no entanto, pode-se fazer uma deliciosa sopa de piranhas, que tem fama de afrodisíaca.

- **Pirapema**: peixe recoberto por escamas grandes e duras, aproveitadas pelas populações para certos trabalhos; tem o hábito de subir rios e marés, o que deu origem ao nome do mesmo procedimento que acontece com outros peixes. Sua carne é apenas razoável, prestando-se a cozidos ou frituras.
- **Piraputanga**: peixe da família do piracanjuba e das matrinchãs, muitas vezes confundido com o dourado. Possui carne muito saborosa, podendo ser preparado de várias maneiras.
- **Pirarucu**: de *pira* – peixe e *urucu* – semente que dá tinta vermelha), esta é a origem do nome do rei dos nossos rios, talvez o maior peixe de escamas das águas fluviais e lacustres do Brasil. O peixe adulto pode ter 2,5 m, chegando a 80 kg, e é inteiramente aproveitável; sua carne saborosa, fresca em postas ou salgada, é vendida até como substituto do bacalhau. Pode vir a ser fonte de divisas para o Brasil, bastando para isso

incentivar a criação em cativeiro. Outra curiosidade é sua língua, que possui um osso interno e é transformada em lixa e outros objetos artesanais.

- **Saguiru**: pequenino peixe que é utilizado como alimento pelas populações ribeirinhas. Seu sabor e modo de preparo assemelham-se aos do lambari.
- **Sardinha de água doce**: foram identificadas sete espécies no rio Amazonas. Todas são apreciadas pela sua carne, podendo ser assadas na brasa, fritas ou preparadas cozidas. São vários os nomes regionais.
- **Surubim** (ver *pintado*).
- **Tabarana**: bonito peixe que se assemelha ao dourado, muito apreciado pelo sabor de sua carne, que, no entanto, apresenta o inconveniente de ter muitas espinhas.

- **Tambacu**: cruzamento do tambaqui e pacu. Mesmos modos de preparo.
- **Tambaqui**: parecido com o pacu, tem grande consumo na região amazônica, prestando-se a ser cozido ou assado. Da sua bexiga natatória é feita uma goma e dos ossos secos, farinha.

Tambaqui

- **Tamboatá**: praticamente restrito à região de Belém, onde é apreciado assado inteiro com vísceras, ou em sopa. Este peixe tem o curioso hábito de poder respirar fora d'água, possuindo uma espécie de bexiga natatória revestida de rede respiratória; na época de grandes secas costuma migrar em busca de água.

- **Tilápia**: peixe recentemente introduzido no Brasil, adaptou-se muito bem ao nosso clima a ponto de já o considerarmos nosso. Apesar de possuir muitas espinhas, sua carne de sabor muito apreciado presta-se a praticamente todos os modos de preparo, incluindo um inusitado *sashimi*.

- **Traíra**: encontrada em quase todo o Brasil, é um pequeno peixe cheio de espinhas; melhor mesmo é cortá-la em iscas, temperar, empanar e fritar. A cabeça possui uma carne macia e saborosa, podendo ser frita ou cozida em ensopado.

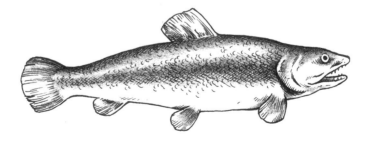

- **Trairão**: peixe de grande porte, alcançando quase um metro, procurado pela excelência da sua carne, que é comparada à do dourado e da piracanjuba.

- **Truta** (*trout – truite*): peixes da família dos salmonídeos, encontrados em lagos, rios e em água fria, com várias espécies e nomes diferentes. Sua carne é muito apreciada. Foram trazidas ao Brasil por Ascânio de Faria em 1949, adaptando-se bem aos climas de montanha subtropical. A truta-arco-íris foi a que melhor se aclimatou, além das trutas azul, salmonada e albina. Além da carne, que pode ser preparada de várias maneiras, fresca e defumada, também as ovas são muito apreciadas.

Existe uma truta de hábitos semelhantes aos do salmão e por essa razão considerada peixe de água do mar: a truta-salmonada (*salmon-trout – truite de mer*).

- **Tucunaré**: originário da Amazônia, o tucunaré pode ser encontrado em oito diferentes espécies, e provou ser um peixe de fácil adaptação em outros locais. Pode vir a ser uma boa alternativa de consumo e piscicultura. Sua carne é considerada de muito boa qualidade e presta-se a todos os modos de preparo.

Peixes anódromos

São assim chamados os peixes marítimos que penetram em água doce para desova ou reprodução, a exemplo do que ocorre com o salmão em outros países. Muitos pescadores aproveitam esta ocasião para pescá-los. No Brasil temos, segundo o autor Alfredo Carvalho Filho, em seu livro *Peixes da costa brasileira*, os seguintes:

- bagre-do-mar;
- barbado;
- manjuba;
- peixe-galo;

* peixe-serra;

* pescada (no rio São Francisco tem o nome de sofia);

* robalo (em água doce tem o nome de camorim);

* tainha.

Frutos do mar

Este termo abrange a enorme variedade de crustáceos, moluscos e algas marinhas – sem incluir peixes – utilizados na alimentação. *Seafood* ou *fruits de mer*, em inglês e francês, respectivamente.

Métodos para limpar e conservar moluscos e crustáceos

* Lavar moluscos com água, esfregando-os com escova.

* Abri-los utilizando faca de lâmina curta e dura, pegando-os com um pano para evitar ferimentos e introduzindo a faca na união das duas conchas.

* Desprender a parte carnosa e retirar barbas com a ponta da faca.

* Efetuar as preparações de acordo com os métodos de cocção adequados.

* Conservar no próprio suco do cozimento.

* Quando crus, conservar no próprio suco; se retirados da concha, em água com sal.

* Se não forem utilizados imediatamente, conservá-los em geladeira ou no congelador.

* Ao limpar as lulas, prestar atenção para não furar o saquinho de tinta, que pode ser reservado para preparações específicas.

* Lavar com água crustáceos como camarões, lagostas, caranguejos e siris; separar a cabeça da cauda e reservar o coral das lagostas para preparações posteriores.

- Reservar cabeças e caudas para algumas preparações.
- Descascar a cauda e retirar a tripa, puxando-a pelo orifício anal.
- Preparar a lagosta para cozimento amarrando-a numa tábua.

Crustáceos

Crustáceos caracterizam-se pela couraça protetora, alguns com pequenas protuberâncias, além de possuírem patas, pinças e até mesmo garras. São alimentos saudáveis, ricos em proteínas, sais minerais e vitaminas do complexo B. Normalmente, apesar de nutritivos e desprovidos de gordura, possuem alto teor de colesterol.

Entre os crustáceos encontramos as duas grandes damas da culinária praticamente em todo o mundo: a lagosta e o camarão.

- **Camarão (*shrimp – crevette*)**: existe uma enorme variedade de camarões em todo o mundo, desde o minúsculo *krill*, das águas frias da Antártida, até o gigante camarão da Malásia, 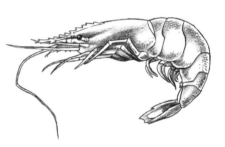 com cerca de 30 cm de comprimento. No Brasil, os mais comuns são: camarão sete-barbas, médio, camarão-rosa grande e pistola.

  Podem ser comprados frescos, congelados, enlatados, salgados em pacote, secos ou defumados.

- **Pitu**: crustáceo de água doce ou salobra muito popular no Nordeste, em especial na Bahia, cuja carne é apreciada por ser muito saborosa. Presta-se a todos os tipos de preparo comuns ao camarão.

- **Lagosta (*lobster – langouste*)**: encontramos lagostas em todos os mares do mundo com tamanhos e couraças diferentes. A lagosta brasileira possui carapaça vermelha espinhuda e duas pinças, e difere da lagosta de mares frios, revestida por uma carapaça lisa e com duas tesouras em lugar das pinças; essas lagostas são chamadas de lavagante (*homard*) em Portugal.

O ideal seria ter lagostas vivas e frescas em cada restaurante, já que a melhor maneira de servi-las é simplesmente grelhadas ou cozidas em um *court-bouillon*, no entanto a maior parte dos estabelecimentos conserva a lagosta no congelador, resultando um alimento seco ou borrachudo, se não for preparado convenientemente.

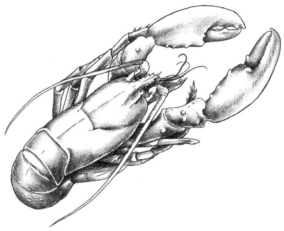

As lagostas podem ser compradas vivas inteiras e cozidas vivas em recipiente com água fria no início da cocção; em seguida podem ser conservadas congeladas por até seis meses, desde que respeitadas as normas corretas de congelamento.

Pode ser adquirida também a cauda já cozida e congelada.

Na costa nordeste dos Estados Unidos, encontramos a famosa *maine lobster*, reputadíssima pelo sabor da sua carne.

- **Cavaquinha**: pequena lagosta encontrada no litoral do Rio de Janeiro e de São Paulo, apresenta uma carapaça marrom e não possui espinhas dorsais nem antena. É muito apreciada pela delicadeza e pelo sabor da sua carne.

- **Caranguejo**: encontrado em todo o litoral brasileiro, principalmente nos manguezais – seu hábitat natural –, o caranguejo deve ser comprado vivo. Deve-se verificar sua procedência, para evitar comprar os provenientes de águas poluídas. Encontra-se também a carne de caranguejo em lata, geralmente de procedência asiática.

Existem vários tipos de crustáceos similares ao caranguejo e todos devem ser comprados vivos e preparados da mesma forma. Os mais conhecidos são:

- **guaiamum**: de coloração azul, vive em mangues e praias, e deve ser objeto de limpeza criteriosa antes do consumo;

- **aratu**: pequeno, de coloração vermelha, muito apreciado no Recôncavo Baiano;

- **goiá ou guaiá**: encontrado no Sul do Brasil e na Argentina, de coloração vermelha. A carne de suas pinças tem alto valor comercial.

- **uca (gecarcinidae)**: encontrado no mangue do litoral brasileiro, sua pernas são providas de grandes cerdas rijas na face interna. A carapaça mede em torno de 10 cm de diâmetro. Com as patas esticadas alcança 30 cm de envergadura. Sua carne é muito apreciada.

- **Grauça ou maria-farinha**: pequeninos crustáceos de coloração branca, comuns em várias praias do Nordeste. Entretanto, não são comestíveis.

- *Kings crab* e *centolla*: dois caranguejos gigantes provenientes do Alasca e Chile, respectivamente, reputados pelo sabor de suas carnes. Podem ser encontrados enlatados ou congelados. Ainda, podem ser encomendados em firmas de importação.

- *Kani-kama*: a palavra *kani*, em japonês, designa o caranguejo. O produto encontrado comercialmente não é um crustáceo; trata-se de um processado de pescado branco, albumina, amido, água, sal, açúcar, proteína de soja, glutamato de sódio, corantes, sorbitol, espessante carreginina e flavorizante natural de caranguejo, também conhecido como *surimi*.

- **Siri**: similar ao caranguejo, porém menor em tamanho, o siri vive em águas próximas ao litoral. Sua carne é macia, branca e saborosa. Durante a época de mutação, o siri muda de casca, transformando-se em uma iguaria finíssima, chamada de siri-mole pelos habitantes do Recôncavo Baiano, que produz deliciosos ensopados e moquecas. Encontramos o mesmo fenômeno na Flórida e no sul dos Estados Unidos: *blue crab* ou *stone crab*, servidos fritos e empanados, igualmente saborosos. Outra delícia bem brasileira é a famosa casquinha de siri. Assim como os caranguejos, os siris devem ser comprados vivos. Também os encontramos em lata ou com a carne já congelada.

Moluscos

Enorme família de invertebrados que abrange aproximadamente setenta mil espécies. Alguns são providos de uma ou duas conchas, que lhes servem de proteção e morada, outros são moles e cartilaginosos. Podemos dividi-los em:

- univalves: ameijoas;
- bivalves: ostras e mariscos em geral;
- gastrópodes: caramujos (*escargots*);
- cefalópodes: lulas e polvos.

Os moluscos comestíveis mais comuns no Brasil são: berbigões (vôngoles), caracóis (*escargots*), sururus, sarnambis, lambretas, ostras, mexilhões e vieiras.

- **Vôngole (berbigão)**: encontrado em todo o nosso litoral, tem sabor bastante acentuado. Pode ser consumido cru, cozido ou em molhos e recheios.
- **Sarnambi ou cernambi**: possui bela concha, vive enterrado em areia e é

muito popular no Nordeste do Brasil, onde é consumido cozido em leite de coco, em frigideiras e tortas.

- **Sururu**: muito popular em Maceió, na lagoa de Mundaú, onde é o alimento de sustentação das populações ao redor. É encontrado em águas salobras, manguezais e perto das embocaduras dos rios. Sua carne é deliciosa e deve ser objeto da mesma atenção dos outros mariscos. Pode ser comido cozido ou em molhos e recheios.

- **Lambreta**: congênere do sururu, pouco conhecida no Sul do Brasil, a lambreta é muito popular na Bahia, onde é servida cozida, acompanhada de molho vinagrete/campanha e muito samba de roda. Curiosamente, sua carne lembra a do *escargot*, podendo ser servida com manteiga de ervas, da mesma maneira que aqueles.

- **Búzio/caracol-do-mar**: o caracol-do-mar é um búzio que vive nas rochas e pedras junto às costas de mares mais frios. Após cozido, pode ser consumido com molhos do tipo campanha ou ainda misturado com arroz, ou em caldeiradas.

- **Ostras (*oysters – huîtres*)**: além de produzirem pérolas, as ostras são apreciadas em todo o mundo e em todas as culinárias. São catalogadas 120 espécies aproximadamente. No hemisfério Norte, o desenvolvimento da ostreicultura é considerável: europeus, americanos e japoneses consomem milhares de toneladas anualmente. No Brasil, essa atividade começa a se desenvolver racionalmente, e é notável o trabalho realizado na cidade de Cananeia, sul do estado de São Paulo.

As variedades produzidas no Brasil são:

Crassostrea brasiliana, a ostra de Cananeia, de sabor delicado, pesando 60 g aproximadamente, e a *Crassostrea gigas*, a ostra de Santa Catarina, de tamanho maior, com cerca de 80 g, um pouco mais salgada. Há ainda uma variedade restrita aos litorais da Bahia e do Espírito Santo: a *Ostrea pueichana*, pequenina de sabor acentuado.

Na culinária podem ser consumidas frescas diretamente das conchas ou em preparações quentes as mais diversas.

As ostras são extremamente perecíveis e devem ser consumidas no prazo máximo de um dia, conservadas vivas em local refrigerado ou sobre gelo picado. Podem ser servidas frescas, com molhos, cozidas ou assadas.

As águas frias são muito ricas em frutos do mar. Há moluscos de outros países que conhecemos pela literatura e que podem ser encontrados em lojas de importados ou de produtos orientais. Entre eles merece destaque a *coquille Saint-Jacques*, atualmente em destaque em razão da caminhada de Santiago de Compostela. Esses moluscos são encontrados em mares frios e principalmente na costas bascas da França e Espanha e na Galícia. No Brasil já se tenta a criação de *coquilles* no litoral do estado de Santa Catarina, na reserva ecológica do Arvoredo e nas proximidades de Cabo Frio. O que se serve por *coquilles Saint-Jacques* em nosso país não passa de vieiras sem coral. Convém lembrar que a denominação em inglês para *coquilles* é *scallops*, que nada tem que ver com o corte de carne bovina.

Além das *coquilles Saint-Jacques,* podemos mencionar:

- abalone ou *orneaux*;
- *clams*, dos norte-americanos;
- *pétoncles* – vieiras;
- *bigorneaux* e *bulots* – encontrados na França.

- **Lula (*squids* – *calamars*)**: mesmo não tendo nenhuma concha protetora, as lulas são também moluscos, os chamados *cefalópodos* ou *cefalópedes* – literalmente pés e cérebro juntos. Lulas são moluscos de corpo comprido e alongado, existindo uma enorme variedade. As lulas encontradas no Brasil são menores que as de mares frios e podem ser compradas frescas em peixarias ou feiras livres, congeladas ou enlatadas em conserva.

Possuem uma bolsa no interior do corpo com uma tinta escura usada como proteção contra agressores. Essa tinta – usada antigamente como tinta de escrever (há quem diga que a famosa carta de Pero Vaz de Caminha foi escrita com pena de ganso e tinta de lula) – é muito apreciada e usada em molhos de pratos famosos das culinárias espanholas *Calamares en su tinta* e nos *risotti* e massas italianos.

A sépia (*cuttlefish – seiche*) é um tipo de lula muito comum no Mediterrâneo.

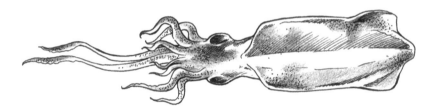

- **Polvo (*octoper – poulpe/pieuvre*)**: cefalópodo de tamanho variado, no Brasil não atinge dimensões consideráveis, raramente ultrapassando 80 cm. Seu corpo é provido de uma cabeça imediatamente seguida por oito tentáculos e sua carne, apesar de dura, é muito saborosa.

Pode ser comprado fresco e consumido imediatamente após limpo e cozido em água e sal.

Pode ser servido de diversas formas quentes e frias.

Uma das maneiras mais curiosas é a praticada pelos japoneses, que cortam simplesmente um dos tentáculos do polvo, retornando-o vivo ao aquário, dele fazendo um requisitado *sashimi*.

- **Ouriço-do-mar (*sea-urchin – oursin*)**: muito apreciado pelos japoneses (*uni*), que dele fazem um tipo de *temaki*. É geralmente consumido fresco ou em sopas, molhos e até mesmo suflês e gratinado.

AVES (*VOLAILLE – POULTRY*)

O termo genérico *aves* engloba todas as aves domésticas ou de caça utilizadas na alimentação. Entende-se por ave doméstica aquela criada em fazendas, quintais ou granjas (avicultura). E por ave de caça aquela que vive em seu hábitat e é caçada periodicamente ou em criatórios especiais.

As aves têm grande aceitação do público, sendo um dos poucos animais que não sofrem restrições religiosas de consumo (as restrições ficam por conta do abate), e podem ser preparadas das mais diversas maneiras.

- **Frango (*chicken – poulet*)**: entre as aves domésticas, o frango é o mais comercializado: vivo, fresco, resfriado (semicongelado), congelado e defumado, inteiro ou em cortes específicos, já preparado, pronto para ser consumido após regeneração. O Brasil é o segundo maior exportador de carne de frango.

Classificação:

- Frango de leite ou galeto (*spring chicken – coquelet*): aves de até três meses de idade, aproximadamente 800 g, macias e de grande aceitação, assadas no espeto ou grelhadas.
- Frango comum (*chicken – poulet*): o sexo pode variar conforme a alimentação, lote

ou raça, com peso de 1 kg a 1,5 kg, de carne mais suculenta, cartilagens firmes e ossos mais resistentes. Prestam-se praticamente a todos os modos de preparo.

- Galinha ou galo (*chicken/poule – cock/coq*): aves adultas, pesando de 1,5 kg a 4 kg, que podem ser preparadas de diversas maneiras. As aves de carne mais dura são mais adequadas para sopas (canjas), caldos e guisados.

- Frango caipira: é o frango criado solto, com alimentação natural ou mista, e forte apelo mercadológico. No entanto, sua carne é mais rija e a pele, além de mais corada, não desmancha no cozimento; presta-se aos assados no forno ou espeto e guisados.

- Frango capão (*capon – chapon*): o costume de capar frango vem da Grécia antiga, sendo ainda hoje muito difundido no Brasil. A ave castrada é gorda, suculenta e possui uma camada de gordura que derrete durante o cozimento, sendo melhor para assados.

- **Peru (*turkey – dinde*)**: ave originária das Américas, foi objeto de adoração entre os maias. Levada para a Europa pelos espanhóis, no começo a julgaram uma ave feia, comilona e barulhenta. Os ingleses a chamaram de *turkey*, julgando ser uma ave de procedência turca, pois foram os turcos que a levaram da Espanha para a Inglaterra. Pouco a pouco o peru foi sendo apreciado e atualmente é a segunda ave em consumo mundial, tradicional na ceia natalina e no dia de Ação de Graças (*Thanksgiving*) nos Estados Unidos.

O peru é a maior ave domesticada para consumo, existindo várias raças, resultado de cruzamentos e experiências genéticas. As diferentes raças influenciam no peso e na textura das carnes.

No Brasil, as mais comuns são *bourbon* vermelho, *mammouth* bronzeado, holandês branco e *bethsville* branco, com pesos que variam de 3 kg a 15 kg.

Embora muito grande, o peru nem sempre é comercializado inteiro; seu consumo em restaurantes está restrito a alguns cortes, ficando a ave inteira para ocasiões especiais, ou servindo como peça principal em bufês ou outras montagens.

Sua carne é nutritiva, no entanto mais gordurosa que a do frango e de digestão mais difícil, não sendo recomendável para algumas dietas.

Pode ser comprado vivo ou abatido e limpo (inteiro ou em pedaços), congelado ou fresco, temperado e também com recheio ou defumado. Igualmente é encontrado em derivados – linguiças, salsichas, hambúrgueres, almôndegas e presunto de peru –, especialmente dirigidos aos que não comem carne de porco, como os integrantes das comunidades árabe e judaica, além de ter grande aceitação mundial.

Os modos de preparo dependem do tipo de apresentação: aves inteiras (recheadas ou não) são mais indicadas para assar em forno, enquanto os cortes – peito e coxas – podem ser grelhados, fritos ou ensopados. Perus desossados podem ser preparados em rocamboles, *galantines* e *ballotines.*

Sobras de peru servem para recheios, farofas e maionese. Com os ossos do peru de Natal faz-se um dos pratos mais deliciosos da cozinha nordestina: escaldado de peru com pirão.

- **Pato (*duck – canard*)**: presumivelmente o pato foi domesticado pelos chineses há dois mil anos, e é justamente da China uma das obras-primas da culinária, o famoso pato laqueado.

  No Ocidente, o pato é normalmente assado (geralmente com recheio), depois de ter ficado em vinha-d'alhos – o que se faz absolutamente necessário, já que é uma carne gordurosa, de difícil digestão.

  Devem ser consumidos entre dois e três meses de idade, com peso entre 1,5 kg e 2,5 kg. Aves mais velhas costumam ter carne rija e muita gordura.

  Em francês, *canard* é o pato adulto e *caneton*, o pato jovem.

  A carne do pato fica muito saborosa e de mais fácil digestão quando acompanhada por frutas cítricas. Sua gordura pode ser reaproveitada para a cocção em preparações como *confits*, patês e *terrines*.

O pato pode ser comprado vivo, fresco, semicongelado ou congelado, inteiro ou em pedaços.

As aves mais tenras prestam-se a assados no forno (normalmente com recheios) ou em espeto. Aves mais rijas a braseados, *poêles*, estufadas. Aves de maior porte a caldos e sopas, *cassoulets*, patês, *galantines*, *ballotines*, *dodines* e *confits*.

Na França, o pato faz parte de algumas das receitas mais famosas da culinária: o *canard de La Tour d'Argent*, o *magret de canard*, o *cassoulet* e o fígado de pato.

O *canard de La Tour d'Argent* é uma receita que data do século XVIII, originária de Rouen, depois transportada para Paris no restaurante *La Tour d'Argent*; trata-se do pato cujos ossos são prensados em prensa de prata, transformando-se em molho que acompanha os filés.

Magret de canard é uma preparação típica do sudoeste da França.

O *foie gras de canard* é o fígado do pato que foi cevado especialmente para tê-lo dilatado, sendo preparado de várias maneiras.

A carne e a gordura entram na composição do *cassoulet toulousain*.

No Brasil, o pato ao tucupi é uma especialidade da cozinha amazônica, uma das raras ocasiões em que está presente em nossa culinária regional.

- **Marreco**: é uma ave menor que o pato, diferenciando-se pela cor da pele, mais amarela, e pelo curanchim, mais gorduroso e anatomicamente diverso.

Marrecos são mais bem aproveitados em assados ou no espeto. A cidade de Brusque (SC) realiza anualmente a Fenarreco, consumindo mais de quinhentas mil aves assadas durante os dias dos festejos.

- **Ganso (*goose – oie*)**: na antiga Roma, os gansos serviam como cães de guarda, tendo sido as primeiras aves a ser domesticadas. Antes de os europeus conhecerem o peru, o ganso era a ave tradicional da ceia natalina, hábito até hoje cultivado por alguns países da Escandinávia e do norte da Alemanha.

Existem variedades selvagens e domésticas, no entanto é difícil encontrar o ganso no comércio varejista de aves, sendo mais recomendável procurá-lo em criadores ou granjas especializadas. A idade ideal de abate situa-se entre seis e nove meses, não sendo recomendável passar de um ano. Depois dessa idade as aves possuem carne dura, prestando-se somente para preparações especiais de longo cozimento como *civets*, *confits* ou *rillettes*. Para reconhecer se o ganso é jovem, deve-se apertar o osso do peito, que deve ser flexível. O peso ideal é entre 4 kg e 5 kg.

O melhor é comprar o ganso já abatido e limpo; essas operações são longas e complicadas para um leigo. A ave possui glândulas malcheirosas, que podem estragar o sabor da carne.

Como todas as aves de carne dura, os gansos precisam ficar em vinha-d'alhos por no mínimo 12 horas, podendo então ser assados. Prestam-se também às chamadas preparações de caçarola, ou seja, *poêlées* ou longos braseados.

A gordura do ganso pode ser conservada em geladeira e reaproveitada para assados ou como cobertura de patês, *terrines* e *rillettes* ou conservar *confits*. É importante passá-la em peneira antes de guardar. Já a pele cortada em tiras, frita na gordura quente e tratada ao forno torna-se um original aperitivo.

Em algumas regiões da Alemanha, como a Pomerânia, existe o costume de defumar o ganso para melhor conservá-lo.

- **Faisão (*pheasant – faisan*)**: ave originária provavelmente da China, trazida para a Europa no início da Idade Média. Durante muitos anos foi vítima de caça predatória, chegando quase à extinção. Atualmente, em muitos países, as aves são mantidas em cativeiro e liberadas pouco antes da temporada de caça – são contudo menos apreciadas pelos conhecedores, que preferem o gosto da ave selvagem.

  O faisão macho é um animal de rara beleza, maior que a fêmea, cuja plumagem é menos colorida, porém a carne da fêmea é mais saborosa e nutritiva.

  A idade ideal do abate situa-se logo após o primeiro ano.

  O faisão pode ser comprado vivo em granjas especiais ou congelado em cortes. A ave inteira presta-se para assados, *galantines* e braseados. A ave em cortes pode ser preparada em guisados, *poêlées* ou assados, servindo para cozidos, *terrines*, *ballotines*, patês ou caldos.

- **Galinha-d'angola/capote (*guinea fowl – pintade*)**: ave curiosa, de grito estridente, do tamanho de um frango adulto de aproximadamente 1,5 kg. De carne delicada, é considerada por muitos *chefs* a mais saborosa das aves.

  Geralmente compra-se a galinha-d'angola viva em avícolas, porém já se encontram aves congeladas.

  Usadas em preparações comuns a todas as aves, deve-se tomar o cuidado de umedecer bem a carne por ser rija, em vinha--d'alhos ou gorduras.

- **Codorna (*quail – caille*)**: ave migratória com várias espécies, sendo a brasileira menor que a europeia. A carne de codorna é considerada uma iguaria pelos apreciadores, podendo-se comprar a ave viva em avícolas especializadas ou congelada, limpa e eviscerada.

Os ovos da codorna são muito utilizados em saladas, recheios e até mesmo defumados.

Sendo uma ave de pequeno porte, de 150 g a 200 g, normalmente é preparada inteira, prestando-se melhor para assados e grelhados, braseada, recheada ou transformada em patês, *terrines* ou em *salmis*, uma espécie de guisado feito com aves de caça.

- **Perdiz (*partridge – perdreau – perdrix*)**: ave de caça com várias espécies, um pouco maior que a codorna. Na França, os pássaros jovens (cerca de três meses) são chamados de *perdreaux* e tornam-se *perdrix* quando mais maduros (cerca de cinco meses).

  Normalmente, compra-se a perdiz viva em avícolas especializadas ou congelada.

  Por ser uma ave pequena, a melhor forma de prepará-la é assando-a, sempre tendo o cuidado de cobrir bem com *bacon* ou toucinho. No entanto, pode-se também fritá-la ou prepará-la em longos cozimentos com legumes.

  Perdizes também se prestam para *terrines*, *aspics*, patês, suflês, musses e *chaud-froids*.

- **Pombo (*pidgeon/squab – pigeon*)**: à primeira vista pode parecer repulsivo comer pombos, no entanto esta ave pode ser criada especialmente para o consumo, sendo a idade ideal de abate de seis a sete meses.

  Pombos são muito apreciados na Europa desde a Idade Média, principalmente na França e na Itália, onde os pombos jovens são considerados uma iguaria.

  A carne do pombo é bem gordurosa, de textura delicada e pode ser preparada praticamente da mesma maneira que a perdiz.

- **Chester**: ave desenvolvida por meio de estudos e pesquisas genéticas, pela Perdigão Agroindustrial, com uma ave americana (*gallus-gallus*).

Por ser uma ave especialmente voltada para o consumo, foi feito um trabalho de melhoramento genético, desenvolvendo-se peito e coxas, ou seja, maior volume de carnes nobres, equivalendo a 70% do peso total.

Sua alimentação é à base de milho e soja, o que torna a carne suculenta e saudável.

O chester é vendido inteiro e congelado, ou em cortes específicos (*suprême,* peito defumado), alguns já recheados, outros empanados.

Existe também a linha de derivados: linguiça, mortadela, hambúrger.

Os miúdos das aves podem ser preparados de maneira idêntica, respeitando-se o tempo de cocção em função do peso e das quantidades: quanto maior for a ave, maior será o tempo de cocção e talvez haja necessidade de porcionamento.

Consideram-se miúdos: fígado, coração, moela, pescoço, pés e asas.

Em alguns países utilizam-se a crista, a língua e os testículos do galo, e a língua e os testículos do pato.

TABELA DE TEMPOS DE COCÇÃO

Tipo de ave	Animais tenros			Animais adultos	
	Assar	Grelhar	Cozer	Assar	Cozer
Frango	40-50 min	25-30 min	40-50 min	–	–
Frango de leite	30 min	25-30 min	30 min	–	–
Galinha	–	–	–	–	2-3 h
Capão	–	–	–	50-60 min	–
Galinha-d'angola	25-30 min	–	–	1-1,5 h	–
Pato doméstico	35-40 min	–	–	2-2,5 h	–

Tipo de ave	Animais tenros			Animais adultos	
	Assar	Grelhar	Cozer	Assar	Cozer
Pato selvagem	20 min	–	–	2-2,5 h	–
Perdiz	15-20 min	–	–	1 h-1 h 20 min	–
Faisão	25-30 min	–	–	1 h-1 h 20 min	–
Peru	2 h	–	–	4-5 h	–
Ganso	1,5-2 h	–	–	2-3 h	–
Codorna	15 min	–	–	45-60 min	–

A relação entre o peso das aves e o tempo de cocção varia em função do modelo e das condições do forno; considera-se como média 20 minutos por quilo.

CARNES

O homem abate e consome animais desde o início da humanidade. São inúmeras as raças e espécies que servem de alimento, variando conforme a região e os hábitos. No Brasil, as carnes dividem-se em:

- bovina: boi, vaca, vitelo/novilho (vitela);
- suína: porco;
- ovina: carneiro, ovelha, cordeiro;
- caprina: cabra, bode, cabrito;
- outras: búfalo, coelho, caças etc.

Gado bovino (*beef meet* – *le bœuf*)

O boi é o animal adulto, normalmente com dois anos de idade e criado especialmente para o abate. Os métodos de criação e alimentação variam de acordo com o clima, a topografia e a raça. Alguns animais servem para a procriação, outros exclusivamente para dar leite, podendo no entanto servir para os dois propósitos. A carne de boi é nutritiva, rica em proteínas, ferro e sais minerais. No entanto, a gordura da carne está impregnada de ácidos graxos saturados, ricos em colesterol, e a própria carne pode conter resíduos de produtos químicos e toxinas prejudiciais à saúde quando não respeitados os períodos de carência dos medicamentos. Algumas pessoas não consomem carne bovina por razões filosóficas ou religiosas.

A chamada carne bovina também inclui a carne de vitela, que são bezerros em idade de mamar ou após o desmame até atingir seis meses de idade.

O boi normalmente é cortado em quartos, que, por sua vez, são divididos em cortes menores. No Brasil, a Portaria nº 5, de 8 de novembro de 1988, da Secretaria de Inspeção de Produto Animal (Sipa), regulamentou os cortes de carne bovina. No entanto, as denominações podem variar de estado para estado, ou mesmo de uma região para outra.

A carne bovina é largamente utilizada na culinária; a variedade de textura, sabor e apresentação permite o desenvolvimento e a criação de muitas receitas. Contudo, sendo o boi um animal grande, sua carne varia enormemente de acordo com o corte e, consequentemente, requer diferentes métodos de preparo e cocção.

Os cortes mais utilizados atualmente são:

- corte americano;
- corte tradicional.

O corte americano é feito através de ossos e fibras sem respeitar a anatomia do animal, diferindo do corte tradicional, que respeita a separação natural dos músculos e a direção das fibras. Por essa razão, é muito difícil, quase impossível, a tradução de alguns cortes de um idioma para outro, devendo-se procurar o equivalente, ou mesmo conservar o original. Também é muito discutida a divisão dos cortes em carnes de primeira e segunda; alguns especialistas afirmam que existem animais de primeira e outros de segunda, variando conforme o tipo de pastagem, alimentação e atividades físicas.

Vitela (veal – veau)

A carne do vitelo/novilho (bezerro) – o animal de até seis meses de idade – é comercializada com o nome de carne de vitela. Não é recomendável a ingestão da carne de animais recém-nascidos, devendo-se esperar um mínimo de dez dias.

Existem dois tipos de vitelo: o de leite e o de confinamento. Os de leite são abatidos depois de vinte dias de nascidos, geralmente animais machos. Os de confinamento, depois do desmame, são alimentados com forragem, possuindo carne mais escura.

No Brasil, o consumo de vitela é ainda muito restrito, e sua carne é encontrada somente em casas especializadas.

O desenho abaixo mostra as divisões tradicionais do boi e do vitelo. Os cortes estão numerados para melhor identificação e posterior utilização.

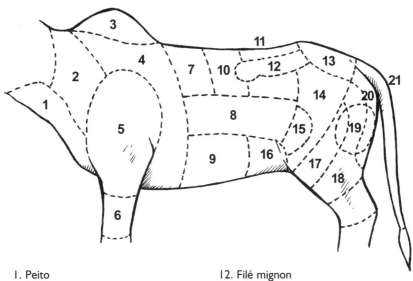

1. Peito
2. Pescoço
3. Cupim
4. Acém
5. Braço, pá ou paleta
6. Músculo (ossobuco)
7. Capa de filé
8. Aba de filé
9. Ponta de agulha
10. Filé de costela
11. Contrafilé
12. Filé mignon
13. Picanha
14. Alcatra
15. Maminha da alcatra
16. Fraldinha
17. Patinho
18. Coxão duro
19. Coxão mole
20. Lagarto
21. Rabo

Para cada prato, um pedaço de carne

1) Pescoço (*neck – collier*): é a continuação do peito e tem duas vantagens: o preço – um dos cortes mais baratos do dianteiro – e as fibras bem irrigadas de gordura. Serve para

pratos que exijam bons molhos e dá ótimos resultados em ensopados, cozidos, picadinhos e carne de panela.

2) Acém: o maior pedaço do dianteiro. Quando retirado de animal novo pode ser utilizado em bifes. A carne é marmorizada, o que possibilita um cozimento longo, sem ressecamento. Serve ainda para ensopados, picadinhos, cozidos, bifes de panela, braseados, recheados e com molho.

3) Peito (*brisket – poitrine*): por sua espessura, largura e formato é a melhor peça do dianteiro para se preparar recheada enrolada. A gordura superficial evita seu ressecamento durante o cozimento, prestando-se bem a cozidos por ser formada de músculos e fibras mais duras. Usa-se ainda para sopas.

4) Braço, pá ou paleta: mais musculoso que o acém, tem gorduras e nervos suficientes para assegurar-lhe o sabor. Divide-se em três partes: o miolo do braço, a parte central e o peixinho. Apesar de não ser muito macia, é considerada uma carne saborosa, apropriada para moer, ensopar ou fazer molhos.

5) Fraldinha (*flank steak – flanchet*): corte pequeno, próximo ao traseiro, que, por ser menos requisitado em termos de trabalho muscular, não tem carne rija. As fibras são uniformes, o que facilita o corte em preparações como bifes de panela, ensopados, cozidos, churrascos, *goulash*, estrogonofe etc.

6) Ponta de agulha: constituída das últimas costelas, com músculos que são constantemente exigidos no trabalho de respiração do animal; tem a carne mais dura, de fibras grossas. Seu uso mais apropriado é em ensopados, cozidos e sopas.

7) Filé mignon (*tenderloin – filet*): é a peça mais macia do boi, uma vez que não tem contato com as partes de movimentação. A peça inteira, após o corte, leva os nomes de *chateaubriand*, *tournedos*, escalope, medalhão, escalopinho, *saltimbocca* e *paillard*. Com as aparas são feitos estrogonofe, *emincés* e picadinhos.

8) Filé de costela: é a peça final da bisteca do contrafilé, geralmente utilizado em ensopados.

9) Contrafilé: macia, considerada por muitos como a mais saborosa, fica ao longo da parte externa da coluna vertebral (lombo). Em francês tem o nome de *faux filet*, já que *entrecôte* é o equivalente da nossa bisteca. Presta-se para grelhados e assados (rosbife).

10) Capa de filé (*prime rib – basses côtes*): de textura desigual, coberta por uma espessa camada de gordura e de carne, é identificada por uma grossa cartilagem que divide a peça. Indicada para pratos com molhos de cozimento mais longo, ensopados e picadinhos.

11) Alcatra (*rump sirloin – rumsteck entier*): é o centro do quadril do boi e uma das carnes mais apreciadas. Divide-se em uma parte macia – que serve para bifes – e outra para assados e refogados. Dela também faz parte a picanha (11B), de sabor acentuado devido ao alto volume de irrigação sanguínea na região, o que a torna ideal para churrascos, e a maminha (19), além do *baby beef, top sirloin* e *tender steak*.

12) Patinho (*knuckle – tranche grasse*): peça muito usada para assados, por ser menos macia que a alcatra. Considerada a melhor carne para moer, é utilizada para quibes, cortes fatiados, em cubos e braseados.

13) Coxão duro/chã-de-fora (*inside top round – gite de noix*): carne própria para cozer ou moer.

14) Coxão mole/chã-de-dentro (*inside round, cap off – tende de tranche*): localiza-se entre o coxão duro e o lagarto e tem os mesmos usos que o patinho.

15) Lagarto (*eye round – rond de gite*): serve para assados e rosbife, e é considerado o corte ideal para o *carpaccio*.

16 e 17) Músculo (*shank – gite*): peça saborosa e ideal para o preparo de molhos, ensopados, carnes de panela e sopas. O músculo com osso e tutano na parte interior chama-se os-

sobuco, mas o verdadeiro, cortado em fatias de 3 cm e próprio para ensopados, é retirado das patas traseiras.

18) Aba de filé: bastante rija e cheia de nervos, é um corte pouco utilizado que, na maioria das vezes, só é encontrado já moído.

19) Maminha de alcatra: é a carne da virilha do boi. Tem sabor suave graças à baixa irrigação sanguínea. Muito macia, serve para assar e fazer bifes.

20) Rabo (*ox tail – queue*): normalmente vendido limpo, serve para sopa e para a tradicional rabada.

Gado suíno: porco, leitão, leitoa (*pork/piglet – porc/cochon de lait*)

A carne de porco, muito nutritiva e saborosa, é uma das carnes mais consumidas no mundo, apesar de ser considerada impura por algumas religiões. Do porco, além da carne, retiram-se subprodutos como toucinho, presunto, miúdos, ossos e uma variedade de embutidos e defumados.

Atualmente, porcos são criados em condições de absoluta higiene; no entanto, a carne do porco ainda transmite a *triquinose*, ocasionada por um parasita que não é possível detectar no animal vivo. Por essa razão aconselha-se o consumo de carnes submetidas aos controles oficiais sanitários.

Deve-se cozinhar bastante a carne de porco até atingir temperatura interna de 75 °C e jamais consumi-la sangrenta. A carne deve ser rosada, firme e com gordura branca e consistente; a de qualidade inferior apresenta muita gordura, é menos firme e os ossos são menos vermelhos.

Compra-se a carne de porco já cortada de acordo com os cortes tradicionais aplicados no Brasil. Cada corte tem sua utilização específica e maneira adequada de preparo, conforme mostra o esquema da página seguinte.

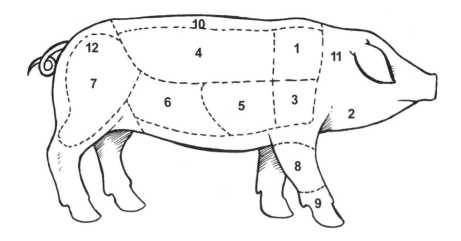

1. Acém
2. Papada
3. Paleta
4. Lombo (com osso, *carré*)
5. Costela
6. Barriga
7. Pernil
8. Jarreta (ou joelho)
9. Pé
10. Toucinho
11. Cabeça
12. Suã

1) Acém: corte tenro e versátil, em cubos ou fatias pode ser refogado, frito, grelhado. Cortado em bistecas pode ser assado ou grelhado. Picado, serve como recheio para linguiças e tortas. Enrolado com o couro pode ser assado.

2) Papada (*gorge*): é constituída por banha e pouca carne; após derretida a banha aproveita-se o torresmo. Contém muito colágeno, sendo utilizada em fiambres.

3) Paleta, braço ou pá (*foreshoulder – palette*): possui mais gordura que o pernil, além de nervos e tendões, o que resulta num corte econômico e muito utilizado na indústria alimentícia na composição de embutidos de porco. Pode ser assada com ou sem osso, cortada em cubos para guisados, moída e em recheios.

4) Lombo (*pork loin*): o lombo situa-se na parte superior do dorso do animal, sendo considerado sua parte nobre. *Carré* é o lombo com osso, abrangendo todo o dorso e as costeletas

(sete de cada lado). Abaixo do *carré* está o lombinho ou filé mignon. Lombo, *carré* e costelas são geralmente assados ou grelhados. O *carré* desossado e fatiado transforma-se em medalhões e o lombinho, em escalopes.

5) Costela (*rib – côte*): a costela ou costelinha não deve ser confundida com costeleta. A costela é a parte de carne retirada da caixa torácica, enquanto as costeletas são da parte traseira da coluna. Costelas e costeletas (*cutlet – côtelettes*) podem ser fritas ou assadas.

6) Barriga (*belly – poitrine*): situada no lado de trás das costelas, é uma das peças mais gordurosas do porco. Extrai-se dela a banha, que é usada para óleos, massas e recheios de pães. Serve como matéria-prima para toucinho, *bacon* e algumas das mais famosas especialidades da cozinha italiana (*pancetta*).

7) Pernil (*picnic ham – jambon*): o pernil é a parte traseira do porco. Pode ser preparado inteiro com osso e couro ou desossado. O pernil é formado por alcatra, lagarto, coxão mole e coxão duro. Do pernil fazem-se os diversos tipos de presunto e também o tênder.

8) Joelho (*hock – jarret*): o joelho de porco ou jarreta, quando defumado, é conhecido como *einsbein*. É a parte logo acima do pé. Além da típica preparação alemã, o joelho também pode ser utilizado em sopas e cozidos.

9) Pé (*trotter – pied de porc*): os pés de porco costumam ser muito apreciados pelos franceses nos tradicionais *pieds de porc* e pelos irlandeses no *cruibeens*. Os pés, juntamente com o rabo, a língua, a orelha e o focinho, quando salgados são utilizados na feijoada. Pés dianteiros e traseiros são suculentos e devem ser cozidos lentamente, com temperos.

10) Toucinho (*pork rind – lard*): é a gordura que envolve o dorso do porco, logo abaixo do couro, podendo ser fresco, salgado, curado ou defumado. O toucinho e o *bacon* diferenciam-se pela maneira de apresentação – toucinho em pedaços grandes e *bacon* em fatias finas. Ambos podem ser mais magros ou

gordos, dependendo da parte do animal de que foram retirados e dos processos a que foram submetidos.

11) Cabeça (*head* – *tête*): a cabeça do porco pode ser utilizada inteira com a língua e os miolos, cortada na metade ou em preparação de patês ou *aspics*.

12) Suã: o suã situa-se na parte inferior do lombo do porco, utilizado para incrementar diferentes pratos.

Gado ovino: carneiro (*mutton* – *mouton*), ovelha e cordeiro (*lamb* – *agneau*)

A carne ovina abrange três tipos de animal: o cordeiro de leite, animal que ainda não desmamou, geralmente até os três meses; o cordeiro, entre quatro meses e um ano; e o carneiro, animal já adulto e castrado. A ovelha é a fêmea adulta que fornece o leite e a lã.

A carne de carneiro é de textura lisa, coloração rosa, com pouca gordura, envolta em uma pele fina e transparente. Devem-se comprar animais recém-abatidos, visto que a carne do carneiro torna-se rançosa facilmente. A alimentação influencia bastante o sabor da carne. Um exemplo são os carneiros criados nas costas agrestes da Bretanha (França), alimentando-se de grama com ar marinho: possuem carne levemente salgada, sendo conhecidos como *pré-salé* (pré-salgado).

Normalmente, o carneiro é vendido inteiro ou em metades, podendo também ser encontrado em cortes.

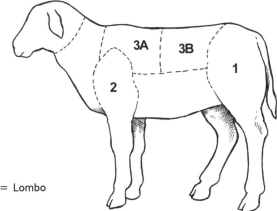

1. Pernil
2. Paleta
3A. *Carré* + 3B. *Selle* = Lombo

1) Pernil: perna traseira, excelente para assados. Deve-se retirar a glândula da perna, entre o tendão e o osso, próximo da articulação do joelho; do contrário, a carne fica com mau cheiro e gosto muito ruim. O pernil fica mais saboroso se deixado em vinha-d'alhos.

2) Paleta, pá: é a peça que compreende as pernas dianteiras do animal. Pode ser assada inteira ou desossada e recheada. Das aparas faz-se picadinho.

3A e B) Lombo: parte superior do dorso do animal. Compreende o *carré* e a *selle*.

- *Carré*: parte superior e média do dorso, equivalente ao lombo com costelas.

- *Selle*: parte do quarto traseiro; compreende das últimas costelas até a perna. Deve ser deixada em vinha-d'alhos e posteriormente assada.

- *Baron*: pernil e a *selle*, geralmente assado.

- Medalhões: retirados do lombo desossado, podendo ser grelhados ou fritos.

- Bistecas: indicadas para grelhar ou fritar.

- Costelinhas: têm menos carne que as bistecas; boas para grelhar.

- *T-Bone*: corresponde ao contrafilé bovino, bom para churrasco.

- Peito e pescoço: preparados em receitas típicas, geralmente deixados em vinha-d'alhos, assados ou em caçarolas (ensopados).

Gado caprino: cabra (*goat* – *chèvre*), bode, cabrito (*kid* – *chevreau*)

A carne comercializada como caprina é geralmente a do cabrito, animal jovem de dois a três meses de idade. Deve ser muito bem lavada para se retirar uma gosma que a envolve e extrair glândulas, manchas e coágulos. A carne do cabrito e a do carneiro são parecidas.

Animais muito jovens possuem carne insípida; os muito velhos, carne escura e desagradável. É aconselhável deixar a carne do cabrito em vinha-d'alhos de véspera, utilizando-a em assados ou braseados.

Cabra e bode

São respectivamente a fêmea e o macho adultos. São apreciados em algumas cozinhas regionais, principalmente o bucho do bode, na famosa buchada ou no seu equivalente escocês – *haggis*. O leite de cabra é excelente substituto do leite de vaca e dá origem a muitos queijos. Seu pelo produz as lãs *mohair* e *cashmere*.

Coelho (*rabbit – lapin*)

Vítima de preconceito, a carne de coelho tem poucos apreciadores no Brasil. Trata-se de uma carne leve, nutritiva, ideal para regimes, muito saborosa e versátil.

Coelhos e lebres (*hares – lièvres*) diferenciam-se pelo peso, sendo as lebres maiores e mais pesadas. Ambos prestam-se para assados, frituras, cozidos, sendo recomendável deixá-los em vinha-d'alhos. Além de cozido, assado e braseado, o coelho pode servir para patês, *terrines*, *quenelles* e musses.

A idade ideal para o consumo é entre seis e sete meses.

Maturação

A maturação é um fenômeno de amaciamento ancestral. Até recentemente, as carnes eram penduradas em câmaras frigoríficas durante 21 dias, protegidas por capas de gordura que ficavam ressecadas em contato com o ar frio.

Atualmente, utiliza-se o processo de maturação a vácuo: a carne desossada, em peças ou cortes, é embalada a vácuo em sacos de plástico laminado, podendo ser conservada por até sessenta dias.

A embalagem a vácuo protege contra micróbios e variações de umidade, conservando sua coloração vermelho-viva, sem alterar o sabor ou as propriedades nutritivas.

Rendimento das carnes

Fator de rendimento

O fator de rendimento, também conhecido como fator de perda, caracterizado por um percentual, nos mostra a quantidade útil da matéria-prima.

No caso das carnes, as aparas (gorduras, sebos, ossos etc.) não são aproveitadas na maioria das receitas; são as perdas da matéria-prima e devem ser calculadas no preço final, pois já se pagou por elas mesmo não usando a sua totalidade.

Para se obter o fator de rendimento das carnes, basta retirar do peso bruto (peso inicial da matéria-prima comprada) o peso das aparas, obtendo-se assim o peso líquido do alimento.

Na maioria das publicações encontramos esse fator de rendimento representado percentualmente; para obter esse percentual, dividimos o peso líquido pelo peso bruto.

Exemplo:

Compra-se uma peça de filé mignon de 2,5 kg (peso bruto). Após a limpeza, retirando-se as aparas, chega-se a um peso de 2 kg (peso líquido).

Dividindo-se:

$$\frac{2 \text{ kg (peso líquido)}}{2,5 \text{ kg (peso bruto)}} = 0,80 \text{ ou } 80\%$$

O fator de rendimento é 80%.

O rendimento do filé mignon é de 80% e as aparas representam 20% ou 0,500 kg.

No entanto, existem preparações nas quais usamos algumas aparas para fazer fundos, ou até mesmo outras preparações menos requintadas. Nesses casos devemos incluir o peso dessas aparas específicas no valor líquido da carne.

Fator de correção

O fator de correção é obtido pelo fator de rendimento do alimento, conforme o exemplo abaixo:

Filé mignon → Rendimento de 80%

$$FC = \frac{1}{fator\ de\ rendimento}$$

$$\frac{1}{0,80\ (80\%)} = 1,25$$

O fator de correção do filé mignon é 1,25.

Dessa maneira conseguimos saber a quantidade que precisamos comprar (peso bruto) de determinado alimento para obtermos o peso líquido necessário para a realização da receita.

Exemplo:

Para fazer determinada receita precisaremos de 2 kg (peso líquido) de filé mignon limpo.

Basta multiplicarmos 2 kg por 1,25, que é o fator de correção da carne:

2 kg × 1,25 = 2,5 kg

Logo, precisamos comprar 2,5 kg de filé mignon para, após a retirada das aparas, obtermos 2 kg de filé mignon limpo.

Usando o fator de correção obtemos também o preço líquido da carne. Se o quilograma do filé mignon custa R$ 8,00 no açougue e precisamos de 1,5 kg limpos para fazer uma receita, quanto custará esse filé mignon?

1,5 kg (peso líquido) x 1,25 (FC) = 1,88 kg (peso bruto)

Precisamos comprar 1,88 kg para obtermos 1,5 kg limpos; logo, nosso custo será 1,88 kg x R$ 8,00 = R$ 15,04.

Esse custo, de R$ 15,04, é o que devemos usar na hora de calcularmos o custo do prato; mesmo não usando as aparas, elas já foram pagas e tal fato deve ser repassado para o preço final do produto.

A seguir, apresentamos uma tabela com o fator de rendimento de algumas carnes e seu respectivo fator de correção. Ressaltamos que são uma média, visto que esses fatores variam dependendo do fornecedor da carne e da dificuldade em obter esses números, pois a maioria das carnes possuem ossos e existem as que apresentam grande dificuldade para desossagem.

Carne	Fator de rendimento	Fator de correção
Boi/alcatra	82%	1,21
Boi/carne-seca	81%	1,23
Bucho	90%	1,11
Filé mignon	80%	1,25
Boi/língua	70%	1,41

OUTROS ANIMAIS COMESTÍVEIS

Os hábitos e gostos mudam conforme os países e as tradições. As pessoas estão condicionadas às palavras, e o consumo de muitos animais em outras culturas nos parece cruel – caso dos cachorros, tão apreciados pelos chineses e coreanos, e dos coelhos, carne popular em vários países – ou descabido – caso das cobras na culinária asiática, dos insetos no México e em alguns países africanos e das rãs, apreciadas há séculos pelos franceses, assim como a carne de cavalo.

A busca de novos sabores tem motivado uma certa fatia do público brasileiro a diversificar sua alimentação, e a busca por novas opções e sabores vem crescendo. Obviamente que não chegamos ao estágio de exotismo de algumas culturas orientais, no entanto algumas carnes silvestres têm encontrado muita boa aceitação pelo seu sabor ou pelo fato de possuírem boa qualidade nutricional e baixo teor de gorduras e colesterol.

A Lei de Fauna, Lei nº 5.197/67, criou medidas de proteção, e, com a Constituição de 1988, o protecionismo à fauna ficou evidenciado no Artigo 225: "Proteger a fauna e a flora, vedadas, na forma da Lei, as práticas que coloquem em risco sua função ecológica, provoquem a extinção das espécies ou submetam os animais a crueldade". Essa lei proíbe a caça amadorista, considerada uma estratégia de manejo, e estimula a criação de animais silvestres para fins econômicos e industriais pelo Artigo 6º da Lei nº 5.197/67, regulamentada pela Portaria 132/88 publicada pelo Ibama.

As espécies mais comuns são: capivara, cateto, queixada, perdiz, perdigão, paca, avestruz, ema e outros animais para diversas finalidades.

A Portaria nº 126/90, de 13 de fevereiro de 1990, trata do registro de criadouros de jacaré-do-pantanal, na bacia do rio Paraguai, pelo sistema *ranching* (coleta de ovos na natureza), estipulando que poderão ser coletados até 80% dos ninhos constantes no levantamento feito na propriedade. A incubação é artificial e a recria é feita em galpões com temperatura, umidade e alimentação controladas.

A Portaria nº 142/92, de 30 de dezembro de 1992, normatiza a criação da tartaruga-da-amazônia e do tracajá.

A caça para fins gastronômicos ou comerciais está regulamentada na maioria dos países. No Hemisfério Norte, o outono significa também a estação de caça, com legislação específica que determina a abertura e o encerramento da temporada, as espécies e quantidade de animais, o porte e a especificação de armas e armadilhas.

No Brasil, a caça está regulamentada pelo Código de Caça (Lei nº 5.197), que considera propriedades do Estado os animais silvestres, salvo disposições especiais.

O exercício da caça e a comercialização dependem de licença especial do Ibama e do consentimento do proprietário das terras.

Existem criadores autorizados pelo Ibama e já é possível encontrar carne de jacaré, cateto, queixada, capivara, javali, avestruz, tartaruga--da-amazônia e tracajá comercializada.

Do jacaré, cuja carne se assemelha à do pintado, é vendida somente a parte da cauda em postas, que são preparadas ensopadas, fritas ou assadas.

A capivara – o maior roedor do mundo – tem carne magra e rica em proteínas e ferro, podendo ser preparada em assados ou em embutidos.

O cateto é o chamado javali brasileiro, na verdade um porco selvagem. Sua carne possui baixo teor de gordura, podendo ser preparada praticamente da mesma maneira que a de porco.

A queixada, conhecida como porco-do-mato, apresenta carne de coloração vermelho-escura e tem a vantagem de possuir baixos teores de gordura e colesterol. Os modos de preparo são idênticos aos do porco.

O javali, trazido recentemente para o Brasil, começa a ter comercializada a carne aqui produzida. É considerada uma excelente carne pelos europeus, que a consomem há séculos, tendo especial predileção pelos animais jovens – *marcassins*. Presta-se a todos os tipos de preparo da carne suína, podendo ser servida em assados, churrascos, embutidos ou em *civets*, preparações ao molho de sangue.

Apesar do forte preconceito na maior parte do Brasil, a carne de bode faz parte da chamada cozinha sertaneja, que mistura heranças lusitanas e indígenas. Muito apreciada nos estados nordestinos, principalmente no chamado sertão, ou seja, longe do litoral, a carne de bode é parte integrante do cardápio da região. Macia e com menor teor de gordura que a carne bovina, presta-se a modos de preparo surpreendentes e inusitados: buchada de bode, guisado de bode, xinxim, sarapatel, sarrabulho e bode assado, presença constante nas estradas áridas daquelas regiões.

O avestruz geralmente é abatido na idade de seis meses, com peso aproximado de 100 kg. As partes mais apreciadas são a coxa e o peito, que podem ser preparados como os de quaisquer outras aves. Os ovos da avestruz pesam cerca de 1,5 kg e com um só ovo é possível fazer uma omelete para até vinte pessoas. Os ossos secos são transformados em farinha.

A atenção dada à alimentação saudável e o surgimento das chamadas carnes "exóticas" fizeram surgir a curiosidade por esta carne, tão desconhecida da população brasileira.

No Brasil, os primeiros criadores começaram suas atividades em meados da década de 1990 com o intuito de oferecer uma opção diferenciada.

A carne de avestruz possui baixos índices de gordura e colesterol, é rica em proteínas, ferro e ômega 3. Seu couro é aproveitado para a confecção de bolsas, sapatos, cintos etc.

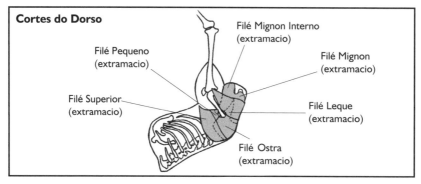

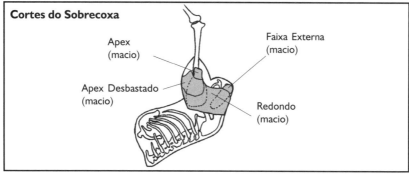

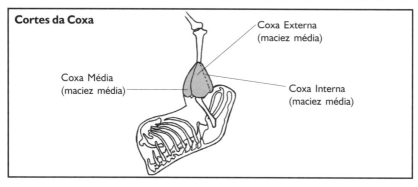

Informações Nutricionais (porção com 100 g)					
Espécie	Calorias	Gordura	Colesterol	Proteínas	Ferro
	(Kcal)	(%)	(mg)	(%)	(mg)
Avestruz	140	2,8	83	26,9	3,2
Frango	190	7,4	89	28,9	1,2
Porco	212	9,7	86	29,3	1,1
Vitela	196	6,6	118	31,9	1,2
Boi	211	9,3	86	29,9	3,0

Fonte: Texas A&M University, *USDA Agricultural Handbook*.

A tartaruga-da-amazônia e o tracajá são quelônios comestíveis. Bastante apreciados na região amazônica, podem ser preparados de diversas maneiras, sendo as mais comuns um tipo de sarapatel, farofa com a carne do peito, cozida com mandioca, em sopa ou assada.

O cavalo não é considerado alimento no Brasil, mas é encontrado nos açougues de muitos países europeus. O Brasil exporta sua carne.

O búfalo aquático é criado na ilha de Marajó e sua picanha maturada é muito apreciada, sendo o leite de búfala um alimento muito nutritivo e o principal componente da mozzarela de búfala na região central da Itália.

A rã (*frog – grenouille*) é um batráquio anfíbio com algumas espécies comestíveis; são cultivadas em cativeiro para alimentação. O consumo da carne de rã está restrito a apreciadores, apesar de saborosa, leve e nutritiva. Pode ser preparada frita, empanada, em ensopados, patês e *terrines*. Na verdade, o que se come são as coxas de alguns espécimes desses batrácios anfíbios, já que muitos são tóxicos e até venenosos. Rãs são vendidas em geral congeladas, provenientes dos países do Leste Europeu e dos Estados Unidos. Cuba tem-se destacado na produção de coxas de rã congeladas. Convém sempre comprar as provenientes de ranários legalizados, pois a rã é um animal protegido pelo Código Florestal Brasileiro e sua caça é proibida. Seu couro é utilizado para sapatos, cintos e pulseiras de relógio.

Os caracóis (*escargots*), conhecidos e apreciados desde a época dos romanos – Apicius já os menciona em seu livro de receitas –, tornaram-se quase um símbolo da culinária francesa, na qual seu consumo anual é de 30 mil toneladas. No Brasil começa a tomar vulto a criação de *escargots*, cultura relativamente simples.

Podemos comprá-los diretamente do produtor, congelados ou em latas, importados ou nacionais.

MIÚDOS

Com esta denominação indicam-se as partes comestíveis que não podem ser classificadas como peças; são também conhecidas como vísceras quando de aves ou em tamanho menor. Constituem excelente fonte de nutrientes, tendo geralmente preço acessível. Os miúdos possuem aparência, textura e sabor muito diversos: fígado, língua, miolo, rins, coração, tripas e outros menos consumidos no Brasil não parecem muito entre si.

- **Fígado**: muito rico em vitaminas e ferro. Seu cozimento é rápido e deve ser temperado com sal no último instante, para evitar que endureça. O fígado mais consumido é o de boi, no entanto o mais apreciado pelos conhecedores é o de vitela, mais leve e rosado. Fígado de porco possui gosto muito acentuado, sendo utilizado basicamente em recheios. É importante conhecer a origem do animal.

    Fígados de cordeiro, carneiro e outros animais têm uso muito restrito na culinária. Fígados de aves serão citados posteriormente.

- **Rins**: os rins de vitela e boi são os mais apreciados; os de porco e cordeiro são menos utilizados comercialmente. Os rins são protegidos por uma gordura que normalmente deve ser retirada. Devem ser deixados de molho em água e vinagre ou leite, trocando-se o líquido várias vezes. Rins não devem ser deixados em vinha-d'alhos por muito tempo. Podem ser preparados cozidos, fritos ou grelhados, servindo também como recheio para algumas preparações clássicas da cozinha inglesa (*kidney pie*).

- **Coração**: de boi, vitela, porco, carneiro e de frango. Por ser um músculo em constante atividade, o coração é normalmente muito rijo, necessitando de calor contínuo e úmido em suas preparações. Presta-se para guisados, picadinhos, ensopados e pode também ser preparado recheado.

- **Miolo**: o cérebro dos animais é uma iguaria saborosa e nutritiva. É coberto por uma membrana que deve ser retirada. Os miolos são muito versáteis, podendo ser preparados inteiros ou em pedaços, cozidos, fritos, grelhados, à milanesa, em moquecas. São excelentes recheios para omeletes, croquetes, tortas. Podem ser servidos frios, em salada ou à vinagrete.

- **Língua**: depois do fígado, a língua é a víscera de maior aceitação entre os consumidores. É excelente fonte de cálcio, fósforo, ferro e vitaminas do complexo B. Normalmente utiliza-se a língua do boi, que pesa cerca de 2 kg. Deve ser bem limpa e fervida antes de ser preparada. Pode ser cozida, assada e recheada, fria em preparações específicas, também em salmoura e defumada.

- **Tripa**: o estômago do boi, conhecido como bucho, mudongo ou tripa, pode ser preparado de várias maneiras: cozido, frito ou até recheado. A dobradinha pode ser comprada fresca ou desidratada. É uma preparação que requer muita limpeza. A dobradinha fresca deve ser consumida no mesmo dia.

- **Mocotó**: obtido pelo cozimento das cartilagens e dos tendões das patas de bois e porcos, constitui iguaria fortemente apreciada em algumas regiões do Brasil. Pode ser preparado cozido, em caldos ou geleias.

- **Rabo**: o prolongamento externo da coluna vertebral do boi, formado por uma série de pequenos ossos, é muito apreciado em pratos típicos como rabada e sopas.

- **Pulmão**: conhecido como bofe, é geralmente utilizado como alimento para cães, gatos e rãs. É encontrado na culinária baiana no xinxim de bofe e no chamado "passarinha", bofe retalhado, deixado em vinha-d'alhos por dois dias e seco ao ar.

- **Timo**: trata-se de uma glândula existente no pâncreas e na garganta do animal jovem. O timo comestível situa-se na garganta, depois atrofia e fica quase imperceptível. É conhecido pelos franceses como *ris de veau*, uma iguaria das mais requisitadas pelos apreciadores da alta gastronomia. Na Argentina é conhecido como *molleja* e pelos anglo-saxões como *sweet bread*. Pode ser preparado quente, cozido, frito simples ou empanado, grelhado, em suflês, *quenelles* ou frio em saladas.

- **Testículos**: são muito apreciados por alguns povos, podendo ser grelhados ou fritos.

- **Tutano**: a medula dos ossos (fêmur e tíbia), utilizado como componente de molhos ou guarnições. O conjunto do músculo com osso e tutano é chamado de ossobuco.

LEGUMES E LEGUMINOSAS

Alimentos de origem vegetal – complemento indispensável de qualquer regime alimentar, parte integrante de dietas vegetarianas –, prestam-se aos mais variados modos de preparo e cocção, podendo servir de acompanhamento ou guarnição, como prato principal, saladas, sopas, conservas ou doces, além de fornecerem subprodutos.

Legumes

Hortaliças (legumes de folha)

- **Acelga (*chinese cabbage – choux chinois*)**: encontrada em diversas formas, sendo as mais comuns a acelga-chinesa e a crespa. Pode ser servida crua, cozida, em sopas, suflês, croquetes ou recheada. Na culinária chinesa é chamada *chi chan chat* e seu uso é importante e comum em recheios, em conserva e como acompanhamento de carnes; na culinária japonesa é conhecida como *hakusai*.

- **Agrião (*watercress – cresson*)**: de folhas ricas em vitamina e minerais, leve e refrescante, usado em saladas. Pode-se também fazer sopas, purês, musses e refogados.

- **Alface (*lettuce – laitue*)**: nome genérico de diversas folhas, encontradas o ano inteiro. É uma das verduras mais populares e bem aceitas. Consumida normalmente em salada, com ela podem-se fazer sopas, cremes ou tortas; pode ser recheada, frita e em conserva.

As variedades mais comuns são:

- Americana (*iceberg-lettuce*): semelhante a um pequeno repolho, de folhas verde-claras.
- Crespa (*green or red leaf lettuce – batavia blonde ou rouge*): verde-clara, folhas frisadas.
- Lisa (*lettuce – laitue*): a mais comum.
- Crespa (*red dresser*): coloração vermelha e marrom, com textura, tamanho e sabor semelhante à alface crespa tradicional.
- Mini crespa (*red rainbow leaf*): de coloração avermelhada.
- *Oak leaf delica*: semelhante à mimosa, possui bordas pontiagudas e é muito sensível, pouca durabilidade.
- *Frisée* ou mimosa (*curly endive – frisée*): facilmente confundida com a chicória.
- Romana (*romaine*): de folhas lisas e compridas, caracteriza-se por ser as folhas interiores de cor verde-amarelada.
- Minirromana: menor que a romana tradicional, é mais crocante e suculenta.
- Romana roxa (*belstar*): semelhante à romana, com coloração mais arroxeada nas extremidades.
- Roxa (*lollo rossa*): folhas frisadas de cor arroxeada por inteiro ou às vezes somente nas bordas.

O progresso tecnológico e as exigências do mercado consumidor e dos profissionais da gastronomia fazem com que novas variedades estejam sempre surgindo no mercado abastecedor.

- **Alfavaca** (ver Especiarias e ervas aromáticas).

- **Almeirão (*wild chicory*)**: folha de sabor amargo, geralmente utilizado cru. Pode também ser cozido, refogado ou braseado.

- **Azedinha (*sorrel – oseille*)**: encontrada em diversas formas, é uma folha parecida com a do agrião, ligeiramente ácida, boa para saladas. Apresenta diversas formas de cocção e preparação, como sopas, conservas, purês, recheios e molhos. De suas sementes é extraído um tipo de fécula.

- **Beldroega (*purslane – pourpier*)**: folha rica em magnésio, de sabor levemente picante, já conhecida desde o Império Romano. É utilizada em saladas, conservas, vinagre, guarnição, recheio ou cozida como acompanhamento de carnes.

- **Bertalha (*vinespinach – baselle*)**: de sabor semelhante ao do espinafre, cresce em trepadeiras que podem atingir dois metros. Deve ser cozida ou refogada tal qual o espinafre.

- **Bredo (*chinese/prickled amaranth – brède*)**: folhas encontradas em duas variedades, tendo uma delas o caule muito espinhoso e por isso chamada de caruru-espinhoso. Geralmente é consumido cozido.

- **Capuchinha (*nasturtium – capucine*)**: as folhas e flores são comestíveis em saladas ou usadas como enfeite ou tempero. Os frutos verdes são conservados em vinagre ou em picles. Seu sabor lembra o da alcaparra.

- **Caruru**: erva subespontânea, com folhas que podem ser servidas em salada ou cozidas, muito comum na culinária mineira. Não há nenhuma relação com o prato homônimo da cozinha baiana; no entanto, com as folhas do caruru amazônico é feito um prato similar ao baiano.

- **Catalônia/catalonha**: folha amarga, de uso semelhante ao da escarola (ver *escarola*).

- **Cebolinha** (ver Especiarias e ervas aromáticas).

- **Chicória (*endive – chicorée frisée*)**: folha pertencente ao grupo das chicórias, do qual fazem parte o almeirão, a catalônia, a escarola e a endívia-belga, tendo todas em comum o amargor característico. Da família das Chicoriáceas são encontradas diversas variedades no hemisfério Norte, geralmente consumidas em saladas ou cozidas como boa parte das hortaliças. Suas raízes torradas e moídas fornecem uma bebida que pode substituir o café.

- **Couve (*kale – chou*)**: nome genérico das folhas pertencentes às Crucíferas ou Brassicáceas, com vários subnomes. A couve propriamente dita é encontrada em diversas formas: couve-crespa, couve-de-folhas, repolhuda, tronchuda, manteiga. Em francês, a palavra *choux* abrange couves e repolhos. Dessa mesma família são os brócolis, o repolho, a couve-flor e a couve-de-bruxelas.

- **Couve-de-bruxelas (*brussels sprout – chou de bruxelles*)**: pequenino legume de folhas sobrepostas de cor verde, que deve ser cozido antes do consumo. Presta-se melhor à cocção em água e sal ou gratinado. Também servido em saladas ou em conserva.

- **Dente-de-leão (*dandelion – pissenlit/dent-de-lion*)**: hortaliça que possui folhas dentadas, daí o seu nome. Encontrada em diferentes variedades, deve ser consumida ainda tenra, servida normalmente em saladas.

- **Endívia (*belgium endive – endive*)**: até recentemente era uma raridade no Brasil; agora sua produção e seu consumo começam a tomar vulto. Trata-se do processo de produção da chicória cultivada em ambiente escuro, o que a impede de atingir seu processo completo de crescimento. Tem formato comprido-ovoide, de cor bege-esverdeada, com folhas sobrepostas aderentes umas às outras e sabor peculiar, amargo para muitos. Presta-se a saladas, podendo ser cozida ou recheada assada. A endívia vermelha ou roxa (*chicorium endivia*), também conhecida como *belle rouge* é o resultado do cruzamento da chicória com o treviso, um radicchio vermelho.

- **Escarola (*escarole – chicorée escarole*)**: da mesma família da chicória, com aspecto semelhante ao da alface crespa, porém com as folhas mais rijas, podendo ser confundida com a chicória. Pode ser consumida crua em saladas, cozida, gratinada, em purê, em sopas e como cobertura de *pizzas*, tortas e *quiches*.

- **Espinafre (*spinach – épinard*)**: hortaliça de folhas de cor verde-escura, rica em ferro. Contém muita água, diminuindo sensivelmente o seu rendimento após a cocção. Seu modo de preparo mais saudável é cozinhá-lo em pouco ou nenhum líquido. Pode ser consumido cru, cozido, em recheios, sopas, suflês e flãs. É utilizado como corante natural para massas, em pó.

Espinafre

- **Jambu/nhambu**: folha típica da região amazônica, o chamado agrião-do-pará é ingrediente fundamental de várias preparações daquela culinária. Está presente no pato ao tucupi e tacacá, e misturado com arroz e feijão. Tem a particularidade de provocar ação anestésica quando mastigada.

- **Língua-de-vaca**: nome genérico designativo de várias plantas (*Talinum paniculatum*), cujas folhas são conhecidas por diversos nomes pelo Brasil, sendo utilizadas em saladas ou cozidas.

- **Mache (*lamb's lettuce – mâche*)**: folhas de sabor ligeiramente amargo, típicas de climas frios, que começam a ser cultivadas e consumidas no Brasil. Prestam-se para saladas e molhos, e seu gosto realça assados e sopas.

- **Mostarda (*mustard* – *moutarde*)**: embora normalmente comercializada em pasta, pó ou grãos (ver Condimentos picantes), as folhas podem ser consumidas em saladas, cozidas ou usadas como guarnição.

- **Ora-pro-nobis**: utilizada na culinária mineira, é uma folha de alto valor nutritivo, prestando-se a cozidos em geral.

- **Radicchio (*radicchio* – *chicorée rouge/trévisse*)**: variedade de chicória. Caracteriza-se por suas folhas vermelhas de sabor ligeiramente amargo, sendo elemento decorativo em um conjunto de folhas verdes. Usado em saladas e algumas preparações quentes.

- **Repolho (*cabbage* – *chou*)**: da mesma família das couves (Brassicáceas), é encontrado em três grandes grupos – repolhos lisos, roxos e crespos –, que determinam o tamanho, a cor e o sabor. Muito utilizado na culinária, é o chucrute da cozinha alemã depois de fermentado. Pode ser consumido cru, em saladas, cozido, recheado, em conserva etc.

- **Rúcula (*arrugula/rocket* – *roquette*)**: folha de sabor amargo, muito consumida na Itália e no sul da França. Presta-se a saladas, podendo também ser cozida.

- **Serralha (*malbar nightdale*)**: hortaliça de uso restrito a algumas culinárias regionais brasileiras, consumida geralmente cozida.

- **Taioba**: folha de uma variedade de inhame conhecida por taiá ou taiova. É utilizada cozida em refogados e suflês; na culinária baiana é o ingrediente principal do efó. Nas Antilhas é chamada de *calallou*.

- **Vinagreira**: folha conhecida por diversos nomes, como caruru-da-guiné e quiabo-azedo, utilizada geralmente cozida e no arroz-de-cuxá da culinária maranhense.

Além das folhas mencionadas acima, também podem ser consumidas como alimento várias folhas de raízes e de frutos: folhas de abóbora (cambuquira), beterraba, couve-flor, cenoura, rabanete, urtiga, videira etc., como também brotos de algumas samambaias.

Legumes de fruto

Considerados botanicamente como frutos pelo fato de possuírem sementes, são porém tratados como legumes do ponto de vista culinário.

- **Abóbora/jerimum** (*pumpkin – courge*): nome genérico para vários frutos das Curcubitáceas. É encontrada em diferentes variedades, formas, cores e tamanhos e recebe vários nomes: abóbora-do-campo, abóbora-japonesa, abóbora-cabocla, abóbora--moranga, abóbora-chila, abóbora-menina, abóbora-de-pescoço. Existem muitas outras variedades ao redor do mundo, com nomes e aspectos diferentes, entre elas a *snake-squash*, uma curiosa abóbora em forma cilíndrica lembrando uma serpente enroscada, e o *spaghetti squash* (gília), uma variedade interessantíssima do ponto de vista culinário e um dos maiores produtos de exportação do estado do Rio Grande do Norte. A abóbora é um dos mais versáteis alimentos na cozinha, podendo ser preparada em praticamente qualquer método de cocção, salgada ou doce. Pode ser cozida, frita, grelhada, assada; presta-se a sopas, purês, tortas, musses, pudins, suflês, molhos, saladas, pães, doces em calda, em pasta e cristalizado.

Seus brotos (cambuquira) e suas flores também são comestíveis, podendo ser cozidos, fritos e até mesmo servidos em sopas, como a *mboga ya maboga* da Tanzânia.

As sementes secas e torradas são comestíveis como aperitivo ou tempero.

- **Abobrinha (*zucchini – courgette*)**: considerada uma variedade da abóbora (abóbora-d'água), é utilizada em muitas cozinhas do sul da Europa e Oriente Médio. Atualmente no Brasil podem ser encontradas cerca de quinze diferentes variedades (provenientes em sua maioria dos Estados Unidos). Presta-se a ser cozida, assada recheada, frita, gratinada, grelhada; em sopas, geleias ou picles. As flores de um tipo de abobrinha europeia podem ser servidas recheadas ou fritas em *beignets*.

- **Azeitona (*olive*)**: fruto da oliveira, de uso comum em toda a culinária do Ocidente, onde é comercializada em salmoura, em vinagre ou óleo. É encontrada verde ou preta: as verdes são colhidas antes do tempo e as pretas, após o amadurecimento completo. O Brasil não cultiva nem produz azeitonas; importa-as de alguns países mediterrâneos, em especial a Grécia, e também do Chile. Pode ser servida como aperitivo, recheada e estar presente em diversas preparações quentes e frias. Dela é extraído o famoso azeite de oliva (ver Óleos).

- **Berinjela (*eggplant/aubergine – aubergine*)**: encontrada em diversos tamanhos, variedades – japonesa, italiana ou siciliana, comum – e cores, havendo até mesmo uma variedade branca (*dourga*) e uma miniberinjela desenvolvida pelos japoneses. A berinjela é um legume que se presta a diversos preparos: assada, grelhada, em conservas etc. Extremamente versátil, é amplamente usada nos *antipasti* italianos, e é ingrediente da *ratatouille* francesa e da *moussaka* grega.

- **Chuchu (*chayote*)**: encontrado em toda a América Latina; seu gosto praticamente neutro permite que ele seja preparado de várias maneiras: cozido, assado, em saladas, suflês, recheado, cristalizado, em doces de pasta e ralado. Pode substituir o mamão verde em todas as suas preparações.
- **Jiló**: pequena hortaliça, redonda, de cor verde; possui polpa branca e macia com sementes brancas. Seu sabor é acentuadamente amargo. Pode ser cozido, frito, preparado em conserva e picles, doce em calda e cristalizado e saladas. Existe uma variedade conhecida como jiló chinês (*kuá*), muito apreciada pela colônia chinesa.
- **Maxixe (*west indian gherkin/wild cucumber – concombre des Antilles*)**: pequeno fruto redondo, salpicado de pequenas erupções que lembram espinhos. Apreciado no Nordeste do Brasil, onde é preparado cozido: maxixada. Pode também ser recheado, empanado, preparado em conserva e picles.
- **Pepino (*cucumber – concombre*)**: encontrado em vários tipos: comum, japonês, *cornichon* etc. Pode ser preparado de diversas maneiras e servido cru em salada, em conserva, *relishes*, picles, em sopas e recheado. Na Índia é acrescentado ao iogurte natural, recebendo o nome de *raita*. Os pequenos pepinos em conserva são conhecidos por *gherkin* e *cornichon*.
- **Pimentão (*pepper – poivron*)**: deveríamos classificá-lo como pimentões, uma vez que são muitas as variedades: verde, vermelho, amarelo, branco, alaranjado. Comum nas culinárias mediterrâneas e orientais, pode ser servido ao natural em saladas, recheado assado e cozido, em omeletes e sopas, nos *antipasti* italianos. A 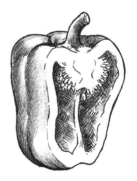 páprica é o pó obtido a partir da moagem de um tipo de pimentão; pode ser doce ou picante e é muito utilizada nas cozinhas húngara e espanhola, sendo que nesta última recebe o nome de *pimentón*.

- **Quiabo (*okra/lady's finger – gombo*)**: fruto do quiabeiro, comprido e verde, contém inúmeras sementes. O quiabo desprende uma baba viscosa que deve ser retirada antes do preparo, exceto em alguns pratos da culinária africana e na *créole*, na qual serve de engrossante. Pode ser servido frito, cozido, em saladas e no caruru da cozinha baiana.

- **Tomate (*tomato – tomate*)**: o popular tomate é encontrado em muitas variedades: caqui, comum, cereja, valenciano, amarelo, pera. Muito versátil, pode ser consumido cru, em saladas, recheado em *hors-d'œuvre*, *quiches*, sopas, cremes, *chutneys*, em conserva, geleia, recheios, suflês, doces em calda, em pasta e cristalizado. É comercializado em extratos, purês, molhos; inteiro sem pele, em polpa cremosa, polpa pura, polpa grossa, polpa sem pele e sementes; e em sucos. Na culinária italiana é o principal ingrediente do molho *al sugo*, um dos molhos básicos; também é preparado seco e desidratado – o apreciado tomate seco.

- ***Tamarillo***: pequenos tomates suculentos com a mesma utilização do tomate comum.

- ***Tomatillo*** (ver Frutas – *physallis*).

Legumes de raiz

- **Bardana (*burdock root – gobo*)**: trazida por japoneses, essa raiz adaptou-se bem no Brasil, sendo consumida principalmente pela colônia nipônica e por naturalistas. Pode ser servida em saladas, picles, sopas, com legumes e em *sushis*.

- **Beterraba (*beet – betterave*)**: raiz carnosa, encontrada em variedades comestíveis, para fins industriais e forrageira. Pode ser consumida crua em saladas, cozida, assada, em sopas (*borcht*), cremes, sucos, doce em calda e em pasta, em conserva e *chutneys*.

A variedade branca produz um tipo de açúcar.

- **Cenoura (*carrot* – *carotte*)**: de cor alaranjada, encontrada em diferentes tipos. É um dos legumes mais conhecidos e consumidos no mundo, rico em sais minerais e caroteno. Pode ser servida crua em saladas, cozida, grelhada, em sopas, cremes, musses, suflês e purês. Na confeitaria presta-se a bolos, tortas, doces em pasta, em barra e cristalizados. É um dos ingredientes do *mirepoix*, fundo de cozinha. A *pastinaca* é uma raiz branca da mesma família da cenoura.

- **Nabo (*turnip* – *navet*)**: encontrado em diversos tipos com cor, tamanho e formato diferentes. Pode ser comprido e alongado, fino ou grosso, redondo.

  Algumas variedades possuem nomes diferentes: couve-rábano (*kohl-rabi* – *chou-rave*); nabo japonês (*daikon*); aipo-rábano (*celeriac* – *chou-rave*).

  Podem ser consumidos crus em saladas, cozidos, em purês, sopas e caramelados.

- **Rabanete (*radish* – *radis*)**: o mais comum e conhecido no Brasil é o pequeno, redondo, de cor vermelho-viva, picante. Normalmente são consumidos crus em saladas ou em conserva, mas podem eventualmente ser cozidos em pouco líquido ou fritos. Há ainda variedades redondas e compridas, de coloração branca e negra, e até mesmo lilás.

Legumes de tubérculos

- **Aipim (*manioc/cassava – manioc*)**: aipim, mandioca, macaxeira, a *Manioc utilissima* é um tubérculo muito energético, rico em glicídeos e de grande utilização. Tem inúmeros subprodutos: farinha, tapioca (farinha derivada da goma da mandioca em formato de pequenas bolinhas), polvilho (amido da mandioca), puba (massa de mandioca deixada de molho em água, sempre renovada até que possa ser desmanchada como farinha), tucupi (suco de mandioca misturado com ervas e temperos, fervido lentamente e que serve de base para várias preparações da culinária amazônica). Pode ser consumido cozido, frito, em purês, sopas, bolos, pudins, beijus, além de uma enorme variedade de preparações regionais.

  A mandioca também é encontrada com o nome de "mandioca brava" com alto teor de ácido cianídrico, substância tóxica inadequada para o consumo humano sem o devido processamento, usada para farinhas e polvilho. A "mandioca mansa" possui menor teor de ácido cianídrico e pode ser consumida, após o cozimento.

- **Batata (*potato – pomme de terre*)**: o mais popular e consumido tubérculo da Europa – média de 200 kg por habitante ao ano – é originário do altiplano andino. É encontrada em centenas de variedades conhecidas como batata-inglesa, entre elas barraca, *russet*, *idaho*, holandesa, *bingen*, monalisa, batatinha, roxa. Em função da quantidade de amido e outras características, presta-se melhor a ser cozida ou frita.

  Na culinária desempenha um papel tão importante entre os povos da Europa quanto o nosso arroz e feijão. Pode ser preparada em cerca de duzentas diferentes modalidades e cortada de diversos modos.

  As batatas podem ser consumidas cozidas, fritas, assadas, em sopas, cremes, saladas, purês, croquetes, pães, bolos, biscoitos e bebidas destiladas. Até mesmo a casca pode ser frita como aperitivo.

- **Batata-doce (*red and white sweet potato – patate douce*):** encontrada em muitas variedades; no Brasil são conhecidas basicamente a branca e a roxa. Podem ser cozidas acompanhando o café da manhã, assadas, fritas, em bolos, cremes, croquetes, suflês, doces em calda, em pasta e em tablete e cristalizados. É ingrediente fundamental do dia de Ação de Graças norte-americano.

  Tem também vasta utilização nas culinárias *créole*, africana e do Extremo Oriente.

- **Cará (taro):** variedade de inhame, redondo, de cor escura, conhecido como taiá nos estados do Sul do Brasil. Deve ser consumido após cocção em água e sal ou assado. Também frito, em saladas, purês, suflês, pudins, na composição de pães e como doce em calda (melaço). Nas Antilhas, sua polpa crua ralada é utilizada nos *acras* (pastéis e *beignets* com recheios diversos).

- **Inhame (*yam – igname*):** rico em amido e carboidratos, o inhame é muito calórico (100 g = 150 cal). Pode ser preparado como a batata ou a batata-doce; tem participação marcante na culinária dos países da África Ocidental.

- ***Jicama***: raiz encontrada em boa parte da América Latina. Tem o formato de batata, polpa suave adocicada, e geralmente é servida crua, ralada ou frita. Curiosamente existe no Brasil com o nome de jacatupé, sendo conhecida em Minas Gerais como feijão-batata (ver Paulo Eiró Gonsalves, *Livro dos alimentos*).

- **Mandioquinha/batata-baroa:** conhecida também como batata-cenoura, batata-salsa e batata-manteiga. É um tubérculo de coloração amarelada, rico em amido. Possui ampla utilização na culinária, podendo ser preparada como a batata e servindo até como seu substituto. Pode ser consumida cozida, assada, frita, em sopas, purês, saladas, suflês ou recheios. Sua farinha é usada na preparação de panquecas e pães.

- **Mangarito (*Xanthosoma mafaffa schott*)**: da família do inhame, já era consumido pelos índios bem antes da ocupação do novo mundo. Dependendo da variedade, depois de cozido sua polpa branca ou amarelada ganha uma consistência tenra, que faz lembrar a da castanha europeia.

- **Tupinambo (*Jerusalem artichoke/sun artichoke topinambour*)**: pequeno tubérculo, não encontrado no Brasil, porém presente em muitas traduções de receitas de livros estrangeiros.

- *Yacom*: da família do girassol, é uma raiz dos Andes de sabor semelhante ao da pêra. Pode ser consumida crua em saladas ou em sopas. É encontrada em alguns mercados da cidade de São Paulo.

Legumes de caule ou de talo

- **Aipo/salsão (*celery – céleri-branche*)**: encontrado em várias espécies com nomes e formatos diferentes, é um dos legumes mais antigos da história. O aipo/salsão é um legume comprido caracterizado por uma haste verde encimada por folhas. Seu tamanho oscila muito. Deve-se observar a cor dos talos (quanto mais claros, mais suculentos e menos fibrosos). Pode ser consumido cru, em saladas, como recipiente para pasta em canapés, assado, refogado, frito simples e empanado, em cremes e sopas ou como guarnição ou acompanhamento. É um dos ingredientes do *mirepoix*. Suas folhas são também comestíveis e as sementes torradas ou transformadas em pó são um condimento. O sal em aipo (*celery salt – sel de céleri*) é uma forma diferente de temperar saladas e preparações quentes.

- **Aspargo** (*asparagus* – *asperges*): broto subterrâneo, comestível, encontrado em mais de vinte variedades. É comercializado fresco, enlatado inteiro ou somente as pontas, ou congelado. Alguns, como os aspargos verdes, são mais caros e considerados *delicatessen*. Devem ser cozidos antes do consumo, podendo ser servidos acompanhados de molhos, ser comidos com as mãos, ou em saladas, *aspics*, canapés, cremes, musses, flãs, gratinados ou como guarnição.

- **Broto de bambu** (*bamboo* – *bambou*): bambu comestível, presente em todas as culinárias orientais. É consumido das mais variadas maneiras, às vezes inusitadas para os paladares ocidentais. Encontrado fresco, enlatado em conserva ou congelado. Geralmente utilizado em pratos orientais, ou como elemento inovador de alguma receita *fusion-food*.

- **Erva-doce/funcho** (*fennel* – *fenouil*): o popular *finocchio* dos italianos é um talo comestível, cujo formato lembra um bulbo. Seu sabor doce lembra o aniz. Também são aproveitados as folhas e os talos crus ou cozidos, e os grãos secos, como condimento nas culinárias ocidental e oriental. Nesta é parte integrante do chamado "tempero das cinco ervas" (*five-spice powder* – *les cinq épices*) (ver Condimentos). Pode ser consumido cru, em saladas simples ou compostas, cozido na manteiga ou braseado, assado simples ou recheado, gratinado, grelhado, em sopas, recheios, frito ou salteado, como guarnição ou acompanhamento.

- **Guariroba**: palmito típico do cerrado brasileiro, apresenta sabor característico (levemente amargo), daí a denominação palmito amargoso. Consumido geralmente cozido, refogado e como recheio de tortas. É um dos ingredientes da torta goiana.

- *Moyashi*/**broto de feijão** (*bean sprouts* – *germes de soja*): grãos de feijão *mung*, *azuki* ou de soja colocados em líquido iniciam o processo de germinação, sendo vendidos como brotos de feijão. Muito utilizado pelas culinárias orientais, sobretudo pelos japoneses, que o trouxeram para o Brasil. Pode ser consumido cru, em saladas, refogados e em muitos pratos orientais, sendo um alimento de alto valor proteico.

- **Palmito** (*heart palm – coeur de palmier*): broto terminal de algumas palmeiras – açaí, bacaba, buriti, pupunha, palmiteiro doce, tâmara e outras. Pode ser comprado ao natural, devendo ser cozido em água e sal para consumo, ou em conserva. Pode ser consumido em saladas, recheios, cozidos, fritos, em sopas, cremes, musses, flãs ou como acompanhamento.

- **Ruibarbo** (*rhubarb – rhubarbe*): citado em muitas receitas de livros traduzidos, o ruibarbo é um legume desconhecido da maioria dos consumidores brasileiros. Muito parecido com o salsão em seu formato, diferencia-se pela cor rósea.

Legumes de flor

- **Alcachofra** (*artichoke – artichaut*): pode ser encontrada ao natural, devendo ser cozida em água e sal, ou em conserva (fundo ou coração). Suas folhas comestíveis podem ser ainda consumidas em saladas ou nos *antipasti*. O coração/fundo pode ser servido como recheio, em saladas, suflês, cremes, como guarnição ou cozido.

- **Brócolis** (*broccoli – brocoli*): variedade da couve-flor, os brócolis ou brócolos podem ser consumidos cozidos, em sopas, suflês, cremes, flãs, risotos, como guarnição, croquetes, tortas ou saladas. Os talos e folhas também são comestíveis, prestando-se às mesmas preparações das flores.

- **Cambuquira** (ver Abóbora).

- **Couve-flor** (*cauliflower – chou-fleur*): pertencente à família das Brassicáceas (couve, repolho e couve-de-bruxelas). Pode ser consumida cozida em água e sal, em saladas, assada, gratinada, empanada, em suflês, cremes ou em picles. Seus talos e folhas exteriores também são comestíveis.

Legumes de bulbo

- **Alho (*garlic – ail*)**: consumido em praticamente todo o mundo, o alho, encontrado em várias espécies, é ingrediente importante das culinárias orientais e ocidentais. *Ao alho e óleo* e *à provençale* são expressões associadas imediatamente à culinária mediterrânea. Pode ser usado como tempero, cru, cozido, grelhado, assado, em pastas, em conserva, molhos, vinagres e transformado em óleo, em flocos, pedaços ou pó, ou ainda misturado com sal.

- **Alho-poró (*leek – poireau*)**: de sabor pronunciado e característico, é usado como tempero básico – *mirepoix* branca – em saladas, cozidos, molhos, sopas, cremes, risotos, tortas, suflês, musses e *terrines*.

- **Cebola (*onion – oignon*)**: bulbo de larga utilização na culinária – um dos ingredientes básicos usado no *mirepoix*. Pode ser utilizado como condimento, guarnição, ingrediente de cocção e aromático. É encontrada em várias espécies que mudam de tamanho e coloração de acordo com a família e a origem. Na culinária é de uma versatilidade surpreendente, prestando-se a saladas, conservas, picles, *chutneys*, sopas (*soupe à l'oignon*), tortas, cremes, cozida, assada simples ou recheada, frita simples ou empanada (*onion rings*), grelhada, em doces (compotas) e até mesmo em sorvetes. Comercializada também em pó, desidratada, em flocos e em pasta.

- **Cebolinha francesa (*chives – ciboulette*)**: a cebolinha francesa, de folhas mais finas que a cebolinha verde, é utilizada como tempero, como aromático e para decoração. Pode ser consumida crua, em pastas à base de manteiga, queijos, frios e saladas; cozida em molhos e sopas, grelhada ou frita. Também é encontrada seca, desidratada e em pó.

- **Cebolinha verde** (*scallion – ciboule*): variedade de cebolinha com talos mais grossos, também chamada cebolinha-de-cheiro. No Brasil faz parte do chamado cheiro-verde (amarrado com cebolinha, salsa e, em algumas regiões, coentro). Sua utilização na culinária é idêntica à da cebolinha francesa, assim como sua comercialização.

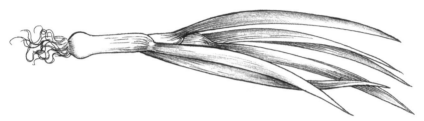

- **Echalota** (*shallots – échalote*): parece uma pequena cebola e é da mesma família desta e da do alho. No hemisfério Norte é encontrada em diversas variedades; no Brasil já é produzida, mas seu uso é recente. Com sabor mais delicado e muito aromática, é usada principalmente como condimento de preparações quentes (cozidas e assadas), frias (saladas, maioneses, *chutneys*, conservas, picles) e molhos.

Leguminosas

- **Ervilha** (*pea – petit-pois*): basicamente são três os tipos de ervilha: *petit-pois*, ervilha de debulhar e ervilha-torta. São encontradas comercialmente desidratadas, secas, em pó, congeladas, enlatadas ou frescas. Devem ser cozidas antes do seu consumo, podendo ser utilizadas em saladas, musses, flãs, cremes, sopas, purês, recheios, cozidas e como guarnição.

- **Ervilha-torta** (*snow-pea – pois gourmand*): variedade de alto valor comercial. Caracteriza-se por possuir a vagem comestível; seu formato é achatado, de coloração verde-clara, prestando-se basicamente a todos os tipos de preparação da ervilha comum.

- **Fava (*fava bean/broad bean – fève*)**: apresentada em algumas variedades, sendo as mais comuns a marrom e a branca. São encontradas comercialmente frescas, secas, congeladas ou em conserva. Prestam-se a várias preparações nas culinárias mediterrâneas; na Espanha é usada na *fabada asturiana*. Deve ser cozida antes do consumo, podendo ser preparada em saladas, purês, como acompanhamento de carnes e aves, fritas ou cozidas.

- **Feijão (*bean – haricot*)**: uma das maiores contribuições da América para a culinária é o alimento principal dos brasileiros. Pode ser encontrado em inúmeras variedades: roxo ou roxinho, preto, fradinho, feijão-de-corda, mulatinho, rajado, branco, rosinha, jalo, guandu, guiné, *azuki*, canário, *mangalot*, bico-de-ouro, amendoim, bolinha, fradão, carioca, vermelho, manteiguinha de Santarém, andu. Pode ser preparado cozido, em saladas, sopas, purês, doces, pastas ou em preparações típicas como feijoada, tutu, virado, abará, acarajé e com leite de coco, na culinária baiana.

- **Grão-de-bico (*chickpea/garbanzo*)**: grãos redondos de coloração amarelada, encontrados comercialmente secos, congelados ou em conserva. Muito utilizado no Oriente Médio, na cozinha árabe-libanesa, na pasta de grão-de-bico; na mediterrânea e asiática é o *chana dal* (Índia). Como todas as leguminosas deve ser cozido antes de seu consumo, podendo ser servido em saladas, cremes, purês, sopas, recheios, como acompanhamento de carnes, aves e peixes. Torrado é um bom aperitivo.

- **Lentilha (*lentil – lentille*)**: no Brasil encontramos normalmente a lentilha marrom; em outros países encontram-se amarelas, alaranjadas e verdes (*puy*). Podem ser consumidas, após cozimento, em saladas, cremes, purês, flãs, como acompanhamento de carnes ou substituindo o feijão. São alimentos muito energéticos (100 g = 340 cal).

- **Soja** (*soybean – soja*): conhecida nos países do Extremo Oriente desde os primórdios da humanidade, a soja é um alimento de alto valor nutritivo, considerada pelos chineses e japoneses um dos cinco grãos sagrados (junto com o trigo, o arroz, a cevada e o milheto). Existem cerca de quinhentas variedades; além de ser consumida cozida, pode ser encontrada em mais de cinquenta subprodutos: óleo de soja, molho (*shoyu*), fermentada em pasta (missô), leite e queijo (tofu), farelo, croquetes, pães, bolos, biscoitos. Seu valor protéico é tão grande que é conhecida como "a vaca do Oriente". Sua proteína texturizada é comercializada como carne de soja.
- **Vagem** (*green bean – haricot vert*): encontrada em diversas variedades: manteiga, macarrão, de metro. Comercialmente é encontrada fresca em vagens ou seca debulhada, congelada ou em conserva. Pode ser preparada e consumida como as demais leguminosas, em saladas, cremes, sopas, cozidas etc. Seu nome em inglês e francês muda de acordo com a variedade: *french bean, lima-bean, runner-bean; pois mange-tout*.

FRUTAS

Em botânica, o termo fruta abrange os alimentos de origem vegetal que contêm sementes, das abóboras – Curcubitáceas – ao tomate. No entanto, na culinária não consideramos frutas o tomate, o pepino ou o amendoim.

Alimentos de grande valor nutricional por seu conteúdo de vitaminas, sais minerais, teor de açúcar e principalmente celulose, as frutas têm presença marcante na culinária, sendo servidas após as refeições, apresentadas em bufê, como sobremesas de diversas maneiras, acompanhamento ou guanição. Podem ser compradas frescas, congeladas inteiras ou em polpas, secas, em compota, desidratadas, em suco ou já transformadas em sobremesas.

Até recentemente, a sazonalidade era determinante na compra das frutas, mas o desenvolvimento da engenharia genética e dos métodos de congelamento, além do aperfeiçoamento dos meios de transporte, têm permitido comprar frutas frescas praticamente durante todo o ano. Isso talvez diminua um pouco o encanto da fruta de determinada estação, mas permite que frutas até então exóticas ou raras possam ser consumidas.

São várias as classificações do ponto de vista da botânica; na culinária, contudo, classificaremos as frutas em ordem alfabética, seguidas de frutas secas e das frutas estrangeiras encontradas no comércio.

Seguramente, o Brasil possui uma das maiores variedades de frutas do hemisfério; sua superfície e diversidade climática, além das características do solo, nos permitem cultivar praticamente todos os tipos de fruta.

Vale a pena visitar os mercados e feiras livres das cidades do Norte e Nordeste e conhecer a enorme diversidade que possuímos. Infelizmente, algumas são extremamente perecíveis e não suportam deslocamentos; a solução é substituí-las pelas polpas; outras são consideradas por demais populares para constar do cardápio de um restaurante.

Outro aspecto a considerar é o excessivo valor dado às frutas estrangeiras, em detrimento das nossas.

Na culinária são encontradas como compotas inteiras ou em pedaços, em calda, geleias, cristalizadas, em pasta, secas, sucos, sorvetes, *sorbets*, *chutneys*, picles, molhos doces e salgados, saladas de frutas e salgadas, licores, batidas, cremes, vinhos etc.

- **Abacate (*avocado – avocat*)**: fruta com alto teor de gordura. Pode ser comprada verde, mas depois de madura é preciso conservá-la em geladeira. Ao cortá-la, esfregue limão para que não escureça. Consumida no Brasil como vitamina, batida com leite; em outros países é associada a pratos salgados, acompanhando frutos do mar, ou em creme, como o delicioso *guacamole* dos mexicanos.

- **Abacaxi (*pineapple – ananas*):** segundo citação do prof. Paulo Eiró Gonsalves, em *Livro dos alimentos*, p. 156, "todo abacaxi é um ananás, embora a recíproca não seja verdadeira: nem todo ananás é um abacaxi". A conclusão é que o ananás é uma fruta selvagem e o abacaxi, o resultado de cruzamentos de sementes sem a interferência do homem. Os indígenas o chamavam de naná: "fruta excelente". É encontrado nas variedades havaí e pérola.

Pode ser comprado fresco, enlatado em calda, em sucos, geleias, em pasta, cristalizado ou em polpa. É delicioso puro, como sobremesa ou em diversas preparações, e também como guarnição de aves, tênder ou carne de porco; pode ser grelhado ou caramelado com grãos de pimenta verde – *ananas au poivre vert* –, inusitada maneira de acompanhamento e sobremesa.

O abacaxi possui bromelina, uma enzima que quebra as fibras; portanto, evite usar abacaxi fresco cru com gelatina, pois impedirá que a gelatina solidifique; use abacaxi em lata, ou ferva a fruta antes. Em contrapartida, essa enzima é um excelente amaciador de carnes mais fibrosas, boa para a digestão. A casca do abacaxi deixada de molho em água, batida no liquidificador e coada resulta em um suco muito agradável. A casca do abacaxi serve também como recipiente para receitas doces e salgadas. A variedade bico-de-rosa é considerada a melhor de todas.

- **Abiú:** fruta típica do Norte e Nordeste do Brasil, de coloração amarelada por fora, lembrando a nêspera. Tem sabor muito doce, apesar de sua casca conter um leite viscoso que gruda nos lábios. Em geral é consumido ao natural, de preferência gelado, ou em compota em calda.

- **Abricó-do-pará**: encontrado na região amazônica e em alguns estados do Nordeste, é uma enorme fruta de mais de 2 kg sem nenhuma relação com o homônimo *apricot* ou *abricot*, na verdade o damasco. O abricó-do-pará pode ser consumido cru, ao natural, macerado em licor, em saladas de frutas, compotas, doces em pasta ou em forma de sorvete, muito apreciado pelos amazonenses. Nas Antilhas, com suas flores destiladas é produzido um licor chamado *crème des créoles*. Nas ilhas de Cabo Verde é conhecido como mamão.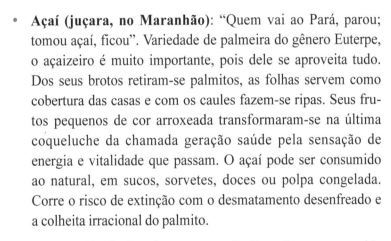

- **Açaí (juçara, no Maranhão)**: "Quem vai ao Pará, parou; tomou açaí, ficou". Variedade de palmeira do gênero Euterpe, o açaizeiro é muito importante, pois dele se aproveita tudo. Dos seus brotos retiram-se palmitos, as folhas servem como cobertura das casas e com os caules fazem-se ripas. Seus frutos pequenos de cor arroxeada transformaram-se na última coqueluche da chamada geração saúde pela sensação de energia e vitalidade que passam. O açaí pode ser consumido ao natural, em sucos, sorvetes, doces ou polpa congelada. Corre o risco de extinção com o desmatamento desenfreado e a colheita irracional do palmito.

- **Acerola (*barbados cherry – west Indian cherry – acerole*)**: a cereja-das-antilhas foi trazida de Porto Rico em 1955 por uma pesquisadora da Universidade Federal Rural de Pernambuco (UFRPE). A incrível quantidade de vitamina C – 100 g de fruta equivalem a cerca de 5.000 mg ou cem laranjas – fez com que esta pequenina fruta alcançasse grande aceitação popular. Pode ser consumida ao natural, em sucos, sorvetes, geleias, doces, polpa congelada, ou como molho salgado.

- **Ameixa (*plums – prunes*)**: uma das mais populares frutas no mundo, cultivada em diversos países e encontrada em diversas espécies. No Brasil temos as ameixas carmezim, roxa, rubi, pingo-de-ouro, vermelha, *ketcher* e *mirabelle* – as ameixinhas amarelas, como são chamadas no Sul do país. Além destas, encontra-se a ameixa-chilena, de cor escura e muito saborosa. *Pistole* é um tipo de ameixa comum na Europa.

As ameixas são encontradas frescas ou secas. Ameixas frescas servem para ser consumidas ao natural, em doces, pudins, geleias e cobertura de tortas; escolha ameixas ácidas neste último caso. As secas aplicam-se em caldas, sorvetes, pudins, purês, musses, bolos e tortas, e são excelentes recheios para carnes e aves.

Com a ameixa *ume*, os japoneses fazem uma conserva muito saudável: *umeboshi*.

As ameixas prestam-se também à confecção de aguardentes: *prune, pruneau, quetsche* etc.

- **Amendoim** (ver Oleaginosas).
- **Amora (*blackberry* – *mûre/meuron*)**: fruto da amoreira, com várias espécies, cores e famílias; as mais utilizadas são as pretas e as brancas (*mulberry*). As folhas da amoreira servem de alimento ao bicho-da-seda. Podem ser consumidas ao natural, com açúcar ou creme *chantilly*, em geleias, doces, coberturas para tortas e na fabricação de licores e xaropes.
- **Araçá**: embora pertença à mesma família da goiaba, na verdade são duas frutas diferentes, sendo o araçá um pouco mais ácido e de tonalidade mais clara. Existem mais de vinte espécies, entre elas o araçá-boi, com quase meio quilograma de peso, fruta com enorme potencial econômico, e o araçá-mirim, ideal para doces e compotas.

Presta-se a doces em calda ou em pasta, e com ele faz-se uma deliciosa musse.

- **Araticum marolo/pinha-do-cerrado/pasmada (*wild soursop – pomme cannelle*):** o araticum é uma fruta arredondada, de casca verde parecida com a da graviola, família à qual pertence. Tem sabor que lembra a jaca e a banana. É consumido ao natural, com açúcar ou utilizado para doces, geleias, licores, tortas, iogurtes e sorvetes. Está sendo vendido como *antemoia* (ver Frutas latino-americanas).

- **Avelã** (ver Frutas secas).

- **Azeitona:** fruto da olea europea, árvore conhecida há mais de cem mil anos. Quando novas são verdes, após amadurecidas adquirem coloração púrpura. Para sua comercialização são submetidas a diversos processos de cura. Entre as variedades encontramos: espanhola gordal, seminhola, californiana, argentina, peruana, kalamata, espanhola, libanês, chilena média e chilena gaúcha, portuguesa, verde, síria, marroquinha, nevadilha. Elas também são comercializadas com vários recheios. (ver Óleos, Oleaginosas)

- **Babaçu** (ver Óleos).

- **Bacaba:** pertencente ao gênero *Oenocarpus*, que abrange várias espécies, esta palmeira fornece um fruto de coloração roxo-escura, muito parecido com a ameixa-preta, com polpa bege, muito saborosa e nutritiva, que se presta a sucos, sorvetes, doces em calda e xaropes, além de um vinho. Das sementes da fruta obtem-se um óleo de cozinha muito usado pelas populações locais, além do palmito.

  A bacaba é uma dessas maravilhas da natureza que o Brasil possui e poderia ser explorada de maneira autossustentável.

- **Bacupari:** fruto de uma árvore do cerrado quase em extinção, que lembra uma pequena laranja, na cor e no tamanho; tem polpa branca, carnuda, podendo ser consumido ao natural ou em doces em calda. Suas sementes torradas e salgadas são um bom aperitivo.

  Além do bacupari existem também o bacupari-açu, o bacupari-mirim e o bacupari-cipó, todos com características e utilizações semelhantes.

- **Bacuri (*guiana orange – parcouri*)**: existem muitas variedades, sendo o mais comum o bacuri de fruto oval e coloração amarela. Sua polpa doce e comestível tem partes mais apreciadas chamadas de *filhos do bacuri*; com elas fazem-se doces, geleias, pudins, sorvetes e sucos.

  O fruto é envolvido por uma enzima que gruda nas mãos, devendo-se esperar alguns dias para o seu consumo. Presente em quase toda a Amazônia, o bacuri tem sido objeto de exploração industrial no Pará.

- **Banana (*banana – banane*)**: de cultura que remonta a tempos muito antigos, a banana é um dos frutos mais importantes da alimentação de milhões de pessoas em países do mundo inteiro, além de constituir um produto de exportação para muitos deles. O gênero *Musa*, do qual faz parte, possui mais de quarenta espécies, a maior parte comestível.

  Fruto de mesa, de tamanhos, cores e sabores tão variados, a banana é rica em vitaminas e sais minerais, em especial o potássio, podendo ser consumida de inúmeras maneiras: ao natural, em saladas de frutas, cozidas, assadas, fritas simples ou empanadas, em doces de pasta, compotas, cristalizadas, secas e desidratadas, carameladas, como recheios, em tortas, bolos, pães, mingaus, vitaminas, sorvetes, pudins, acompanhamentos de pratos quentes e até mesmo em sopa e molho para saladas.

  A banana pode ser preparada em forma de chips – rodelas de banana, desidratadas e fritas, e na preparação típica caiçara – azul-marinho com peixes que podem ser tainha, carapu, anchova em postas cozidas com banana-nanica bem verde.

  O caule da bananeira é subterrâneo; o que se vê é um "falso caule", que floresce e frutifica, formando cachos apenas uma vez. Alguns cachos chegam a ter quarenta frutas.

A folha da bananeira é utilizada em muitas culinárias para envolver alimentos e, no Brasil, notadamente na baiana.

No Brasil, a banana tem tantos nomes que pode rivalizar com a cachaça nesse aspecto: banana-nanica, banana pacova ou chifre-de-boi, banana-prata, banana-são-tomé, banana-da-terra, banana-maçã, banana-figo, banana-ouro ou inajá, banana--d'água e banana-pão ou banana-trincada, banana caru roxa ou roxa (mysore).

- **Biribá**: restrito à região amazônica, o biribá é muito apreciado no Pará, onde é consumido fresco, em sorvetes ou sucos. Lembra em aparência a fruta-do-conde, de cuja família, *Anonaeas*, faz parte junto com a graviola, cherimólia etc.

- **Buriti**: conhecido em algumas regiões como muriti, é uma palmeira à qual os índios xavantes chamavam de árvore da vida, pois dela teriam surgido os primeiros homem e mulher xavantes. Apresenta-se em terrenos alagadiços no norte e nordeste pré-amazônico.

  Dele se aproveitam as folhas para cobertura das casas e as fibras para cordas, leques, redes ou cestos. As sementes são comestíveis, produzem sabão e poderiam ser aproveitadas para um combustível alternativo, além de uma cera exportada e usada para encerar móveis e sapatos.

  A polpa produz um delicioso doce em pasta, um óleo comestível muito rico em vitamina A, sorvetes, paçoca, cremes, vitaminas, doces e, seca ao sol, um tipo de passa, além de poder ser congelada.

  Da medula do tronco extrai-se uma fécula que pode substituir o sagu, inexistente no Brasil, usada em mingaus e outras preparações.

  Do broto terminal das palmeiras extrai-se palmito.

- **Butiá**: palmeira do Sul do Brasil, produz frutos amarelados, que lembram coquinhos. A polpa é comestível e com ela fazem--se doces em calda; fermentada produz licores, o "vinho de butiá", e vinagre.

- **Cagaita**: fruta que lembra o limão, de coloração amarelada, muito rica em vitamina C. Seu sabor é uma agradável mistura entre o limão e a manga. Presta-se a sucos, sorvetes, compotas e geleias.

- **Cacau (*cocoa – cacao*)**: fruto do cacaueiro, árvore comum em toda a América do Sul e Central, e no México. A história do cacau é fascinante e remonta aos incas e astecas, que o chamavam de *xocolatl*, utilizavam suas sementes como moeda e o ingeriam em forma de bebida quente e apimentada. Esse hábito existe até hoje na culinária mexicana, nos famosos molhos com chocolate (*moles*), como também na cozinha catalã. Foi levado para a Europa pelos espanhóis e somente anos mais tarde converteu-se em uma bebida açucarada, rapidamente apreciada e mais tarde difundida em todo o mundo.

  A fruta varia de acordo com a espécie; em geral é ovoide, parecendo um mamão com sulcos. Das amêndoas obtém-se o chocolate e com ele abre-se o leque de uma das mais ricas e variadas partes da confeitaria. Secas e torradas são convertidas também em manteiga de cacau, além de óleo.

  As amêndoas são revestidas por uma polpa mucilaginosa, de cor branca, com a qual se fazem geleias, doces e licor, o chamado "vinho de cacau". Atualmente são vendidas congeladas, podendo-se fazer sorvetes, cremes, sucos e musses.

- **Café (*coffee – café*)**: o fruto do cafeeiro, que depois de torrado e moído transforma-se na popular bebida com o mesmo nome, pode ser utilizado na culinária em diversas preparações doces e salgadas: sorvetes, cremes, pudins, musses, confeitos, molhos, caldas, tortas. São cultivados dois tipos de café no Brasil: o *arábica* e o *robusta* ou *conillon*.

- **Cajá (*yellow mombin*)**: pequeno fruto de cor amarelada e casca lisa. É comestível fresco e muito saboroso, prestando-se a sucos, sorvetes, batidas e, após fermentado, licores. Sua polpa já é encontrada congelada. O cajá, como muitas frutas do Nordeste, é extremamente perecível, não suportando longas viagens nem podendo ser guardado por muito tempo.

Existem várias espécies, o que deu origem a muitos nomes pelo Brasil. O cajá-açu é também conhecido como taperebá.

- **Cajarana ou cajá-manga (*jew plum*)**: pequena fruta de tom amarelado, lembrando uma pequena manga, com a casca dura e sarapintada. Possui sabor um pouco ácido se consumida ao natural; seu caroço é fibroso e cheio de filamentos. Presta-se melhor a sucos, sorvetes e doces.

- **Caju (*cashew – cajou*)**: o que consumimos é na verdade o pedúnculo floral ou pseudofruto, já que o fruto do cajueiro é a castanha. Existem vários tipos de caju, quase todos comestíveis.

  A polpa comestível é rica em vitamina C e pode ser consumida ao natural, em sucos naturais e industrializados, batidas, sorvetes, doces em calda, em pasta, geleias, rapadura, cristalizada e de uma forma inusitada e saborosa: o caju-ameixa ou passa de caju, cuja aparência lembra a da ameixa seca. Fermentada produz licores, vinagres e o "vinho de caju". São cerca de cinquenta os produtos industrializados.

  Com o caju verde, chamado de maturi, é preparada a "frigideira de maturi, prato típico da cozinha de Sergipe.

  O bagaço, rico em celulose, é usado em cozidos e ensopados.

  Ao suco de caju coado e cozido em banho-maria dá-se o nome de cajuína.

  A castanha de caju será tratada no capítulo Oleaginosas.

- **Cana-de-açúcar (*sugar cane – canne à sucre*)**: trata-se de uma gramínea da qual se consome o fruto de forma elíptica alongada, ou seja, o "rolete de cana", que, além do açúcar (tratado em item específico), produz o caldo, chamado de garapa; fornece para a culinária, principalmente na doçaria e em especial na baiana, o mel, o melado (xarope da cana), o melaço (resíduos do açúcar) e a rapadura (barras de açúcar mascavo). Destilada transforma-se na mais popular bebida do Brasil: a aguardente conhecida por uma infinidade de nomes.

- **Caqui (*persimmon – kaki*)**: trazido ao Brasil pelos imigrantes japoneses, adaptou-se tão bem que já produz várias espécies: caqui-ameixa, caqui-chocolate, caqui-japonês etc.

  Geralmente consumido ao natural, já amadurecido, podem-se fazer geleias, compotas e musses e pode ser usado em picles e *chutneys*.

- **Carambola (*star-fruit – carambole*)**: fruta de formato curioso; depois de cortada lembra uma estrela, daí seu nome em inglês: *star-fruit*. É muito utilizada nas culinárias orientais como elemento decorativo.

  Ao natural deve ser consumida de preferência fresca, recém-colhida. Também pode ser preparada em forma de doces em calda, em pasta, cristalizada, em passa, em sucos, sorvetes, como recheio de doces e salgados, como guarnição, refogada ou cozida, em *chutneys* e picles.

  As flores da carambola são servidas em saladas.

- **Castanhas** (ver Oleaginosas).

- **Cereja (*cherry – cerise*)**: são várias as espécies: amarela, roxa, vermelha, preta. Em outros países são conhecidas por diversos nomes, de acordo com a classificação: *griottes*, *bigarreaux*, *guignes*, *montmonrency* etc. Conforme seu teor de acidez pode ser consumida ao natural ou em conserva, compotas, em calda ou cristalizada.

  Da cereja obtêm-se algumas das bebidas mais conhecidas:

  - *kirsch*: aguardente de cerejas da Suíça;

  - *cherry brandy*: licor de cerejas;

  - *cherry heering*: licor de cerejas da Dinamarca;

  - *marasquino*: licor proveniente da cereja masca da Itália.

Em Portugal existe a *ginja*, com a qual se faz uma bebida fermentada muito popular: a *ginjinha*.

- **Cereja-do-rio-grande**: o Rio Grande do Sul é o grande produtor dessa fruta doce, muito agradável, substituta da cereja europeia em todas as suas utilizações. Chegam a ser produzidas mais de mil frutas por safra anual. Trata-se de uma fruta com grande potencial a ser explorado.

- **Cherimólia (*cherimoya – chérimole*)**: da família das Anonáceas, tem formato e sabor muito semelhantes aos da fruta-do-conde e da graviola. Apresenta casca esverdeada quando nova, quase preta ao amadurecer. Pode ser servida como fruto de mesa ou com as mesmas preparações das citadas acima.

- **Cidra (*citron – cédrat*)**: fruto muito amargo para ser consumido ao natural, é preparado em forma de doce em calda, muito popular no interior de São Paulo e Minas Gerais. Sua casca ralada também serve para doces; o óleo é utilizado em cosméticos e na confeitaria.

  A palavra inglesa *cider* refere-se a uma bebida proveniente da destilação natural do suco de maçã, nada tendo a ver com a cidra brasileira.

- **Ciriguela (*red e purple monbin – monbin rouge e prune d'Espagne*)**: trazida das Antilhas para o Ceará, essa frutinha pode ser consumida ao natural, em sorvetes, musses, saladas salgadas, molhos, sucos, doces em calda ou em pasta e licor. Na Polinésia é utilizada em pratos salgados ou em forma de *chutneys*.

- **Coco (*coconut – noix de coco*)**: quem sobrevoa o litoral brasileiro a partir do sul da Bahia até o início da pré-Amazônia custa acreditar que o coco não é nativo do Brasil.

  O fruto verde é uma bebida hidratante e reconstituinte; maduro e seco é ingrediente fundamental das culinárias baiana, tailandesa e de muitas outras orientais. Da sua polpa são extraídos os seguintes derivados: leite de coco integral ou em pó, coco ralado, copra (amêndoa seca da qual se extrai o copraol) e óleo de coco.

Das fibras da casca fazem-se cestos e objetos de artesanato. Além do uso culinário, o coco é também utilizado na cosmética.

Entre as variedades podemos citar: coco-baía, coqueiro-anão, coco-da-praia e coco-manteiga.

- **Cupuaçu**: fruto verde e comprido, qualquer coisa entre uma graviola e uma jaca. De casca dura e rugosa, depois de aberto exala um cheiro forte e agradável. Sua polpa geralmente não é consumida pura, sendo utilizada para sorvetes, doces em compota, em pasta, geleias, recheios para bombons, bolos e tortas, como licor e "vinho de cupuaçu"; encontra-se também a polpa congelada.

As sementes torradas e secas produzem uma substância – copulate – que pode substituir o chocolate em algumas dietas. Também uma graxa branca que substitui a manteiga de cacau com as mesmas finalidades.

- **Damasco (*apricot – abricot*)**: seu nome tem origem na palavra *abercor*, em catalão, que por sua vez vem do latim *praecox*, que quer dizer precoce, porque sua floração acontece antes do final do inverno no hemisfério Norte. Por essa razão também é conhecido como abricó no Brasil, apesar de termos o abricó-do-pará.

São encontradas várias espécies no hemisfério Norte, incluindo uma deliciosa variação híbrida de pêssego e damasco. No Brasil encontramos o damasco seco e ao natural.

Fresco presta-se a saladas de frutas, sucos, sorvetes, geleias, doces em calda, em pasta, musses, *bavarois*, coberturas para tortas, recheios para pudins e bolos, em *chutneys* ou molhos agridoces.

Seco encontra-se em geleias, molhos, doces em calda, recipientes de canapés, coberturas e recheios.

Como bebida alcoólica é o *barack*, aguardente da Hungria.

- **Feijoa**: pequenina fruta originária do Chaco paraguaio que começa a ser encontrada em algumas lojas especializadas. Seu fruto, do tamanho de um pêssego, tem coloração verde e polpa rica em iodo, cujo sabor lembra o abacaxi. Servido em saladas, geleias, doces em calda e em pasta.

- **Figo (*fig – figue*)**: junto com a maçã, é uma das frutas mais antigas conhecidas pela humanidade; mencionada na Bíblia por ter coberto as "vergonhas" de Adão e Eva, foi também encontrada nos hieróglifos egípcios. Segundo a lenda, Rômulo e Remo foram amamentados debaixo de uma figueira. Faz parte dos quatro elementos primordiais da culinária mediterrânea (vinho, azeite e pão). Levada para a Espanha, foi trazida para as Américas, sendo um dos doces mais populares da cozinha mineiro-paulista. Pode ser servido como fruto de mesa, congelado com sorvete ou com leite condensado, em sorvetes, doces em calda, em pasta (figada) e cristalizado, em geleia, caramelado, em cobertura de tortas, recheio de bolos e pudins ou salpicados de *praliné*, seco em pudim, compotas e em *nougat*.

- **Figo-da-índia/figo-da-palma/figo-da-barbária (*pickly-pear – figue de Barbárie*)**: fruto de um cacto, de formato oval, casca avermelhada e coberta de espinhos. Deve-se tomar cuidado ao descascá-lo, segurando-o com um garfo ou manipulando-o com uma luva grossa. Possui polpa ácida de coloração amarelada, sendo melhor polvilhar com açúcar para comer ao natural. Pode ser servido em salada de frutas junto com as sementes, comestíveis, em doces em calda, cremes, suflês, sorvetes, *sorbets*, geleias, gelatinas.

- **Framboesa (*raspberry – framboise*)**: fruta de clima frio, frágil e perecível, de difícil conservação. Encontrada em diversas cores: amarela, preta e a mais comum, a vermelha. A variedade híbrida de framboesa e amora-preta é chamada de *loganberry*.

Pode ser consumida como fruto de mesa, natural, em saladas de frutas, cremes, sorvetes, *sorbets*, gelatinas, compotas, geleias, xaropes; presente em sobremesas como folhados, bolos, suflês, pudins; como cobertura de tortas e *tartelettes*. Também em licores, aguardente e vinagres aromatizados.

- **Fruta-do-conde/pinha/ata (*sweetsop – pomme cannelle*)**: a fruta-do-conde, assim chamada por ter sido trazida pelo conde Diogo de Miranda em 1626, quando governador da Bahia, pertence à família das Anonáceas, da qual faz parte a fruta-da-condessa, ligeiramente maior, com a casca em tom rosado, e também a cherimólia e a graviola. Em inglês todas têm o sufixo *sop*, que significava pão embebido no leite.

  Fruta muito perecível, deve ser consumida fresca, ao natural; tem polpa branca mucilaginosa, aderente aos caroços. A polpa fresca ou congelada é usada em sucos, sorvetes, musses, cremes, batidas.

  A cherimólia e a graviola são vistas nos itens específicos.

- **Fruta-pão (*breadfruit – arbre à pain*)**: uma das maravilhas da natureza: é uma fruta que lembra uma pequena jaca, podendo pesar até 4 kg. Existem duas variedades: fruta-pão massa, sem sementes, e fruta-pão de caroço, com sementes comestíveis.

  No Brasil, geralmente é cozida em água e sal, substituindo o pão no café da manhã. Na Polinésia e em algumas cozinhas orientais é servida assada com pratos salgados, em croquetes, suflês, frito, em tudo que possa substituir o pão e a batata ou a batata-doce. Pode-se até fazer um vatapá baiano de fruta-pão.

  As sementes assadas lembram o sabor das castanhas.

- **Goiaba (*guava – goyave*)**: fruta encontrada em muitos países quentes, está presente em muitos quintais pelo Brasil afora.

Encontrada nas variedades branca e vermelha, ambas muito ricas em vitamina C. Pode ser servida como fruto de mesa, ao natural, em sucos, geleias, doces em calda, em pasta (goiabada), em creme como recheio de bolos, tortas, suflês quentes e frios. No Brasil faz par com o queijo fresco de Minas numa das mais populares sobremesas: romeu-e-julieta.

Nas cozinhas orientais, do Havaí e da Polinésia, é servida em receitas salgadas, como acompanhamento de carnes, aves, peixes, em *chutneys* e picles.

- **Grapefruit (*grapefruit – pamplemousse*)**: cítrico que começa a se tornar conhecido no Brasil. É um fruto que lembra uma grande laranja, de casca um pouco rugosa, cor amarelada, polpa branca e ácida. A espécie híbrida com a laranja-da-china resultou no pomelo, nome pelo qual muitas vezes o próprio *grapefruit* é conhecido. Os Estados Unidos desenvolveram várias espécies:

  - *ruby red* e *pink-mash*: polpa rósea;

  - *star ruby*: polpa vermelha.

O *grapefruit*/pomelo pode ser consumido ao natural, polvilhado com açúcar, em saladas, como coquetel de frutas em sobremesa ou em coquetel com crustáceos, em sucos, em forma de refrigerante, gelatina, polpa congelada, sorvete, musse, suflês quentes e frios, como fruta cristalizada, com queijo fresco ou ricota, em pratos quentes, refogado com carnes de cordeiro, vitela e aves.

A casca pode ser usada tal qual a casca da cidra, em doce em calda ou cristalizada.

A espécie híbrida de tangerina e *grapefruit* é o tangelo.

Ugli-fruit é o híbrido de *grapefruit*, laranja e tangerina.

- **Graviola** (*soursop – anone/cachiman/cœur-de-bœuf*): muito popular na região amazônica e Nordeste, é uma fruta ovoide, de casca verde e polpa branca suculenta e saborosa. Pode ser consumida ao natural, em sucos, sorvetes, musses, cremes, envolta em massa de fritar (*beignets*). A polpa é vendida congelada. O fruto verde pode ser cozido ou frito.

  No Brasil, a graviola tem muitos nomes: jaca-de-pobre, jaca-do-pará. A coração-de-boi ou jacama é uma fruta muito semelhante, porém possui coloração escura e sua casca não apresenta saliências como a da graviola.

- **Groselha**: existem várias espécies, sendo encontradas principalmente em países frios.

  A groselha preta (*blackcurant*) é a mais comum; na França é o *cassis*. Pode ser consumida fresca como fruto de mesa, em sucos, xaropes, geleias, doces em calda, pudins, como cobertura para tortas, em polpa congelada, licor e creme.

  A groselha vermelha (*red currant – groseille rouge*) é um dos ingredientes do famoso molho *cumberland*, acompanhamento de caças e patês.

  A groselha verde ou espinhosa (*gooseberry – groseille verte*) é ácida para ser consumida ao natural; presta-se melhor a molhos e *chutneys*.

  A variedade encontrada nos países quentes, entre eles o Brasil, no Nordeste, é a groselha-branca ou pitanga-da-índia, prestando-se para doces, xaropes e o famoso licor de São João.

- **Guaraná**: o refrigerante é feito com a fruta. As sementes torradas e moídas transformam-se no pó de guaraná ou são reduzidas em uma pasta prensada em bastão.

- **Ingá**: na verdade são leguminosas encontradas em mais de duzentas espécies, sendo apenas cinco consumidas como fruto comestível. Seu nome significa encharcado, em tupi-guarani, provavelmente porque a polpa branca que está dentro das vagens contém 85% de água.

Consumida ao natural, em sucos, vitaminas e sorvetes. Na Amazônia, a variedade ingá-cipó chega a medir 30 cm.

- **Jabuticaba**: possui polpa branca, saborosa, podendo ser consumida ao natural como fruto de mesa, em doces, geleias, sucos, cremes, molhos para pratos quentes, misturada em farofas e em forma de licor, que pode substituir o *cassis* no *kir*. É a fruta preferida da rainha Sílvia da Suécia. A variedade branca do cerrado tem propriedades medicinais.

- **Jaca (*jackfruit*)**: o que se consome é a infrutescência (vários frutos agrupados). São dois tipos: a dura e a mole ou manteiga, assim chamadas em função da consistência dos bagos comestíveis, de polpa amarelada, viscosa e aromática, rica em vitamina C e cálcio.

  Pode ser consumida ao natural, em sucos, sorvetes, musses, geleias, *chutneys*, molhos para pratos salgados, doces em calda, em pasta e cristalizado.

  As sementes – os verdadeiros frutos – cozidas lembram a castanha portuguesa, e assadas são ótimos aperitivos ou recheios.

- **Jambo**: várias são as espécies: bravo, branco, rosa e vermelho. Fresco ao natural é uma fruta um pouco insossa, prestando-se melhor para doces em calda ou cristalizado, geleias, sorvete, em saladas, *chutneys*, picles, batidas, licor e "vinho".

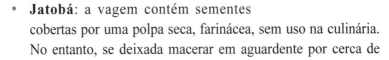
Jambo

- **Jatobá**: a vagem contém sementes cobertas por uma polpa seca, farinácea, sem uso na culinária. No entanto, se deixada macerar em aguardente por cerca de duas semanas, transforma-se em uma surpreendente bebida, que pode ser servida como aperitivo ou digestivo.

- **Jenipapo (*genipap – jenipaye*)**: fruto de cor escura e casca rugosa e murcha. Ácida para ser consumida ao natural, melhor polvilhar com açúcar. Presta-se a doces em compota ou cristalizados, em pasta, licor, xarope e "vinho".

- **Kinkan (*kumquat*)**: também conhecidas como *kumquat*, essas frutinhas parecem laranjas em miniatura; são ligeiramente ácidas ao natural, prestando-se a compotas, doces em pasta, geleias, cristalizadas ou recheios para carnes e aves. As variedades *orangequat*, *limequat* e *citangequat* são híbridos semelhantes em tamanho e gosto, criados para satisfazer as necessidades de "exotismo" dos consumidores europeus e norte-americanos.

- **Kiwi**: pequenina fruta marrom, do tamanho de uma ameixa, coberta por uma casca peluda. Possui polpa verde, ácida, muito perfumada e rica em vitamina C, equivalente a cerca de dez laranjas. Consumida ao natural, como fruto de mesa, em saladas de frutas, cobertura de tortas, musses, pudins, bolos, saladas salgadas, na culinária chinesa como acompanhamento de aves, peixes e carne de porco, e até em variação de *crème brûlée*.

- **Laranja (*orange*)**: pertencente à família dos cítricos, do gênero *Citrus*, é classificada, segundo os engenheiros agrônomos Silvio Moreira e A. J. Rodrigues Filho, no livro *Cultivo dos citros*, em:

  - cidras (*Citrus medica*);
  - laranjas azedas ou amargas (*Citrus aurantium*).
  - laranjas doces (*Citrus sinensis*);
  - limas (*Citrus aurantifolia*);
  - limões (*Citrus limon*);

- ortanique;
- pomelos (*Citrus paradisi*);
- tangerinas (*Citrus reticulata*);
- toranjas (*Citrus grandis*);

A laranja destaca-se como o mais importante deles, e o Brasil é o segundo maior produtor desse fruto amarelado e aromático. É encontrada em diversas variedades: lima, pera, natal, de umbigo ou baía, baianinha, seleta, sanguínea, caipira e, em especial, laranja-da-terra, tão utilizada na culinária de algumas regiões do Brasil.

Pode ser consumida ao natural como fruto de mesa, em sucos, geleias, maionese, cremes, molhos, sopas, saladas doces e salgadas, com legumes, aves, peixes, frutos do mar, tortas, crepes, suflês quentes e frios, cristalizadas, sorvetes, *sorbets*, bolos, pudins e bebidas. As cascas podem ser cortadas em tiras finas e usadas em caldas, cristalizadas ou raladas para aromatizar diversas produções culinárias. As flores são comestíveis em saladas, cristalizadas ou em infusão "água de flor de laranjeiras".

- **Lichia ou lechia (*lichee – litchi*):** pequena e redonda, de coloração róseo-amarronzada, polpa branca, gelatinosa, ligeiramente viscosa. Pode ser consumida como fruto de mesa ao natural, em saladas doces e salgadas, compotas, secas, cristalizadas, em pasta, com creme de frutas; na culinária chinesa é encontrada em conserva e como acompanhamento de carnes picantes. O rambotão é um fruto semelhante à lichia, já cultivado no Sul do Brasil.

- **Lima-da-pérsia (*persian lime*):** são duas variedades: a lima-da-pérsia e a lima-de-umbigo. Geralmente consumidas ao natural, em sucos ou eventualmente em saladas de frutas ou maceradas em aguardente de cana: "caipirinha de lima". No livro de

Paloma Amado, *As frutas de Jorge Amado* (p. 86), há referências sobre a lima-da-pérsia em licor, cristalizada, em geleias, sorvetes, saladas de frutas e salgadas.

- **Limão (*lemmon – citron*)**: do árabe *limah*, é uma das frutas mais presentes e versáteis da culinária. São inúmeras as variedades, sendo as mais conhecidas:

  - siciliano: de casca amarelada rugosa e com alto teor de acidez;
  - galego: de casca verde-amarelada, muito suculento e de pequeno tamanho;
  - taiti: de casca verde-escura, encontrado num tamanho intermediário entre os anteriores, com baixo teor de acidez e extremamente rico em suco (*lime – lime/limette*);
  - cravo: de casca fina e avermelhada, conhecido como limão-bravo ou caipira; seu formato lembra uma pequena mexerica, de sabor bastante acentuado.

Como exemplos de uso temos: suco como antioxidante para frutas cortadas, impedindo a ação enzimática que as escurece (maçã, banana, pera etc.); presente nas marinadas e *court-bouillons*; como substituto do vinagre como acidulante (*beurre blanc*); pode ser consumido como refresco (limonada), *sorbet* e *granité*, em conserva, em *confit*, picles e *chutneys*, em suflês e cremes; como recipiente (casca) para molhos e *hors-d'œuvre*; a casca ralada (zeste) em confeitaria e pratos quentes (cremolata do ossobuco); acompanhante do chá da tarde, presente em molhos e pratos quentes das cozinhas gregas e marroquinas.

É ingrediente fundamental de algumas receitas: *ceviche*, prato da culinária peruana, curiosamente também citado por alguns na culinária do Taiti; na famosa *lemon pie*, a festejada torta de limão norte-americana; *lemon curd*, da culinária inglesa, creme de ovos com suco de limão e zeste. Caipirinha e batida de limão – as bebidas do Brasil, feitas com aguardente de cana e atualmente com vodca (caipirosca). Doce de limãozinho do Piauí (espécie de compota preparada com a casca do limão).

- **Maçã (*apple – pomme*)**: alguns autores chegam a afirmar que existem atualmente mais de três mil variedades de maçã; entre elas, as mais comuns no Brasil são:
  - *gala*: polpa doce, casca de matizes vermelhos e claros;
  - *golden*: casca amarelo-esverdeada, polpa firme;
  - *fuji*: polpa ácida, casca de cor vermelha a verde;
  - *red-delicious*: casca inteiramente vermelho-rubi, polpa extremamente doce;
  - *granny-smith*: polpa ácida, casca verde.

  Podem ser consumidas ao natural, como fruto de mesa, cozidas, em compotas, geleias, xaropes, refrigerantes, musses, sorvetes e *sorbets*, em purês (como acompanhamento de pratos à base de carnes), em molhos indianos, *chutneys* e *relishes*, secas, em passas e cristalizadas; o suco fermentado torna-se vinagre.

  Algumas das preparações mais famosas que incluem a maçã são: *Apfelstrudel*, da cozinha austríaca; *salada Waldorf*, da cozinha norte-americana; e *tarte Tatin*, da cozinha francesa.

  A maçã do amor é encontrada em todos os parques de diversão ao redor do mundo.

  Com a maçã prepara-se também o *calvados* (aguardente destilada) e o *cider* (suco fermentado da maçã), sem nenhuma relação com o doce de cidra brasileiro.

- **Mamão (*papaya – papaye*)**: uma das mais populares frutas do Brasil, seu consumo restringe-se a dois tipos: o formosa ou bahia, o maior deles, e o pequenino *papaya*, também conhecido como mamão da Amazônia, desenvolvido no Havaí em 1919. Na culinária pode ser usado verde ou maduro.
  - Verde: em doces, compotas, cristalizado, em saladas (ralado) com frios e frutos do mar, *chutneys* e sopas, ralado em doces típicos no Centro-Oeste brasileiro (*furundu*). Em muitas culinárias (asiáticas e regionais brasileiras) substitui o chuchu e a abobrinha, sendo apresentado grelhado, frito, cozido ou gratinado.

- Maduro: ao natural (como fruto de mesa), servido com limão, açúcar, creme de *chantilly*, em saladas doces e salgadas, sucos, vitaminas e sorvetes, assados, recheados com carne ou como sobremesa quente com mel e gengibre, podendo também ser utilizado em pudins e bolos. O creme de papaya ao *cassis* tornou-se uma das sobremesas mais pedidas nos restaurantes brasileiros.

- **Manga (*mango – mangue*)**: a manga já era conhecida na antiga Índia: *mankay*, em idioma tâmil. No Brasil, a cidade de Belém possui tantas mangueiras que ficou em certo momento conhecida como a "cidade das mangueiras". Cultivada em todos os países tropicais, com inúmeras variedades, no Brasil as mais comuns são: *haden* ou *aden*, coquinho ou tucumã ou manguita, *bourbon*, rosa, caiena, carlota, carlotinha, coração-de-boi, espada, cametá, de cheiro, coité, *palmer*, *Kelly* e *Van Dick*.

  Seu consumo pode ser natural, como fruto de mesa, em sucos, sorvetes, doces, compotas, enlatada, em pudins, tortas, suflês, saladas doces e salgadas, em cremes, *chutneys*, acompanhando pratos salgados. Quando verde, em *chutneys*, *relishes*, picles e conservas.

- **Mangaba**: fruto da mangabeira, árvore frondosa cuja madeira é muito utilizada e possui a propriedade de fornecer um látex substitutivo do da seringueira. Fruto pequenino, extremamente perecível; sua casca varia do amarelo ao marrom. Pode ser consumido ao natural, como fruto de mesa, em sorvetes, seca em passa, em vitaminas, refrescos, fermentada em licor, em batidas e coquetéis. Sua polpa já é comercializada congelada.

- **Mangostão (*mangosteen – mangoustan*)**: fruta preferida da rainha Elizabeth II da Inglaterra, o mangostão tem casca marrom-escura, é do tamanho do pêssego e contém em seu interior cinco sementes revestidas de uma polpa branca, extremamente perfumada e doce. Já está sendo produzido no sul do Pará e da Bahia por agricultores de origem japonesa.

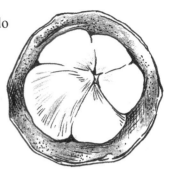

Pode ser consumido ao natural, como fruto de mesa; deve-se consumir imediatamente após aberta, pois sua polpa escurece quando em contato com o ar. Outras formas de consumo são como doce em calda, em geleias, musses, cremes, cristalizado, em sorvetes, saladas doces e salgadas, refrescos e sucos, licor e vinagre.

Na Indonésia, as sementes prensadas dão origem ao *kokum*, pasta que substitui a manteiga e o óleo.

- **Maracujá (*passion fruit – fruit de la passion*)**: são mais de 150 as variedades deste fruto, conhecido como fruto da paixão, em virtude de suas flores roxas serem associadas à Paixão de Cristo. Pode ser consumido ao natural, como fruto de mesa, dependendo do seu teor de acidez, em sucos, sorvetes, musses, geleias, tortas, suflês quentes e frios, pudins, bolos, batidas e coquetéis. Também encontramos sua polpa congelada.

  A *grenadilla*, fruta colombiana recentemente introduzida em nossos mercados, também é encontrada na região amazônica como maracujá azul ou de cobra, uma variedade muito doce do maracujá.

- **Marmelo (*quince – coing*)**: citado na mitologia grega como o fruto com que Páris premiou Afrodite, esta fruta, outrora tão comum em nossos quintais, hoje tornou-se quase raridade. O marmelo não é comestível ao natural nas culturas ocidentais, nas quais é consumido em geleias, compotas, xaropes, tortas, suflês e no famoso doce em pasta: a marmelada. Entretanto, há referência nas culturas orientais de seu uso cru, salgado, recheado como pimentão (com ervilhas e carne), transformado em pasta que lembra o *tahine* árabe-libanês, cortado em cubos, refogado, acompanhando carnes e aves, como recheio de assados e substituindo a maçã assada em sobremesas. Uma preparação curiosa é um licor obtido deixando-se fatias de marmelo em infusão em vodca, rum, gim ou conhaque por dois meses, em seguida coando-se o líquido.

- **Melancia (*watermelon – pastèque/melon d'eau*)**: na Itália é a fruta da festa de San Lorenzo, o patrono dos cozinheiros, no dia 19 de agosto, geralmente um dos dias mais quentes no hemisfério Norte; por essa razão, a melancia é associada à sensação de frescor, sendo muito apreciada como fruto de mesa, ao natural. Também pode ser consumida em sucos, refrescos, saladas doces e salgadas, vitaminas, doces em calda, em geleias, cristalizada, em sorvetes ou em molhos para saladas, cortada em pequenos pedaços. O fruto inteiro serve de recipiente para outras produções culinárias, como a curiosa sopa de melancia dos persas; a casca pode ser transformada em compota. O fruto verde é servido refogado em alguns países do Oriente, acompanhando carnes e aves.

A *sugar-baby* é uma melancia pequena, desenvolvida para uso comercial, de casca amarelada ou verde, polpa verde ou vermelha e de tamanho menor.

A Embrapa vem desenvolvendo uma variedade sem caroços, conhecida como melancia-japonesa.

- **Melão (*melon*)**: entre as muitas variedades, as mais conhecidas são o *melon prince* ou *cantaloup* ou melão-do-amazonas, o valenciano ou espanhol, o *honeydew*, *charentais* ou *cavaillon*, o *galia* ou *galli* e o nordestino.

É muito apreciado como fruto de mesa, ao natural, principalmente a variedade *cantaloup*, em saladas de frutas, acompanhando frios – em especial o presunto tipo Parma, polvilhado com sal e gengibre, em sorvetes, geleias, tortas, cremes batidos, em conserva e até mesmo em uma sopa russa.

O fruto pode servir de recipiente para outras produções, ficando mais ornamental se cortado em ziguezague; a casca pode ser transformada em vinagre.

As sementes do melão, depois de lavadas, secas e, em seguida, torradas e salpicadas com sal, são um excelente aperitivo.

- **Morango (*strawberry – fraise*)**: as variedades cultivadas na Europa chegam a 19; no Brasil são poucas as produzidas. A parte comestível é, em vez da fruta, o seu receptáculo, pois os pontinhos pretos tão característicos é que são os frutos. Pode ser consumido como fruto de mesa, polvilhado com açúcar, creme de leite ou *chantilly*, em compotas, geleias, xaropes, licores, sucos, sorvetes, tortas, musses, suflês quentes e frios, pudins, *beignets*, *punchs*, coquetéis, enlatados, em molhos para pratos salgados, *coulis* e sopas doces (culinária nórdica). A polpa pode ser encontrada congelada.

  Entre as preparações mais famosas citamos a *coupe Romanoff* (marinados em suco de laranja e licor curaçau, servidos com creme *chantilly*).

- **Murici**: pequenino fruto de cor amarelada, sabor e cheiro muito peculiares, encontrado no Norte e Nordeste do Brasil e na América Central. Os frutos podem ser consumidos ao natural, em sucos, doces em calda e em pasta e sorvetes.

  A cambica de murici é uma preparação da culinária cabocla que consiste em macerar a fruta com açúcar, farinha de mandioca e água.

  Na cozinha mexicana, o murici é consumido com sal, em sopas e como recheio de carnes.

- **Nectarina (*nectarine – nectarine/brugnon*)**: muito semelhante ao pêssego pelo seu formato, distingue-se deste pela ausência de penugem, característica da casca do pêssego. Possui casca lisa e avermelhada e tem o tamanho aproximado de uma ameixa. Sua polpa é amarelada ou branca. São conhecidas 22 variedades no Hemisfério Norte.

Pode ser consumida ao natural, como fruto de mesa, em sucos, geleias, sorvetes, molhos, saladas doces e salgadas, *bavaroises* e tortas, ou em praticamente todas as receitas nas quais se usariam pêssegos.

- **Nêspera (*loquat – nèfle du Japon*)**: da mesma família das ameixas, com as quais às vezes é confundida, sendo até mesmo chamada de "ameixa japonesa", a nêspera é uma fruta de cor alaranjada, casca aveludada, polpa macia e ácida. Pode ser consumida ao natural, em calda, geleias, compotas, licores e xaropes.

  No hemisfério Norte existe uma variedade conhecida como *medlar* (em francês e inglês).

- **Noz** (ver Oleaginosas).

- **Ortanique (*ortanique*)**: cítrico híbrido da laranja e da tangerina originário da Jamaica, é resultado de cruzamento natural. Introduzida no Brasil pela Embrapa, tem o formato de uma tangerina, o tamanho de uma laranja e não possui sementes. Seu uso culinário restringe-se a sucos, porém tudo leva a crer que se prestará aos mesmos usos de outros frutos cítricos.

- **Pajurá**: fruto típico da região amazônica, de forma arredondada, coloração marrom, medindo aproximadamente 10 cm, apresenta polpa amarela, granulosa, e é praticamente desconhecida no restante do Brasil. É consumida ao natural.

- **Pequi/piqui**: do tupi-guarani *py* – casca e *qui* – espinho, o pequi é de coloração marrom, possui de uma a quatro sementes, com polpa comestível crua ou cozida. Ao se comer a fruta é preciso ter cuidado com os espinhos que se localizam em torno das sementes: provocam ferimentos e são difíceis de extrair. Fonte importantíssima de proteína, o pequi é muitas vezes a única alternativa de alimentação para várias famílias no cerrado brasileiro; a polpa dos frutos cozidos é presença constante na culinária do Brasil Central. Sua gordura tem utilização medicinal (indústrias de cosméticos e fabrico de sabões) e doméstica (óleo).

É consumida em diversas preparações: arroz com pequi, arroz tropeiro com pequi, frango com pequi, feijão com pequi, pamonha com polpa de pequi, pequizada com maxixe, pirão de pequi, doce em tablete e pasta e o famoso licor de pequi.

O pequizeiro é uma árvore que atinge até dez metros de altura; sua madeira tem grande apelo comercial e vem sendo objeto de devastação, sendo transformada em carvão.

- **Pera (*pear – poire*)**: são conhecidas mais de quinhentas variedades, sendo uma fruta típica de clima frio. No Brasil, as variedades mais comuns são: pera-d'água ou *Bartlet* ou francesa, *Kieffer*, *Schmidt* e *Hosui*. Comercialmente, encontramos as importadas da Argentina e do Chile. É consumida ao natural, como fruto de mesa, em compotas, musses, geleias, *coulis*, purês, tortas, suflês quentes e frios, assada, em saladas doces e salgadas, em conserva acidulada, seca em passas e cristalizada. Curiosamente, em alguns países da Europa é acompanhamento de queijos (do tipo *emmenthal* ou *gruyère*), um dos poucos momentos em que o queijo é associado a um alimento doce. Algumas preparações de destaque: *Hamburger aalsuppe* (sopa de enguia de Hamburgo), *poire belle Hélene* e a aguardente de *poire* ou *williamine* (da variedade *williams*).

- **Pêssego (*peach – pêche*)**: fruto encontrado em várias espécies, cerca de trinta no hemisfério Norte e no Brasil: maracotão branco, maracotão amarelo, *hall's yellow*, salto-caroço etc. Pode ser consumido ao natural, como fruto de mesa, em saladas doces ou salgadas, compotas, doce em pasta, tortas, bolos, musses, pudins, *bavaroises*, seco, cristalizado, em suflês quentes e frios, batidas e coquetéis, licores. A fruta em calda enlatada é uma das sobremesas mais populares no Brasil. O pêssego serviu de tema para o *chef* Escoffier homenagear a cantora lírica australiana

Nellie Melba, na famosa sobremesa *pêches Melba* (sorvete de baunilha, pêssego em calda e geleia de framboesa).

- ***Physalis (cape gooseberry/dwarf-cape gooseberry/strawberry-tomato – physalis/alkékenge)***: essa pequenina fruta coberta por folhas, lembrando um casulo, tornou-se de repente uma novidade. Está sendo apresentada como fruta sul-americana exótica, quando na realidade é encontrada no cerrado brasileiro. São cinco as variedades da *physalis*, incluindo a *physalis ixocarpa* ou *tomatillo* (*jamberry* ou tomate verde) e a *physalis angulata – ground cherry*.

São frutinhas de sabor meio ácido e possuem vários nomes no interior do Brasil: barba-de-bode, juá-de-capote, bucho-de-rã, bombom-da-roça. Segundo o prof. Paulo Eiró Gonsalves, em seu *Livro dos alimentos*, seu nome genérico em português é *camapu*.

Podem ser consumidas como frutos de mesa, em compotas, geleias, xaropes, saladas doces e salgadas, molhos, bolos, pudins, cremes, conservas, picles, vinagre e *confits*. No México é comum encontrá-los numa versão miniatura da maçã do amor.

- **Pindaíba** (ver biribá).
- **Pinhão**: semente comestível da fruta da *Araucaria brasiliensis*, o pinheiro-do-paraná, também encontrado nas serras dos estados do Sul do Brasil. Até recentemente, o pinhão era consumido somente assado ou cozido, nas noites frias de inverno. No entanto, sua versatilidade o está tornando ingrediente em várias preparações e já é objeto de um festival gastronômico em Visconde de Mauá (RJ) e Campos do Jordão (SP). Pode ser utilizado no preparo de sopas, broas, croquetes, conservas, recheios diversos.

A resina da árvore tem utilização industrial na elaboração de vernizes e acetonas.

- **Pitanga** (*florida cherry – cerise de Cayenne*): uma das mais populares frutas do Nordeste do Brasil, a pitanga é um pequenino fruto aromático cuja coloração vai do verde ao vermelho-vivo quando madura, passando pelo amarelo. Tem polpa de sabor adstringente e refrescante. É usada ao natural, como fruto de mesa, em sucos, refrescos, batidas e coquetéis, geleias, compotas, sorvetes, musses, saladas doces e salgadas, licores, e é comercializada em forma de suco engarrafado e polpa congelada.

- **Pitomba**: encontrada no Norte e no Nordeste do Brasil, está entre as preferências populares nas cidades de Recife e Manaus. Fruto redondo, de casca dura, coloração marrom-clara, com um caroço no interior, recoberto por uma fina polpa, branca, agridoce. Normalmente, essa fruta é consumida ao natural, devido à dificuldade de se retirar a polpa para outros usos culinários.

- **Pupunha**: o "pão" do caboclo amazonense. Uma das palmeiras mais úteis da Amazônia, podendo chegar a vinte metros. Dela tudo se aproveita: a raiz como vermífugo, o caule transformado em madeira útil, as flores em tempero, as folhas em cobertura de casas e o miolo em delicioso palmito. A pupunha é de grande importância como alimento, mas seus frutos jamais devem ser consumidos crus por serem indigestos. Os frutos apresentam-se em cachos, como se fossem "pequenos coquinhos", e sua coloração varia do verde ao vermelho. Uma casca fina da polpa farinácea, de cor amarela, pode ser aproveitada após cozimento, servindo para acompanhar o café, coberta com mel e açúcar, moída como recheio de carne, em pastas para molhos, cremes e sopas. Encontrada em conserva de vinagre e azeite, dela também se obtém um "vinho" e de sua semente extraem-se um óleo e uma gordura conhecida como "manteiga de pupunha".

- **Romã** (*pomegranate – grenade*): árvore das mais antigas; os egípcios já faziam "vinho de romã" e suas sementes secas eram usadas como condimento. O fruto tem casca dura, vários caroços e polpa branca e agridoce. Presente na cozinha árabe-libanesa e persa. Pode ser consumida como fruto de mesa, em sucos, sorvetes, cremes, molhos, com carnes. Suas sementes podem servir como ingrediente de saladas, e secas são reduzidas a pó como condimento. O xarope da polpa da romã é comercializado com o nome de *grenadine*.

Ash-e anar é uma interessante sopa de romã da cozinha persa, na qual também encontramos o *faisinjan* (ensopado de carne ao molho de romã).

- **Ruibarbo** (ver Legumes).

- **Sapoti e sapota**: são da mesma família, sendo o sapoti menor que a sapota. São frutas extremamente perecíveis, atualmente quase inexistentes no mercado brasileiro.

  O sapoti (*sapodilla – sapote*) é um fruto ovoide, de cor marrom, suculento, aromático, talvez uma das mais deliciosas frutas do Brasil. Pode ser consumido ao natural, como fruto de mesa, em sucos, sorvetes, compotas, pudins; a polpa é encontrada congelada.

  A sapota (*sapodilla – sapotille/nèfle d'Amérique*) ou *tzapor*, dos astecas, é fruta similar ao sapoti, de tamanho maior, com sabor assemelhado. Pode ser consumida ao natural, como fruto de mesa, batida, em sucos, doces em calda, cristalizada, em cremes, musses, sorvetes, pudins. Nas Antilhas é feito um doce em pasta muito popular, o *sapotille mamey*.

- **Sorva (*sorbes – cormes*)**: as variedades europeias do gênero *Sorbus* são frutas típicas de clima frio, cujo sabor lembra o da nêspera; nada têm em comum com a homônima amazônica *Couma guianensis*, fruto muito apreciado na região amazônica, consumido fresco e em sorvetes, lembrando pequenas maçãs amarelas quando no pé e tornando-se vermelhas após colhidas, indicando seu amadurecimento. Pode ser consumida ao natural, como fruto de mesa, em sorvetes, licor e geleia. A árvore produz um leite branco e espesso que pode ser consumido como alimento ou transformado em borracha.

- **Tâmara (*date* – *dattes*)**: embora no Brasil praticamente só se conheça a fruta seca (ver Frutas secas), já existem plantações no Nordeste das variedades *medjool* e *zahidi*. Seu uso é mais frequente nas cozinhas do Oriente Médio e África do Norte, onde é consumida fresca, recheada com queijos cremosos, untada com manteiga sem sal, gelada e misturada ao iogurte, frita e empanada, em nozes ou coco ralado.

- **Tamarindo (*tamarind* – *tamarin*)**: *tamarandi* – a tâmara da Índia, assim chamavam os árabes ao tamarindo, fruto de uma árvore majestosa, de madeira de alto valor comercial. O fruto é uma vagem marrom-escura, de casca quebradiça e polpa ácida ao redor das sementes. Pode ser consumida ao natural, em sucos, sorvetes, molhos, *chutneys*, licores, batidas, coquetéis, geleias, musses, cristalizada, em saladas doces e salgadas.

  Na Índia, depois de seco (*amyli*), é transformado em barra e muito utilizado na culinária.

  Na China é transformado em conserva para utilização em sopas agridoces.

- **Tangerina (*mandarin/tangerine* – *mandarine/clémentine*)**: tangerina, mexerica, bergamota, laranja-cravo, mandarina são alguns dos nomes deste fruto arredondado, de tamanhos variados e casca fina ou rugosa. Sua polpa é constituída por gomos com sementes. Entre as espécies existem a poncã, poncã-extra e "murgote". Consumida ao natural, como fruto de mesa, em geleias, doces em calda e em pasta, sucos, sorvetes, musses, batidas e coquetéis, bolos, pudins, saladas doces e salgadas e em licor (*mandarinetto*). Suas cascas, raladas ou cristalizadas em tiras, têm uso na confeitaria.

  Existem duas variedades híbridas: tangelo (tangerina e pomelo) e tangor (tangerina e laranja).

- **Tucumã**: fruto da região amazônica, encontrado em grandes cachos, protegidos por densos espinhos. Os índios já conheciam a utilidade desta palmeira, que pode alcançar até 15 metros. O tucumã tem forma redonda, casca firme que só pode ser retirada com o uso de faca, polpa de cor alaranjada, bastante dura e muito fina, com o caroço desproporcionalmente grande. Trata-se de uma fruta muito nutritiva: 100 g de polpa equivalem a 52.000 unidades de vitamina A ou a dez frutas cítricas em vitamina C, fornecendo 247 calorias. Pode ser consumida ao natural, em sorvetes ou licor. A polpa do fruto e o caroço produzem um óleo comestível; secas e torradas fornecem farinha.

- **Umari/mari**: fruto da região amazônica de tamanho aproximado ao do pêssego, tem forma alongada ovoide e coloração verde-amarelada. Fruto extremamente perecível, restrito à região de origem. Pode ser consumido ao natural ou cozido com peixe ou carne.

- **Umbu/imbu**: "Árvore que dá de beber." Fruto de uma árvore majestosa que se destaca na aridez da caatinga, o umbuzeiro resiste a grandes estiagens, pois suas raízes armazenam grande quantidade de água, servindo para matar a sede de pessoas e animais.

  O umbu é uma frutinha verde do tamanho de uma jabuticaba, de sabor pungente e agradável, embora um pouco ácida se consumida ao natural. Presta-se melhor a sucos, sorvetes, doces em calda e em pasta, batidas, coquetéis, geleias; sua polpa batida com açúcar e leite é a umbuzada, tão apreciada no Nordeste brasileiro.

- **Uva (*grape – raisin*)**: uma das frutas mais antigas conhecidas pelo homem; são encontradas referências de oferenda ao deus Osíris, na mitologia egípcia, além de outras referências históricas em várias civilizações.

  Fruto da parreira ou videira, a uva é encontrada em variedades de mesa ou para o preparo de vinhos; a coloração varia de acordo com a espécie. Geralmente são divididas em pretas, brancas ou rosadas, sendo itália rosada, itália, preta, dedo-de-dama, niágara rosada, niágara branca, moscatel, *red globe*, patrícia, rubi, *benitaka*, algumas das variedades mais conhecidas. Desenvolvida na Califórnia, a uva *thompson*, espécie sem caroço, tem se tornado muito popular.

As variedades *pinot noir, chardonnay, riesling, cabernet sauvignon, muscadet, merlot* e *gewurztraminer* servem para a elaboração de vinhos.

As uvas podem ser consumidas ao natural, como fruto de mesa, em sucos, doces, geleias, pudins, musses, cremes, saladas doces e salgadas ou cristalizadas.

Cailles aux raisins (codornas com uvas) e *filet de sole Véronique* são dois exemplos de pratos salgados com uvas frescas.

Das suas sementes extrai-se um óleo altamente apreciado (ver Óleos).

As uvas secas serão tratadas em Frutas secas.

- **Uvaia/ubaia**: pequenos frutos ovoides de coloração amarela, polpa suculenta, extremamente perecíveis, prestando-se melhor a refrescos, sucos e sorvetes. Na região amazônica existe uma variedade de coloração vermelha bastante suculenta, com os mesmos usos.

- **Uva-do-monte** (ver *Berries*).

Além das mencionadas, o Brasil possui uma enormidade de outras frutas que infelizmente estão restritas às suas regiões. Entre elas citamos: *baru* – fruto do tipo drupa, consumido ao natural, em doces e geleias, e aproveitando-se também sua amêndoa; *cambuci* – fruta cujo formato lembra um disco voador, típica da Serra do Mar, em São Paulo; *camu-camu* – pequenina mirtácea que lembra uma groselha, tem mais vitamina C que a acerola, boa para sucos, geleias, licores e compotas; *cubiu* – pequeno fruto preto, tem a reputação de reduzir o teor de colesterol e de ácido úrico; *grumixama* – tem o tamanho de uma cereja, de cujo sabor também se assemelha; *maná* – fruto de alto valor nutritivo, originário da Amazônia, parece um grande pêssego, mas seu sabor *in natura* é estranho, sendo melhor em sucos, doces, geleias ou como tempero para pratos salgados; *mapati* – curiosamente lembra uma uva preta e é conhecida como *uva-de-monte* na Amazônia peruana; *patauá* – semelhante a uma azeitona, poderia substituí-la em azeites; *guavira* – fruto semelhante a pequenas goiabas; *guabiroba* – fruto amarelado, redondo, do tamanho aproximado de uma laranja; *saborosa* – curiosa fruta cactácea comum em regiões de clima quente seco, conhecida na França como *pitahaya rouge* e encontrada também como *pitaya* (ver Frutas latino-americanas); e o *jaracatiá* – pequenino fruto do formato de mamões que pode ser preparado em compotas; *curriola* – coquinhos de coloração esverdeada. Sua polpa, após raspada, pode ser utilizada em bebidas, geleias, doces em calda; *chichá* ou *arachicá* – fruto proveniente de árvore de grande porte, possui cápsula lenhosa, com o formato de uma noz. Dele extrai-se um óleo utilizado na culinária, como combustível e na fabricação de sabão. No seu interior encontra-se uma amêndoa comestível; *mutamba* – praticamente desconhecida do resto do Brasil, a mutamba é dessas maravilhas do cerrado. Dela consome-se a polpa *in natura*, doces, sorvetes, licores e geleias. A casca tem uso medicinal e também é comestível; *pêra do cerrado* – fruta de aproximadamente 100 g, com formato, tamanho e cor similar à pera de origem europeia. Possui polpa aromática e ácida *in natura* e pode ser utilizada para sucos, sorvetes, geleias e doces em calda; *uxi* ou *uxipuçu* – fruto de textura arenosa, pode ser consumido *in natura*, em sorvete, suco, licor, doces e geleias. É muito nutritivo, 100 g possuem cerca de 284 calorias. O óleo pode ser utilizado na culinária, na medicina e na fabricação de sabão.

Frutas latino-americanas

A comercialização dessas frutas é algo recente. Apesar de serem mencionadas como frutas dos pomares colombianos, equatorianos etc., muitas delas são encontradas no Brasil, em especial na região amazônica e no cerrado.

Entre elas destacam-se:

- antemoia – híbrida da graviola e do araticum; ver araticum;
- *babaco* – uma variedade de mamão do Equador;
- *cherimoya* – ver cherimólia;
- feijoa – ver feijoa;

- figo-da-índia – ver figo-da-índia;

- *grenadilla* – ver maracujá;

- *jacama* – ver graviola;

- *pitaya* – fruto de uma variedade de cacto, vermelho ou rosa, conhecido em algumas regiões como saborosa;

- *sapotilla* – ver sapoti e sapota;

- *tamarillo* – fruto vermelho, muito parecido com um tomate, em formato ovoide, de polpa amarelada com sementinhas pretas;

- *tomatillo* – ver *physallis*.

Frutas vermelhas

São frutas silvestres de clima frio, algumas encontradas no Sul do Brasil e sua safra ocorre entre novembro e fevereiro. Em Vacaria (RS) e Campos do Jordão (SP) existem empresas especializadas no cultivo dessas frutas, que possuem alto teor de antocianina com efeito antioxidante. No Brasil já se obtém o *boysenberrie*, híbrido da amora e da framboesa, como também a framboesa dourada. Consideradas um dos melhores alimentos, normalmente são comercializadas e conhecidas pelos seus nomes em inglês ou em francês, entre elas:

- *blueberry* – pequeninas bagas azuis, em Portugal *mirtilos*;

- *black currant* – *cassis*, em Portugal *groselhas pretas*.

Outras frutas foram citados ao longo do capítulo em suas respectivas traduções do português para o inglês.

No hemisfério Norte, em especial nos Estados Unidos e na Grã--Bretanha, existe uma variedade enorme de *berries*, naturais e híbridos.

Frutas cristalizadas (*cristallized/candied – confits/déguisés*)

O processo de cristalizar frutas é muito antigo e presente em muitas culturas. Consiste no cozimento da fruta em calda espessa, após o qual é levada a secar ao sol e passada em açúcar cristal.

É utilizada em confeitaria, panificação e algumas produções salgadas. Cítricos e frutas de polpa prestam-se melhor a tal processo.

Frutas secas/desidratadas (em passas)

O processo de secar frutas é conhecido da humanidade desde os tempos bíblicos.

Praticamente qualquer fruta pode ser seca/desidratada pela ação do calor, seja ao sol ou em fornos. São ricas em lipídios, desprovidas de água, muito energéticas (100 g = 280 cal) e, se estocadas em condições ideais, conservam-se por muito tempo.

São encontradas nas mais diversas formas de embalagens; podem ser consumidas como aperitivos, guloseimas, ou fazer parte de várias receitas doces e salgadas; podem também ser maceradas em bebidas alcoólicas, água ou chá.

Abacaxi, ameixa, banana, caju, damasco, figo, maçã, manga, pera, pêssego, tâmara, uva e boa parte das frutas brasileiras de polpa – mangaba e carambola, entre outras – prestam-se surpreendentemente a este processo.

Em alguns idiomas, o nome das frutas secas difere do nome da fruta quando fresca. Por exemplo, ameixas frescas (*plum*) e secas (*prune*); uvas frescas (*grapes*) e secas (*currants* – pretas, *raisins* – passas comuns e *sultanas* – brancas).

As uvas-passas e as tâmaras secas são utilizadas em vários modos de preparo. As tâmaras secas, além de muito tradicionais como fruta de Natal, têm presença marcante em pratos da culinária árabe-libanesa, em recheios, como *hors-d'œuvre*, em molhos e pastas, guarnições e acompanhamentos.

Oleaginosas (castanhas)

Nome genérico para frutos, sementes e leguminosas encontrados em climas frios e quentes e consumidos normalmente secos. Por serem ricas em gorduras são chamadas de oleaginosas. São alimentos altamente energéticos, de grande valor proteico, contendo muitas vitaminas e sais minerais.

Podem ser consumidas e utilizadas de diversas maneiras, que serão mencionadas ao lado das respectivas frutas.

Além do consumo culinário, podem ser transformadas em óleos vegetais, "manteigas", gorduras sólidas e líquidas.

- **Amêndoa (*almond – amande*)**: parte comestível da noz da amendoeira, encontrada nas variedades doce e amarga, com ou sem casca. Pode ser consumida salgada e torrada, como aperitivo, em pralinês, pasta (marzipã) e em preparações salgadas, destacando-se a truta com amêndoas e os famosos licores *amaretti*.

- **Amendoim (*peanut – cacahuète*)**: em botânica é classificado como leguminosa, embora seja sempre tratado como fruto. Apresenta-se como uma vagem de casca com sementes. Dificilmente é comercializado ao natural, excetuando-se em feiras livres, principalmente no Nordeste; em geral é comercializado já beneficiado. É consumido como aperitivo, já salgado e torrado.

  Ingrediente de várias produções culinárias doces e salgadas: pé de moleque, uma espécie de paçoca, saladas doces e salgadas, produtos de confeitaria, sorvetes, molhos e sopas.

  Na culinária africana é usado na produção de sopas, biscoitos, pratos quentes diversos etc.

  Na culinária oriental, em molhos e recheios, estando presente em vários pratos, destacando-se na culinária da Indonésia e na chinesa.

  Nos Estados Unidos, a pasta de amendoim é conhecida como *peanut butter*.

  Na Bahia, o amendoim, depois de cuidadosamente limpo, é cozido em água e sal, sendo muito popular.

  Entre seus subprodutos citamos o óleo (ver Óleos).

- **Avelã** (*hazelnut/filibert – noisette*): encontrada no Brasil somente seca, é um fruto com alto teor de gordura, sais minerais, fósforo e vitamina PP, extremamente calórico: 100 g = 656 cal.

  Na culinária é consumida como fruta seca de Natal, em pratos doces e salgados, inteira e moída, salgada, como aperitivo, recheio e complemento de molhos e manteigas, na *confiserie*. Fornece ainda um óleo para cocção e saladas.

- **Castanha de caju** (*cashew nut – noix de cajou*): verdadeiro fruto do cajueiro (ver caju), rico em proteínas e gorduras: 100 g = 612 cal. Pode ser comprada a granel, em latas ou embalada a vácuo. Seu uso culinário é vasto e curiosamente está presente em várias culinárias, destacando-se a baiana (assado e sem sal), como ingrediente dos pratos xinxim, vatapá e caruru. Quando verde é chamada de maturi, com o que são preparadas moquecas e frigideiras. Levada para a Índia pelos portugueses, tornou-se ingrediente para diversos *curries*, além de recheios, como também bolos e biscoitos.

- **Castanha-do-pará** (*Brazil nuts – noix du Brésil*): um dos símbolos do Brasil no exterior, a castanha-do-pará é semente do fruto da castanheira-do-pará – árvore que chega a 40 metros de altura. O fruto, conhecido como ouriço, de casca espessa e cor marrom, contém até trinta sementes, e é recolhido pelos castanheiros ao cair no chão.

  As sementes são vendidas com ou sem casca e sua polpa é esbranquiçada, firme, com elevado teor de gordura, proteínas e vitaminas, sendo considerada a "carne vegetal" (prof. Paulo Eiró Gonsalves, *Livro dos alimentos*). Pode ser consumida ao natural, seca ou assada, e sua utilização varia: mingaus, bolos, tortas doces e salgadas, pudins etc.

  Além das citadas, existem vários tipos de castanhas pelo mundo, com uso praticamente idêntico na culinária: a castanha-d'água (*ling* ou *pi tse*), e a *candlenut*, da culinária oriental, a castanha-da-índia e a *tigernut*, de alguns países africanos.

- **Castanhas**: nome genérico para vários frutos de árvores diferentes (não confundir com a expressão utilizada no Brasil para nominar diversos tipos de oleaginosas como castanha-do-pará, de caju etc.). A castanha propriamente dita é o fruto do castanheiro, a chamada castanha portuguesa ou castanha-de-natal (*chestnut – marron*). É um fruto de polpa dura que deve ser consumido cozido ou assado e é alimento energético e nutritivo: 100 g = 200 cal.

  É utilizada inteira, reduzida a purê ou em farinha em pratos salgados ou doces, geleias, compotas, croquetes, musses, suflês, bolos, charlotes ou em conserva acompanhando pratos de inverno, principalmente caças no hemisfério Norte. Duas preparações de destaque: o peru de Natal dos ingleses e norte-americanos e o célebre *marron glacé* (castanhas cozidas em calda e glaçadas). O doce homônimo encontrado no Brasil é em realidade feito com batata-doce, nada tem que ver com a preparação clássica.

- **Cocos** (ver Frutas e Óleos).

- **Nozes (*nuts – noix*)**: nome genérico para diversos frutos secos e oleaginosos envoltos normalmente por cascas duras, aqui citados de acordo com sua respectiva variedade. Exigem cuidados especiais para estocagem, como forma de evitar que fiquem rançosos, apesar de secos. São alimentos proteicos indispensáveis nas dietas vegetarianas. Sua utilização na culinária é extremamente versátil e variada.

  - Noz (*nut – noix*): fruto da nogueira, coberto com casca dura, que deve ser retirada com um utensílio conhecido como quebra-nozes. Comercializada com ou sem casca, pode ser usada verde ou madura, seca ou torrada. Nozes maduras (as únicas que utilizamos no Brasil) são empregadas em pratos salgados, saladas, *confits*, vinagre, manteigas compostas, aromatizante de vinhos, fornecem um óleo e servem de preparo em um licor francês (*brou*). Na confeitaria, inteira, moída ou em farinha, é utilizada como ingrediente e decoração. A noz verde (desconhecida no Brasil) é utilizada em picles (*pickled walnut*) nos Estados Unidos e é ingrediente importante da culinária mexicana (*chiles en nougada* – nozes verdes com pimentas). São conhecidas cerca de vinte variedades de nozes no hemisfério Norte; na Espanha, a popular e apreciada bebida *horchata de chufa* é feita com *chufa*, um tipo de noz; no Japão, a *ginkgo* é utilizada em várias preparações.

- Macadâmia (*macadamia nut* – *noix de macadam*): a noz da Austrália (*queensland nut*) emigrou para o Havaí e está sendo muito procurada no Brasil, sendo cultivada no interior do estado de São Paulo. O fruto, envolto em casca duríssima, que somente pode ser removida por máquina, é comercializado sem casca já assado. De sabor peculiar e rica em gordura, pode ser consumida como aperitivo (salgado), em saladas doces e salgadas, acompanhando carnes, aves e peixes, confeitada com mel e chocolate; na Índia está presente em vários *curries*.

- Pecã (*pecan* – *noix de pecan*): fruto de uma nogueira muito encontrada no sul e nordeste dos Estados Unidos, já está sendo cultivada no Sul do Brasil. É um fruto oval, com casca lisa e avermelhada, vendido com ou sem casca, e de utilização igual à das outras nozes. Destaca-se a *pecan pie*, famosa torta de pecãs do sul dos Estados Unidos.

- *Pignoli/snoubar* (*pine nut/pinon nut* – *pignon*): fruto do pinheiro do Mediterrâneo, muito utilizado nas culinárias mediterrâneas. O *pignoli*, *snubar* para os árabes, é uma semente pequena, oval, de coloração creme. Apesar de pequena no tamanho é muito energética e calórica: 100 g = 670 cal. Sua utilização é das mais ecléticas na culinária: recheios, molhos, pães, charcutaria etc. Destacamos o *pesto genovese* (*pignoli*, azeite de oliva, queijo tipo parmesão ou pecorino), famoso molho italiano para massas, e o *dolmas* (charutinhos de folha de videira com carne moída de cordeiro de leite) da cozinha árabe-libanesa.

- Pistache (*pistachio – pistache*): pequenino, verde claro, envolto por uma casca facilmente removível, é o fruto da pistácia, árvore mediterrânea. Seu uso é extremamente popular nas diversas culinárias mediterrâneas. É usado cru, salgado, em molhos, charcutaria, confeitaria, sorvetes, *nougats* etc. Na culinária indiana, reduzido a purê, é tempero de pratos à base de arroz e legumes e complemento de *curries*.

CEREAIS

Nome dado às sementes de plantas de algumas gramíneas, encontradas inteiras ou em subprodutos.

- **Arroz (*rice – riz*)**: O arroz nasceu na Ásia e é conhecido pelos chineses há mais de três mil anos. Seguindo deste continente para a Europa e o norte da África. Cultivado em países de clima quente ou temperado, o arroz frequenta a mesa de dois terços da população mundial, constituindo-se no principal alimento em várias regiões. Símbolo da fecundidade, o arroz sempre acompanhou os recém-casados nos matrimônios em cerimônias religiosas.

  Possui aproximadamente 2.500 variedades classificadas em função do tamanho dso grãos. Entre elas estão: longo fino (agulhinha), carioca, cateto, japonês, arbóreo e viallone.

  No Brasil, a classificação é regulamentada pelo Ministério da Agricultura em tipos 1, 2, 3, 4, 5 e abaixo do padrão. Os tipos são definidos conforme a porcentagem de grãos quebrados ou com defeitos.

  O grão de arroz é constituído de casca, película, germe e endosperma. As vitaminas e os sais minerais do arroz estão concentrados na película e no germe. O endosperma contém basicamente amido.

Comercialmente, pode ser encontrado como integral, polido e parboilizado. Arroz integral são os grãos descascados e não polidos, conservando as proteínas e vitaminas do grupo B_{12}, B_1, B_2, PP, a tiamicina e a niamicina. No arroz polido ou branco, casca, película e germe são eliminados no descascamento e polimento, restando apenas o endosperma (amido). O arroz parboilizado passa por um tratamento hidrotérmico, pela ação tão somente da água e do calor, sem qualquer agente químico. A parboilização é realizada pelo seguinte processo: o arroz em casca é colocado em tanques com água quente por algumas horas. As vitaminas e os sais minerais que se encontram na película e no germe são solubilizados na água, penetrando no grão. Então, o arroz úmido é submetido a uma temperatura mais elevada, que provoca uma alteração na estrutura do amido. Nessa etapa, o grão fica mais compacto, e as vitaminas e os sais minerais são fixados no seu interior. Assim, o arroz é secado para posterior descascamento, polimento e seleção.

Na culinária seu uso é de primordial importância para muitos povos, consistindo em um dos pilares da alimentação do brasileiro. Pode ser preparado cozido em sopas, suflês, saladas, recheios, croquetes, risotos, pudins, sobremesas, cremes, mingaus, bolos, com frutas e como acompanhamento e ingrediente principal de várias produções, como *paella*, *pilafs* e *risotti*. Serve também de base para bebidas alcoólicas, como o saquê.

Seus subprodutos são fécula, farinha, flocos, sêmola, creme, óleo e vinagre.

- **Arroz jasmin/arroz tailandês/arroz aromático (*kaho hom mali*) dos tailandeses**: possui grão fino, longo e translúcido, seu aroma é penetrante e sobressai aos primeiros momentos de cocção. No seu país de origem é consumido puro; no entanto, pode ser utilizado em pratos doces e salgados.

- **Arroz negro**: desenvolvido pelo Instituto Agronômico Paulista nos campos da cidade de Pindamonhangaba, o arroz tipo especial exótico-preto, apesar de conhecido em outros países há décadas, e na China é produzido há mais de mil anos. Somente recentemente chegou ao Brasil. Da variedade *orysa sativa* não deve ser confundido com o arroz selvagem, tampouco com o arbório negro. Pode ser consumido de forma integral, possui aroma muito especial e pode ser preparado como o arroz comum, no entanto, seu tempo de cozimento é em média três vezes mais demorado do que o arroz comum.

- **Arroz selvagem (*wild rice – riz sauvage*)**: gramínea de outra classificação botânica, de grãos compridos e negros; está muito em voga e pode ser preparado em produções salgadas frias ou quentes.

- **Aveia (*oat – avoine*)**: encontrada em flocos, grãos, farinha e farelo, é rica em vitaminas do complexo B, sais minerais, e tem elevado teor de proteína. A farinha é utilizada para mingaus, bolos e pães; os flocos são usados como complemento alimentar; os grãos são o produto na sua força integral; e o farelo é utilizado em confeitaria. Também pode ser utilizada para empanamento, sopas e em algumas receitas típicas como o *haggis* (espécie de buchada escocesa com miúdos de carneiro e aveia).

- **Centeio (*rye – seigle*)**: típico da Europa central, é encontrado em farinha e flocos. Por conter pouco glúten produz um pão que se conserva melhor, de mais fácil digestão. Pode ser adicionado ao trigo para fazer pães, biscoitos e bolos; com ele são feitos os pães pretos alemães, entre eles o *pumpernickel*. Com os flocos fazem-se mingaus e empanamentos. Fermentado e destilado transforma-se nos *rye whiskeys* norte-americanos.

- **Cevada (*barley – orge*)**: o cereal mais antigo da história da humanidade: na Mesopotâmia já se faziam com ela pães e as primeiras cervejas. Mais conhecida por ser a matéria-prima da cerveja e do uísque escocês, é encontrada em duas variedades: a perolada (*pearl barley – orge perlée*) e a cevadinha, em grãos sem casca, pilados. Pode ser utilizada na culinária em sopas, mingaus, cremes, risotos, como acompanhamento de carnes cozidas, podendo eventualmente substituir o arroz; misturada com água e suco de limão é a *barley water*, bebida revigorante para convalescentes. Pode-se também fazer pão, misturando-a com o centeio. Torrada e moída transforma-se em um pó que pode substituir o café.

- **Milho (*corn – maïs*)**: cultivado desde a Antiguidade pelos povos pré-colombianos, foi levado para a Europa pelos espanhóis. É encontrado em inúmeras variedades principalmente nos Estados Unidos e alguns países centro-americanos, nos quais é a base da alimentação.

  É encontrado verde ou seco, congelado e em conserva. Na culinária como legume pode ser cozido, assado, grelhado, preparado em saladas, sopas, cremes, pudins, suflês, flãs, tortas, sorvetes, pipoca e em vários pratos brasileiros, ao natural ou em seus subprodutos: angu, cuscuz doce ou salgado, curau (no sul) ou canjica (no nordeste), munguzá (no nordeste) ou canjica (no sul), mingaus, croquetes, broas, pamonhas, entre outros, e a internacional polenta. Do milho são obtidos diversos subprodutos: farinha (fubá), farelos (quirela), óleo, xarope (glicose de milho) e a maisena obtida da fécula. Destilado é um dos ingredientes do *bourbon*.

- **Trigo (*wheat – blé*)**: cultivado desde a pré-história, é um dos cereais mais consumidos, estando presente nos hábitos alimentares de quase todas as populações. É utilizado em grande parte por meio de seus subprodutos (ver Farinhas): farinha, farelo, semolina, germe de trigo e óleo. Como cereal pode ser cozido ou simplesmente integral e partido (trigo para quibe): *bulghur*. É cultivado nas variedades de grão duro (mais rico em proteínas) e grão mole.

- **Trigo sarraceno (*buckwheat – sarrasin/blé noir*)**: apesar do nome, trata-se de um cereal diferente do trigo, já conhecido no Oriente há muitos séculos. Seu nome deriva da cor dos seus grãos, associada à cor morena dos sarracenos (árabes).

Desprovido de glúten, é recomendado àqueles que sejam alérgicos ao mesmo, podendo substituir a aveia, o centeio e o próprio trigo. Como cereal pode ser consumido após ter os grãos descascados, cozidos e picados: a *kasha* da Rússia.

Seu subproduto mais comum é a farinha com a qual eram feitos os *blinis*, pequenas panquecas russas.

Milheto e painço (*millets*)

A palavra milheto engloba diversos cereais e forrageiras de grãos pequenos. Antes da chegada do milho à Europa, consistia a base da alimentação de muitos povos, o que continua acontecendo até hoje na África.

O painço (*Panicum miliaceum*) é um tipo de milheto que pode ser preparado em saladas e sopas ou cozido com legumes; seu subproduto principal é a farinha, utilizada na panificação ou em bolos.

Farinhas

As farinhas são obtidas a partir da moagem dos grãos de cereais ou também de sementes e raízes, podendo ser utilizadas como elementos de ligação e na preparação de pães, bolos, massas de confeitaria e italianas.

As mais comuns são as de trigo, aveia, arroz, cevada, trigo sarraceno, centeio, mandioca, milho, grão-de-bico (*besan*), soja, raiz de lótus, batata, amêndoas, entre outros.

Féculas

São provenientes de raízes, tubérculos, talos, frutos, grãos e folhas de alguns vegetais.

A fécula é o amido encontrado nas raízes e tubérculos, e o amido é o produto extraído dos cereais. Distinguem-se ainda as féculas de frutas e de legumes. São utilizadas como espessante para molhos, cremes, sopas e em produtos industrializados de charcutaria e confeitaria.

Farelos

São os resíduos grosseiros dos cereais moídos. Nos produtos integrais são deixados e moídos juntos; nas farinhas beneficiadas são retirados. Encontrados comercialmente em supermercados e lojas de produtos naturais, são ricos em fibras, vitaminas e minerais. Podem ser consumidos crus, acrescentados aos alimentos e em diversas preparações doces e salgadas.

Sêmola ou semolina

Produto obtido pela moagem de cereais; é o produto resultante do primeiro estágio.

Massas alimentícias (macarrões)

- *Agnolotti*: massa cortada no formato circular de aproximadamente 10 cm de diâmetro, recheada e moldada à mão.

- *Anelli/anellini*: massa em formato cilíndrico e cortada em pequenos anéis.

- *Ave-maria*: massa em forma de tubo.

- *Bassotti*: massa fina.

- *Bigoli*: massa fina semelhante ao *spaghetti*.

- *Bozzoli*: massa cilíndrica com formato de anéis superpostos.

- *Bucatini*: massa semelhante ao *penne*, porém de tamanho menor.

- *Calzone*: espécie de rocambole recheado (tipo de *pizza*).

- *Canerdeli*: bolinhos de massa de pão.

- *Cannelloni*: massa cilíndrica recheada tradicionalmente de ricota e levada ao forno com algum molho.

- *Cannolicchi*: ver *ave-maria*.

- *Cannolo*: macarrão cortado em tubos.

- **Cappelletti**: massa cortada em formato circular de aproximadamente 5 cm de diâmetro, normalmente recheada com carne e moldada à mão com apenas dois movimentos.
- **Cappellini d'angelo**: massa muito fina, semelhante ao *spaghetti*. Também conhecida no Brasil como cabelo-de-anjo.
- **Casareccia**: massa retangular enrolada em uma das pontas.
- **Casoncelli/casoncei**: tipo de *ravioli*.
- **Castellane**: massa de tamanho pequeno, lembrando pequenos caracóis.
- **Cavatappi**: massa cilíndrica de aproximadamente 4 mm no formato helicoidal.
- **Chiocciole**: massa em formato de concha.
- **Conchiglie**: massa em forma de conchas pequenas.
- **Conchigliette**: *conchiglie* menores.
- **Crespoli**: espécie de panqueca recheada com vitela e presunto.
- **Crespolini**: pequenas versões da *crespoli*.
- **Cresti de gallo/crestoni**: nome dado a uma massa cilíndrica com um tipo de crista em uma das laterais. É cortada no formato de meia-lua.
- **Ditali**: palavra que significa dedal. É uma massa cilíndrica de aproximadamente 4 cm de diâmetro, cortada em pequenos tubos de 1 cm.
- **Ditalini**: versão em diâmetro menor do *ditali*.
- **Eliche**: ver *fusilli*.
- **Farfalle**: conhecido no Brasil como gravatinha ou borboleta.
- **Farfallette/farfallini**: pequenas versões do *farfalle*.
- **Fedelini**: similar ao *capellini*, um pouco mais grosso.
- **Festonati**: massa retangular de aproximadamente 5 cm de comprimento, decorada como se fosse feita com o bico canelado do saco de confeitar.

- *Fettuccine*: massa similar ao *tagliarini*.

- *Fusilli*: massa retangular de aproximadamente 15/20 cm, enrolada com o auxílio de uma vareta.

- *Garganelli*: massa achatada, cortada em quadrados de 5 cm de lado e unida por duas de suas pontas. Fica com o aspecto do *penne*.

- *Gemelli*: lembra pequenos parafusos; similar ao *fusilli*.

- *Gnocchi*: massa feita com batatas, farinha de trigo e ovos, cortada ou enrolada em pequenos pedaços. Pode ser feita também com semolina de massa *choux*. Além do tradicional, existem variações dessa massa: *parisiense* – massa com farinha, manteiga, ovos, leite; *piemontesa* – massa composta por 2/3 de batata, 1/3 de farinha e ovos; *romana* – com semolina, leite, ovos e queijo; e os *brasileiros* – feitos com mandioca, cará, inhame, abóbora, fruta-pão.

- *Gorzettone*: similar ao *rigatone*.

- *Lasagne*: massa retangular e larga. Normalmente recheada e levada ao forno com molho.

- *Linguini*: semelhante ao *cappellini*.

- *Lumache*: semelhante a pequenas conchas de caramujo.

- *Lungo*: massa cilíndrica cortada em pequenas tirinhas com aspecto de meias-luas.

- *Maccheroni*: nome genérico para macarrão em algumas regiões da Itália.

- *Malloredus*: bolinho de massa com açafrão servido com *bolognesa* e *pecorino* ralado.

- *Maltagliati*: massa recheada com ricota, carne moída e ervas aromáticas, regada com molho de tomate.

- *Manicotti*: espécie de rocambole recheado com ricota, carne, ervas, assado.

- *Nastri*: um *tagliarini* mais fino.

- **Orechiette**: massa moldada como uma orelhinha. A palavra deriva do italiano *orecchio*, que significa orelha.
- **Paglia e fieno**: massa fina.
- **Panzoni**: espécie de *ravioli* recheado.
- **Pappardelle**: massa achatada de aproximadamente 20 cm de comprimento por 4 cm de largura.

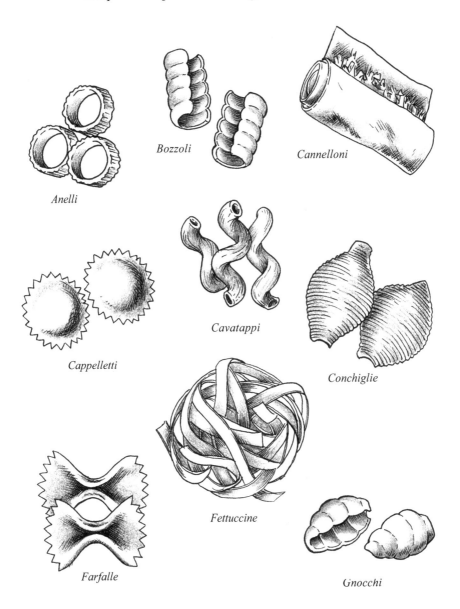

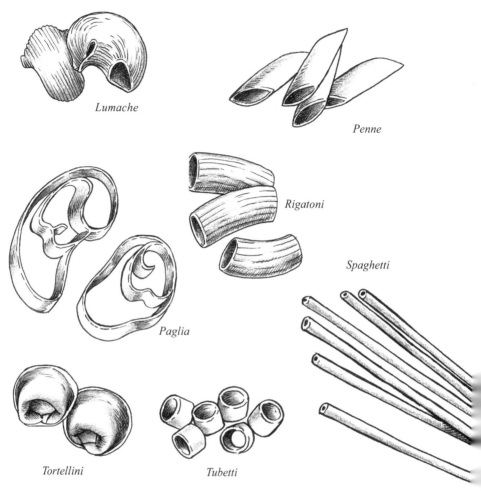

- **Passatelli**: massa de ovos, farinha de rosca, queijo parmesão, cozida em caldo.
- **Pasticcio**: espécie de torta de massa, em camadas.
- **Penette**: massa cortada menor que o *penne*; literalmente pequeninos *penne*.
- **Penne**: massa cortada em pequenos tubos, diagonalmente.
- **Perciatelli**: similar ao *bucatini*.
- **Pincisgrassi**: o mesmo que *vincisgrassi*.
- **Pipette**: lembra pequeninas conchas.

- **Ravioli**: massa recheada tradicionalmente com ricota ou espinafre. Pode ter o formato de meio círculo ou de quadrado.

- **Riccini**: nome que deriva da palavra *riccio*, que significa anelado, curvo. É uma pasta retangular, enrolada em seu próprio eixo.

- **Rigatoni (manichi)**: massa cilíndrica de aproximadamente 3 cm de diâmetro.

- **Risone**: massa de sêmola de grão duro em forma de grãos de arroz, usada para sopas e *risotti*.

- **Ruoti**: massa semelhante à raiz do lótus. É cortada em fatias de aproximadamente 3 cm de espessura.

- **Ruotini**: igual ao *ruoti*, porém menor.

- **Sformato di bucatini**: massa cortada em forma de tubos pequenos.

- **Spaghetti**: a mais popular de todas, o nosso espaguete.

- **Tagliatelle**: como o *tagliarini* ou *taglierini*, porém cortado mais largo.

- **Taglierini**: massa achatada cortada em fios de aproximadamente 3 mm de espessura.

- **Tagliolini**: macarrão comprido e fino.

- **Tornarelli**: massa comprida e fina, acrescentando-se ovos.

- **Tortellini/tortellone**: massa recheada normalmente com carnes, nozes, mortadela ou mesmo abóbora. De acordo com a lenda, essa pasta foi moldada na forma do umbigo da deusa Vênus; pode ser também em forma de meia-lua.

- **Tortiglione**: massa em formato de espiral.

- **Trenette**: macarrão espesso, típico de Gênova.

- **Tubetti**: macarrão espesso cortado em cubos (tubo).

- **Vermicelli**: *spaghetti* com diâmetro bem pequeno, também conhecido como *capelli d'angelo*.

- *Vincisgrassi*: espécie de massa folhada com camadas de bechamel, fígado de galinha, cogumelo, assada.
- *Ziti*: massa grossa em formato de canudos.

OVOS

Apesar de associarmos a palavra ovo ao de galinha, existem também aqueles provenientes de outras aves: codorna, pata, gansa, avestruz. Encontramos ainda ovos de répteis e sáurios comestíveis apenas em culinárias muito exóticas.

Alimento de alto valor nutritivo, contendo vitaminas, proteínas, gorduras e sais minerais, é comercializado a granel, em embalagens específicas, classificado como branco extra, branco grande, branco médio, branco pequeno, branco industrial, vermelho extra, vermelho A e vermelho B. Pode ainda sofrer processo de industrialização, apresentando-se em pó, pasteurizado.

Os ovos devem ser conservados em ambiente refrigerado para maior durabilidade e proteção. Em virtude de sua casca porosa, não devem ser estocados próximos a outros alimentos que possam lhes transmitir odores. Apesar de ser uma proteção natural, essa casca pode permitir a penetração de fungos e de microrganismos da bactéria *salmonella*.

Sua utilização na culinária é das mais abrangentes, prestando-se a várias preparações doces e salgadas (ver Produções culinárias – Ovos).

GORDURAS

Nome genérico dado a substâncias compostas por ácidos graxos, aminoácidos e proteínas. Podem ser de origem animal e vegetal.

Gorduras de origem animal

- Leite, creme de leite, manteiga, queijos.
- Gorduras de porco: banha, *pancetta*, toucinho, *bacon*.
- Gordura de aves: frango, ganso, pato.

- Gordura de boi.
- Gordura de carneiro (*suet*, gordura que envolve os rins do carneiro).

Gorduras de origem vegetal

- Óleos e gorduras provenientes de frutas e grãos (ver Óleos e Frutas).
- Margarina.

ÓLEOS

Nome genérico da gordura extraída de diversos vegetais: grãos, sementes, plantas oleaginosas e frutos. Podem ser extraídos por meio de agentes químicos (solventes), prensagem a frio ou alta pressão (aquecimento) e em seguida refinados.

Quando em temperatura ambiente, mantêm-se em estado líquido, ao contrário das gorduras de origem animal e de algumas vegetais. São produtos saudáveis, contendo menor quantidade de ácidos graxos saturados.

Alguns óleos são mais utilizados no tempero de saladas, enquanto outros prestam-se mais para a cocção; podem ser extraídos a partir de: abacate, algodão, amêndoa, amendoim, arroz, avelã, babaçu, canola, copra, gergelim, girassol, milho, noz, *pignolo*, pistache, sassafrás ou açafroa, semente de abóbora, semente de papoula, semente de uva e soja.

- **Azeite de oliva (*olive oil – huile d'olive*)**: azeite de oliva, azeite, azeite-doce, óleo de oliva são denominações comuns ao óleo extraído da polpa de azeitonas maduras, produzido na Espanha, na Itália, na Grécia, em Portugal, na França, na África do Norte, na Argentina e na Califórnia (Estados Unidos). A Espanha é o maior produtor, seguida pela Itália e pela Grécia.

    A azeitona é o fruto da oliveira, árvore que se adapta bem ao clima árido e seco, característico de algumas regiões do

Mediterrâneo, sendo encontrada em mais de quarenta variedades. A oliveira é conhecida e cultivada há vários séculos, havendo referências de plantações que ainda usam técnicas de cultivo de 2.500 anos atrás.

Até poucas décadas o uso do azeite era restrito a algumas culinárias típicas ou regionais; a comprovação dos benefícios do seu consumo para a saúde praticamente quadruplicou sua comercialização, sendo atualmente o segundo óleo mais vendido em todo o mundo.

As azeitonas são colhidas verdes ou maduras; em seguida moídas e prensadas. Da primeira prensagem a frio obtém-se o azeite virgem (o termo virgem é aplicado aos azeites 100% puros, extraídos a frio, sem a interferência de nenhum processo químico). Dependendo do seu teor de acidez, passa a se chamar azeite extra virgem (até 1%) ou azeite virgem (de 1,5% a 3%). O azeite de oliva fino (*fine olive oil*) é a mistura de azeite extra virgem e azeite virgem.

O azeite refinado é o resultante da prensagem a quente ou da ação de agente químico, chamado de azeite de oliva comum. É encontrado ainda comercialmente o chamado azeite composto (azeite de oliva e óleo de soja).

A International Olive Oil Council (IOOC) recomenda que para frituras seja usado o azeite de oliva comum, considerando-se o alto custo do extra virgem e sua rapidez de saturação.

O azeite de oliva (na categoria dos virgens e extra virgens) apresenta um baixo teor de ácidos graxos e praticamente nenhum colesterol, o que o torna um alimento tão saudável que já existe até a chamada dieta mediterrânea (rica em fibras, grãos, peixes, sempre preparados com o azeite de oliva).

- **Azeite-de-dendê (*palm oil – huile de palme*)**: óleo extraído do coco da palmeira dendezeiro que na verdade deveria se chamar óleo de dendê. Por razões históricas, para diferenciá-lo do azeite-doce (o azeite de oliva dos portugueses), os escravos baianos o denominaram azeite de dendê.

De larga utilização nas culinárias típicas do recôncavo baiano e da África, de onde foi trazido com muitas das receitas até hoje preparadas, o azeite de dendê puro e refinado é conhecido comercialmente como flor do azeite. Presta-se somente para frituras e cozimentos.

- **Margarina (*margarine*)**: inventada pelo químico francês Henri Mége-Mouriés, em 1869, para ser usada em substituição da manteiga, é uma gordura vegetal obtida a partir de óleos e gorduras animais ou vegetais. É comercializada pura ou em conjunto com a manteiga. Seu nome vem do grego e evoca a palavra pérola.

CONDIMENTOS

Condimento é o nome genérico para substâncias largamente utilizadas com a finalidade de temperar, aromatizar e/ou conservar alimentos. No dia a dia, as expressões condimento e tempero misturam-se de tal forma que é praticamente impossível diferenciá-las. Para melhor entendimento, vamos classificá-los de acordo com sua aplicação e sabor.

Essências ou aromatizantes

Substâncias concentradas, aromatizantes, que podem ser extraídas basicamente de três maneiras:

- do óleo essencial de frutas, especiarias e oleaginosas: baunilha, alho, noz, amêndoa, canela, hortelã, laranja;
- pela maceração em solução alcoólica de plantas, folhas, amêndoas etc.;
- por processos químicos que reproduzem os sabores naturais: limão, abacaxi, morango ou outros.

Salinos

- **Sal (*salt – sel*)**: é o cloreto de sódio, mineral essencial ao metabolismo humano, conhecido e utilizado desde os primórdios da civilização. Deu origem à palavra *salário*, pois era um dos soldos pagos aos soldados romanos.

Pode ser de origem marinha, extraído do mar pela evaporação, ou o sal-gema, encontrado em pedras ou cristais.

É comercializado refinado, grosso, *kacher* ou misturado com temperos ou aromáticos: sal em aipo, sal com alho e sal *light*, com redução de 55% de sódio.

A legislação brasileira determina a adição de iodo ao sal de cozinha como prevenção ao hipotireoidismo.

- **Salitre**: é o nitrato de potássio, utilizado em salmouras, na composição de embutidos, em alguns processos de defumação, conservas e vinagres.

- **Glutamato monossódico (MSG)** (*monosodium glutamate – glutamate de sodium*): substância derivada do ácido glutâmico, um dos 22 aminoácidos, encontrada em algas, cereais, amidos e resíduos do açúcar da beterraba. Descoberto pelos japoneses, tem larga utilização na culinária oriental, substituindo o sal marinho. É também usado como conservante em produtos industrializados: biscoitos, embutidos e enlatados.

Condimentos picantes

- **Alho** (ver Legumes de bulbo).

- **Cebola** (ver Legumes de bulbo).

- **Cebolinha** (ver Legumes de talo).

- **Echalota** (ver Legumes de bulbo).

- **Mostarda** (*mostard – moutarde*): como condimento é encontrada em pó e grãos brancos, amarelos e escuros, para conservas, assados, embutidos e pratos típicos; grãos sozinhos ou misturados com pimenta, mel, frutas, sementes de erva-doce, coentro etc.; em pasta sozinha ou misturada com ervas, frutas, legumes e outros condimentos, para tempero de carnes, peixes e aves, e base para molhos quentes e frios, *chutneys*, *relishes*. As mais conhecidas são as francesas (*à l'Ancienne*, *Dijon*, *Alsace*, *Meaux*, *Bordeaux*, *Champagne*); as alemãs têm coloração escura; e a americana tradicional acompanha *hot-dogs* e hambúrgueres.

Na Itália, a *mostarda di Cremona* não é mostarda; são frutas em calda, picantes.

- **Raiz-forte (*horseradish – raifort*)**: raiz utilizada ao natural, ralada ou desidratada em pó, ou ainda em pasta. Pode também ser misturada com mostarda ou outros condimentos. Na culinária japonesa leva o nome de *wasabi*.

Condimentos ácidos

- **Vinagre (*vinegar – vinaigre*)**: obtido pela fermentação de vinho ou outro líquido com teor alcoólico por ação de bactérias que transformam o álcool em ácido acético. A qualidade do vinagre está diretamente ligada à qualidade do líquido do qual se origina, assim como sua coloração.

Comercialmente encontramos o fermentado acético de vinho branco e de vinho tinto, os mais consumidos no Brasil; o de arroz, muito utilizado na culinária japonesa para o preparo de *sushis,* considerado um dos mais leves e saudáveis, além de possuir um gosto neutro que não interfere nas produções culinárias; o de maçã (*cider vinegar*), de cana-de-açúcar, de malte, de outros grãos e frutas. Encontrado também aromatizado com ervas, especiarias, frutas etc. (endro, alecrim, alho, pimenta-verde, framboesa, morango, estragão, cravo--da-índia, canela, raspas de limão ou laranja). O *aceto balsamico*, o vinagre balsâmico dos italianos, conhecido na região de Modena há séculos, é produzido a partir do envelhecimento do vinho tinto, em tonéis de madeiras nobres, sendo trocado sucessivamente até oito vezes, por um período de tempo que varia de quatro a cinquenta anos. Autores abalizados consideram o *aceto balsamico* um complemento, devendo assim ser usado com moderação junto com outros vinagres.

Além do habitual tempero de saladas, o vinagre pode ser utilizado em *court-bouillons, chutneys*, marinadas, molhos e conservas, como auxiliar de métodos de cocção (*à poché –* escalfar), em compotas etc.

Especiarias e ervas aromáticas

Podemos dizer que o Brasil foi descoberto por causa das especiarias – canela, cravo-da-índia, noz-moscada, pimenta-do-reino –, condimentos raros encontrados na Ásia, especialmente na Índia, Java, Sumatra, ilhas Molucas. O famoso "caminho das Índias" era a rota das especiarias que chegavam à Europa, algumas delas 800% mais caras. Com a tomada de Constantinopla pelos turcos otomanos em 1453, esse caminho foi fechado e os europeus foram obrigados a contornar o continente africano em busca de rotas alternativas para a Ásia. O resto da história todos nós sabemos.

Muitas vezes, especiarias e ervas aromáticas mesclam-se em uma mistura de sabores difícil de catalogar ou identificar. De acordo com o conceituado dicionário gastronômico *Larousse gastronomique*, as especiarias distinguem-se dos condimentos ou das ervas aromáticas na medida em que o seu sabor supera o aroma. O mesmo dicionário considera ervas aromáticas as folhas frescas ou secas de plantas ou ervas as mais diversas. Para melhor compreensão adotamos a ordem alfabética, visto que muitas vezes um mesmo condimento pode ser enquadrado em ambas as categorias ou definições.

- **Açafrão (*saffron – safran*)**: *za'faran*, dos persas, cujo uso já era conhecido pelos povos da Antiguidade. Trata-se do pistilo seco das flores de uma planta muito comum no Mediterrâneo. Para produzir 1 kg de açafrão são necessárias cerca de 150 mil flores, tornando-se assim a especiaria mais cara do mundo. O pistilo do açafrão é encontrado seco inteiro ou em pó. Ingrediente fundamental em certos pratos das cozinhas do Mediterrâneo: *paella, bouillabaisse, risotti, curries*. Também está presente na cocção de peixes, aves, carnes, sopas, massas, caldas, molhos frios e quentes, cremes doces e salgados, pães, bolos e sorvetes.

- **Aipo (*celery seed – grains de céleri*)**: as sementes do aipo/salsão secas são utilizadas para dar sabor a sopas, molhos, saladas, conservas, picles, pães, no cozimento de carnes, aves, peixes, em vinagres aromáticos ou ainda misturadas com sal no sal em aipo (*celery salt – sel de céleri*).

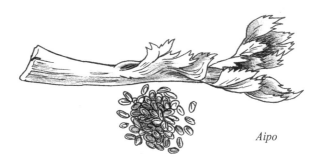
Aipo

- **Alcaparra** (*caper – câpre*): na verdade, botões florais da planta ainda não abertos. Após colhidos são conservados em vinagre e/ou sal. Já conhecida e apreciada pelos romanos, encontra-se também referência ao seu uso na Idade Média nos *faisandés*, pratos em início de decomposição. Encontrada em conserva ou a granel, sendo utilizada em molhos, recheios, como acompanhamento de carnes, aves e peixes, em conjunto com a mostarda em pasta, em vinagres aromatizados e em molhos quentes e frios. Em alguns países são classificadas de acordo com o seu tamanho. Os frutos da planta, conhecidos como *alcaparrones*, *caperberries* e *cornichons du câprier*, passam pelos mesmos processos de preparação das azeitonas.

- **Alcarávia** (*carraway – carvi*): semelhante ao cominho, difere em sabor e possui os grãos mais escuros; seu sabor lembra o da erva-doce. Com o óleo extraído dos grãos são preparados alguns licores: *Kummel*, *Aquavit*, *Vespétro*.

  Na culinária está presente em pães, embutidos, biscoitos, queijos (*tilsit*, *gouda*, *munster*), sopas, compotas, vinagres aromáticos, conservas e em pratos quentes das culinárias da Europa Central. Está também presente no *massala – curry* da Índia. Suas folhas são preparadas em saladas.

- **Alecrim** (*rosemary – romarin*): encontrado em diversas variedades, fresco ou seco, em pó. Pode ser utilizado como tempero de aves, carnes, peixes, sopas, molhos, embutidos. As flores podem ser servidas em saladas ou

Alecrim

confeitadas com açúcar, delas extraindo-se um tipo de mel. É ainda um dos ingredientes das *fines herbes*.

- **Alfavaca (*wild basil – basilique sauvage*)**: também conhecida como manjericão-cheiroso, utilizada nas culinárias de algumas regiões do Brasil como tempero de carnes, sopas, peixes, molhos etc. Pode substituir o manjericão.

- **Alho** (ver Legumes de bulbo).

- **Alho-poró** (ver Legumes de bulbo).

- **Angélica (*angelica – angélique*)**: planta aromática, originária do norte da Europa e supostamente trazida pelos *vikings* para a França. Seus talos cristalizados são utilizados na confeitaria puros ou em bolos, e seus caules em conservas, saladas ou licores.

- **Anis (*anise – anis*)**: planta herbácea cujos grãos são utilizados sobretudo na panificação e confeitaria (pães, biscoitos, bolos, confeitos), e também no preparo de frangos, peixes, sopas e aves.

Angélica

Encontrado em pó, grãos ou em óleo. Suas folhas são comestíveis em saladas, como ingrediente de marinadas e em sopas de peixe no sul da França. Muitas vezes é confundido com o funcho/erva-doce e com o endro/*dill*.

- **Anis-estrelado (*star-anis – anis étoilé/badiane*)**: também conhecido como anis chinês, é um interessante fruto em forma de estrela com oito pontas, de uma árvore da família das magnólias. Tem sabor semelhante ao da erva-doce, sendo um pouco mais picante e ligeiramente amargo. Seu uso nas culinárias orientais é muito grande, sobretudo na China, Índia e Vietnã, sendo utilizado em pratos doces, salgados e como aromatizante de chás. No Ocidente é utilizado sobretudo na confeitaria e panificação, e seu aspecto decorativo é muito valorizado. Pode também ser encontrado em grãos, em forma de óleo ou como aromatizante de licores.

- **Azedinha** (ver Legumes de folhas).

- **Basílico/basilicão** (ver manjericão).

- **Baunilha (*vanilla – vanille*)**: da família das orquidáceas, suas flores brancas produzem pequenas vagens que, após colhidas, são postas para secar. Em virtude do complicado processo de extração, o preço da vagem de baunilha é muito alto, sendo substituída pela vanilina, essência sintética de baunilha.

  Utilizada na confeitaria, como aromatizante de cremes, massas, sorvetes, compotas, biscoitos, pães, caldas e na chocolateria. Pode também realçar o sabor de cremes de legumes, frutos do mar e carnes brancas quando utilizada parcimoniosamente.

  Comercialmente é encontrada em vagens, em pó, em essências naturais ou sintéticas e no açúcar de baunilha (colocando-se um favo em açúcar em recipiente hermeticamente fechado durante certo período de tempo).

- **Calêndula (*marigold – souci*)**: planta cujas flores amarelas são utilizadas para dar sabor e cor a queijos, cremes e bolos, e suas folhas como tempero em sopas, saladas, pratos à base de peixes e vinagres aromatizados.

- **Canela (*cinnamon – cannelle*)**: uma das especiarias mais importantes da história da humanidade; teve papel preponderante na era das navegações.

  Existem duas variedades de canela, sendo muito difícil distinguir uma da outra: a *Cinnamomum zeylanicum,* a canela verdadeira ou canela-do-ceilão, e a *Cynnamomum cassia*, a cássia ou canela-da-china. A parte utilizada é a casca da árvore, cortada em tiras que se enrolam naturalmente ao secar, daí o nome *cannella* (tubinho em italiano).

  A canela-do-ceilão ou canela-verdadeira tem cor mais clara e sabor mais suave. A canela-da-china tem o sabor mais picante e seus frutos e flores depois de secos são comestíveis.

Encontrada comercialmente em casca, bastão, pó, óleo e essência.

Tem amplo uso culinário, podendo ser utilizada indistintamente na cozinha quente e na confeitaria em praticamente todos os países, em bolos, cremes, pães, compotas, mingaus, bebidas, com frutas, em marinadas, como tempero de peixes, aves, carnes, embutidos, molhos doces e salgados, *chutneys*.

- **Capuchinha** (ver Legumes de folhas).

- **Cardamomo (*cardamom – cardamome*)**: um dos condimentos mais caros, muito importante nas cozinhas da Índia, do Oriente Médio, da China, dos países escandinavos e da América espanhola. Vendido em frutos secos de cor esverdeada ou branca, contendo no seu interior sementes negras e aromáticas, em pó ou em óleo.

Seu uso na culinária é abrangente, servindo para temperar sopas, molhos, carnes, peixes, *chutneys*, em *curries*, no *garam massala*, embutidos, bebidas, saladas de frutas, sorvetes, panificação e confeitaria. Os árabes costumam colocar algumas sementes no café para dar aroma e sabor especiais.

- **Cebola/cebolinha-verde/*ciboulette*** (ver Legumes de bulbo e de talo).

- **Cerefólio (*chervil – cerfeuil*)**: de aparência semelhante à da salsa, é um dos ingredientes mais apreciados em toda a Europa. Seu consumo no Brasil é recente, geralmente fresco, como guarnição. Pode também ser utilizado seco ou em pó, como tempero de sopas, cremes, omeletes, maioneses, carnes assadas ou frias, aves, peixes, saladas, molhos ou como aromatizante de vinagres.

Como todas as *fines herbes*, o cerefólio não deve ser submetido a cocção prolongada.

- **Coentro (*coriander – coriandre*)**: uma das ervas mais conhecidas no Nordeste, onde é consumido fresco, tem ampla utilização em várias outras culturas, nas quais também é encontrado em grãos ou em pó, como na espanhola, na qual recebe o nome de *cilantro*.

Além de temperar boa parte dos pratos das culinárias baiana e capixaba quando fresco, pode ser utilizado em sopas, peixes, frutos do mar, aves, molhos e legumes. Em grãos serve para aromatizar vinagres, conservas, embutidos e picles; em pó é usado como condimento.

- **Cominho (*cumin – cumin*)**: pequenos grãos que podem ser confundidos com a alcarávia, apesar de terem sabor e aroma diferentes. Pode ser encontrado seco, em pó ou em óleo.

Utilizado em várias culinárias como condimento de pães, bolos, picles, *relishes*, saladas, carnes, aves, embutidos, queijos, *curries* e *chillies powders*.

- **Cravo-da-índia (*clove – clou de giroffle*)**: o cravo já ocupou seu lugar na história como uma das especiarias mais caras, sendo oferecido até como presente de casamento. Trata-se dos botões florais secos da árvore craveiro, encontrados inteiros, em pó, óleo ou essência.

É utilizado no Brasil principalmente para panificação e confeitaria, mas pode ser usado em vinha-d'alhos, embutidos, vinagres, *chutneys*, saladas, molhos, frutos do mar, em licores e no preparo do vinho quente junto com a canela.

- **Curcuma (*turmeric – curcuma*):** muitas vezes confundido com o verdadeiro açafrão, esse rizoma dourado, da família do gengibre, é por isso também chamado de *açafrão-da-terra* ou *açafrão-bastardo*. Pode ser encontrado fresco, seco ou em pó.

  Tem ampla utilização nas culinárias da Índia e do sudoeste asiático em *curries*, picles, peixes, aves, sopas, molhos, arroz, legumes, frutos do mar e em mostardas.

- *Curry (**curry – carri**):* mistura de muitas especiarias – pimenta-do-reino, feno-grego, mostarda, coentro, cominho, erva-doce, gergelim, papoula, gengibre, curcuma, pimentas secas, cravo-da-índia, canela, cardamomo, macis, açafrão, tamarindo em pó ou em pasta e folhas secas de *curr,* uma planta existente no sudoeste asiático. Os ingredientes variam de acordo com a região e o tipo de *curry*, que pode ser suave (*mild*), apimentado (*hot*) e muito apimentado (*very hot*). Para cada alimento existe uma variedade de *curry* e na Índia é comum encontrar diferentes *curries* de acordo com a casta ou a religião. Utilizado largamente nas culinárias asiáticas como condimento de carnes, peixes, legumes, aves, em molhos, *chutneys*, maionese, manteigas compostas, misturado com leite de coco e com pasta de camarão seco. Comercializado em pó ou em pasta.

- **Echalota** (ver Legumes de bulbo).

- **Endro/*dill* (*dill – aneth*):** conhecidos em Portugal como *aneto*, esses pequenos grãos lembram a erva-doce e o anis, com o qual às vezes são confundidos. Pode ser encontrado fresco, em pó (*dill weed*) ou em grãos (*dill seed*).

Fresco ou em pó é utilizado em saladas, legumes, molhos, maionese, sopas, peixes e aves. Em grãos, como aromatizante de vinagres, conservas, picles, embutidos, licores, peixes e frutos do mar na cozinha escandinava, e carnes no norte da África.

- **Erva-cidreira (*lemon balm – mélisse*)**: as folhas são comumente utilizadas em infusão, mas podem servir para molhos, saladas, omeletes ou em saladas de frutas.

  Em algumas regiões do Brasil, a erva-cidreira é conhecida como melissa e o capim-limão, capim-cidreira, capim-santo ou capim--cidrão é chamado de erva-cidreira, prestando-se assim a muitas confusões.

  A *citronelle* ou *lemon grass*, muito usada na culinária tailandesa e em voga nas cozinhas *fusion-food*, sobretudo no tempero de aves e peixes, é o nosso capim-santo.

- **Erva-doce** (ver Legumes de talo).

- **Estragão (*tarragon – estragon*)**: uma das *fines herbes*, encontrado fresco, seco ou em pó. Utilizado em saladas, sopas, aves, peixes, manteigas compostas, em conjunto com a mostarda em pasta, em vinagre e em molhos, em especial o *béarnaise*.

- **Feno grego (*fenugreek – fenugrec*)**: ainda pouco conhecido no Brasil, é muito utilizado pelas culinárias mediterrâneas da Índia, Ásia Menor e África do Norte, tanto suas folhas frescas e secas como os grãos amarelados que lembram a nossa quirela. Os grãos inteiros ou moídos, secos ou misturados com outras especiarias é o *cemen* da culinária armênia. Seus brotos são servidos em saladas. Presta-se ainda para a fabricação de uma farinha.

- *Fines herbes*: ao pé da letra "ervas finas", por se tratar de ervas que, frescas, não resistem a longas cocções, podendo então ser usadas secas. A composição varia de acordo com a região; a mais comum é de salsinha, estragão, cerefólio e cebolinha.

- *Garam massala*: *massala* é uma mistura básica de vários ingredientes: cardamomo, noz-moscada, coentro em grãos, e leva o nome de *garam massala*, no norte na Índia, com o acréscimo de muitos outros condimentos.

- **Gengibre (*ginger – gingembre*)**: rizoma de uma planta tropical, de coloração amarelo-pálida, é encontrado fresco ao natural, seco, em calda, em pó, em picles, em pasta, cristalizado ou em óleo. Utilizado em diversas culinárias como condimento para preparações doces e salgadas: pães, bolos, biscoitos, pudins, molhos, picles, sorvetes, carnes, peixes, aves, em *curries*, como aromatizante de bebidas e infusões. Na culinária japonesa, em picles ou em pó, é chamado de *gari* ou *beni-shoga*.

- **Gergelim (*sesame – sésame*)**: encontrado em três variedades: branca, preta e marrom, o gergelim é comercializado em sementes, pasta e óleo. Utilizado em saladas, carnes grelhadas, condimento de vinagres, picles, cristalizado, em bolos e biscoitos. É ingrediente do doce *halva* e do *tahine*, da cozinha árabe-libanesa. Suas sementes podem ainda ser tostadas ou transformadas em farinha.

- **Hortelã (*minth – menthe*)**: encontrada em cerca de trinta variedades, suas folhas são consumidas frescas, em pó ou secas. Utilizada em marinadas, saladas (*tabule*), molhos (*mint sauce*), geleias, *chutneys*, *curries*, *relishes*, com carnes assadas, em confeitos, infusão e em licor (*peppermint*).

- **Louro (*laurel/bay leaf – laurier*)**: suas folhas secas estão entre os condimentos mais usados na culinária. Componente do *bouquet garni*, é também usado para temperar carnes, peixes, marinadas, molhos, sopas, patês, leguminosas e pudins. É encontrado seco ou em pó.

- **Manjericão (*basil – basilic*)**: conhecido há mais de quatro mil anos, é encontrado em cerca de 15 variedades diferentes. Suas folhas aromáticas podem ser consumidas frescas ou secas. Utilizado em saladas, carnes, aves, peixes, frutos do mar, omeletes, legumes, vinagres

aromáticos, junto com a mostarda em pasta e em especial no *pesto genovese* (ver *pignolo*).

- **Manjerona (*marjoram – marjolaine*):** muito aromática, a folha da manjerona é utilizada fresca ou seca em pratos de peixes, carnes, molhos, embutidos, recheios, leguminosas e vinagretes. Pode ser usada como variação do tomilho ou do orégano.

- **Mostarda** (ver Condimentos picantes e Legumes de folhas).

- **Noz-moscada (*nutmeg – muscade*):** fruto da moscadeira, uma das especiarias mais procuradas na história da humanidade. Fornece dois ingredientes: a noz propriamente dita e o macis.

  A noz é encontrada seca, ao natural, em pó ou em óleo.

  O macis (*mace – macis*) é a membrana/arilo que envolve a noz-moscada e que, seca, em pó, é condimento com igual utilização da noz, diferindo daquela pelo sabor mais suave. Ambas podem ser utilizadas em legumes, massas, carnes, molhos, pudins de frutas, ovos, queijos, sopas, fundos aromáticos, bolos, biscoitos, pães, tortas e caldas.

- **Orégano (*oregano – origan*):** uma das *herbes de Provence*, tem larga utilização nas culinárias do Mediterrâneo, em especial a da Itália. Por longo tempo foi a erva aromática predominante no Brasil. Pode ser encontrada fresca, seca ou em pó. Utilizada em saladas, molhos, sopas, cobertura de *pizzas*, legumes, massas, carnes, aves, marinadas, vinagres e óleos aromáticos. Suas flores também são comestíveis.

- **Papoula (*poppyseed – pavot*):** o nome evoca a flor, encontrada em diversas variedades. Na culinária utilizamos suas sementes, que podem ser pretas (as mais comuns), marrons e creme. São necessárias novecentas mil sementes para obter 1 kg do condimento. É comercializada em grãos, pasta e óleo.

Utilizada nas culinárias do Oriente Médio, Índia e Europa Central, está presente na preparação de molhos, saladas, pastas, recheios, pães, bolos, biscoitos, queijos, massas chinesas, cremes e *curries*.

- **Páprica (*paprika*)**: pó obtido de uma variedade de pimentão vermelho após secagem. *Paprika*, aliás, é a palavra húngara para pimentão. Originalmente consumida na culinária húngara, foi assimilada pelos espanhóis, que lhe acrescentaram outros pimentões dando origem à variedade picante: *pimentón*.

  Ingrediente fundamental dos *goulashes* (guisado de carne à moda húngara), também pode ser utilizada em molhos, frangos, peixes, carnes, legumes, pastas, recheios e queijos. Comercializada com a denominação doce ou picante.

- **Pimentas**: são classificadas em dois gêneros: as *capsicum*, ou pimentas-de-cheiro, e a *piper*, a pimenta-do-reino. Existem também outras variedades de famílias diferentes, que serão tratadas no decorrer deste capítulo.

  - Pimenta-do-reino (*pepper – poivre*): assim chamada para diferenciar-se da nossa pimenta-de-cheiro, tão largamente utilizada pelos índios, caracterizava a pimenta trazida do reino de Portugal e que logo aclimatou-se ao Brasil, hoje um dos maiores produtores mundiais. Sua cor varia de acordo com o momento da colheita e o método de conservação. As flores apresentam-se em espigas compridas; após a fecundação cada espiga tem de vinte a trinta frutos. As verdes – o *poivre vert* – são colhidas ainda antes do amadurecimento e conservadas em salmoura, sendo utilizadas no famoso molho homônimo. A preta, colhida antes do amadurecimento, adquire sua cor após secagem ao sol; e as brancas são colhidas maduras e sem a polpa. A pimenta verde é comercializada em conserva; a preta e a branca, em grãos ou moídas. Seu uso na culinária é importante e variado; a pimenta em grãos é usada em marinadas, embutidos, patês, *court-bouillons*, conservas, junto com a mostarda em pasta;

a moída é condimento para preparações salgadas quentes e frias, e na panificação.

- Pimentas (*chillies – piments*): são tantas as variedades que se torna impossível resumi-las em uma só descrição, além da diversidade de nomes para o mesmo fruto. Listamos as mais comuns no Brasil e algumas particularidades. No Brasil, as pimentas estão presentes em todas as regiões em molhos, marinadas, temperos e até mesmo em doces em caldas, geleias e bolos. Algumas são a malagueta, cumari, de-cheiro, dedo-de-moça, murupi, da-costa, cabacinha, doce, lambari, murici e pitanga. No México, sua utilização é proporcional às variedades ali encontradas: *habañero, jalapeño, ancho, serrano, morrone, chili, poblano, mulato, gajilla, pasilla, de arbol* e *anaheim*. Estas variedades estão entre as recentemente chegadas ao Brasil. A pimenta *cayena* é uma variedade da malagueta. A pimenta-da-jamaica, que os americanos chamam de *Jamaica pepper*, tem sabor muito especial e é também conhecida como *allspice*, termo que igualmente designa sua mistura com cravo-da-índia, noz-moscada e canela. A pimenta-rosa nada mais é que o fruto da aroeira. A pimenta síria é uma mistura de pimenta-da-jamaica, pimenta-do-reino, noz-moscada, cravo-da-índia e canela em pó. A pimenta tem utilização variada, e igualmente importante é sua contribuição para as cozinhas do Oriente Médio, África do Norte, África Continental e sudoeste asiático.

- **Salsa (*parsley – persil*)**: a mais popular das ervas, um dos componentes do cheiro-verde e do *bouquet garni*, condimento aromático de inúmeros pratos como também elemento de decoração. Encontrada em várias espécies, as mais utilizadas na culinária são a comum e a crespa. Comercializada fresca, seca ou em pó, é usada também em *court-bouillons*, marinadas, molhos, maioneses, recheios, vinagretes e manteigas compostas, podendo também ser frita simples ou empanada. A *persillade* é uma mistura de alho e salsinha picados, acompanhamento e recheio de alguns pratos da cozinha provençal.

- **Sálvia/salva (*sage* – *sauge*)**: seu nome evoca o verbo salvar, e era assim que os romanos a consideravam: "a erva da salvação". Apesar de ser encontrada em pó, o melhor mesmo é utilizá-la fresca e com moderação, pois seu aroma é forte e penetrante. São muitas as variedades utilizadas nas culinárias europeias e nas mediterrâneas, em especial na Itália, no *saltimbocca alla romana* (escalope de filé com presunto tipo *parma* e uma folhinha de sálvia), nos Bálcãs e no Oriente Médio. Usada como condimento para embutidos, carne de porco, peixes gordurosos (em especial a enguia), recheios, queijos, vinagres aromáticos, carnes brancas, sopas, presuntos, legumes, risotos, ou levemente frita. Na China, uma folha de sálvia serve para aromatizar o chá preto.

- **Segurelha (*savory* – *sarriette*)**: outra das *fines herbes*, seu sabor lembra o do tomilho, sendo um pouco mais picante e levemente amarga. Encontrada fresca, seca ou em pó, deve, como todas as outras ervas aromáticas, ser usada com moderação e preferencialmente fresca. Utilizada como condimento em saladas, legumes e leguminosas, em especial o feijão branco, carnes grelhadas ou assadas, cozidos, sopas, recheios, embutidos e patês.

- ***Semac* (*sumac*)**: pó obtido a partir das bagas secas e das corolas das flores da árvore *sumagre*, com sabor levemente ácido. Condimento muito usado nas cozinhas árabes.

- **Tomilho (*thyme* – *thym*)**: um dos ingredientes do *sachet d'épices* e do *bouquet garni*, encontrado em diversas variedades, fresco, seco ou em pó. Condimento considerado um dos aromáticos básicos da cozinha, bom para aves, carnes, peixes, sopas, legumes e leguminosas, ovos e omeletes, em vinagres e óleos aromatizados, em infusão, em licores e óleo essencial – o *timol*.

- **Urucum (*annatto – rocou*)**: é o corante conhecido pelos índios da Amazônia como *uru-ku* (vermelho). Em pó, é o colorante alimentar extraído da cera que envolve as sementes do fruto, que tem o formato de uma cápsula recoberta de pequenos espinhos. Usado na indústria alimentícia de laticínios em queijos e manteigas, nas culinárias latino-americanas e do sudoeste asiático como condimento para peixes, frangos, frutos do mar, bolos e pães. Seu principal derivado é o colorau ou colorífico, usado praticamente da mesma forma que o urucum em pó, à exceção da indústria de laticínios. Suas sementes são utilizadas na alimentação dos salmões criados em cativeiro, o que serve para realçar a cor rósea de sua carne.

- **Zathar**: condimento em pó da culinária árabe, turca e do norte da África, resultante da mistura de sementes de gergelim, tomilho e *semac*.

- **Zimbro (*juniper – genièvre*)**: as bagas de zimbro são mais conhecidas como aromatizantes do gim e de outras bebidas alcoólicas; no entanto, seu uso na culinária é também variado, principalmente na cozinha nórdica, como condimento de marinadas, tempero de carnes, na charcutaria, em conservas, vinagres aromáticos, patês e no chucrute.

COGUMELOS (*MUSHROOMS – CHAMPIGNONS*)

Fungos comestíveis, muito populares na cozinha europeia, mas de consumo relativamente pequeno em nosso país. Até poucos anos atrás a única variedade facilmente encontrável no mercado era o *champignon* de Paris, presente em receitas de norte a sul, sempre em conserva. Atualmente há produtores brasileiros que cultivam outras variedades, como o *shitake*, o *matsutake*, o *hiratake* e o *shimeji*, todos muito difundidos entre a colônia japonesa e seus descendentes. Os cogumelos podem ser comercializados frescos, secos ou em conserva e seu uso culinário inclui saladas, molhos quentes e frios, *risotti*, massas, sopas, cremes e recheios, crus, assados, fritos simples ou empanados, cozidos ou grelhados.

Existem ainda diversos outros tipos de cogumelos explorados comercialmente que são importados e chegam geralmente secos ou enlatados como as famosas trufas. Os provenientes da Itália recebem o nome genérico de *funghi* e os franceses, o de *champignons*. Também são encontrados no Brasil cogumelos com o nome *boleto porcino* ou *porcinello* – híbrido de *Agaricus campestris* com variedades italianas. Já o porcino italiano é um *Boletus edulis*. Listamos abaixo os produzidos no Brasil:

Gênero	Espécie	Nome popular
Lentinus	edodes	shitake
Pleurotus	matsutake	matsutake
Pleurotus	hiratake	hiratake
Pleurotus	ostreatus	shimeji
Agaricus	bisporus	*champignons* de Paris

Champignons *de Paris*

Shitake

Porcino italiano
(Boletus edulis)

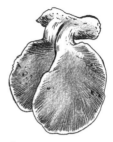

Shimeji

AÇÚCAR (SUGAR – SUCRE)

Substância de sabor doce extraída da cana-de-açúcar e da beterraba, a sacarose é um dissacarídeo (glicose e frutose). Os principais monossacarídeos encontrados nos alimentos são a glicose, a frutose e a galactose, produzida a partir da lactose (açúcar do leite). Além da sacarose, outros dissacarídeos são a maltose e a lactose.

Como consequência do processo de refino, o açúcar é comercialmente encontrado em diferentes tipos:

- Açúcar refinado ou comum (*castor* ou *white sugar – sucre en poudre*), obtido após um processo de purificação, cristalização e refinação.

- Açúcar de confeiteiro (*confectioners*, *icing* ou *powdered sugar – sucre glace*), refinado, extremamente fino, ao qual é acrescentado pequeno percentual de amido para impedir o empedramento, também conhecido como glaçúcar ou açúcar impalpável.

- Açúcar cristal (*crystal* ou *coarse sugar – sucre cristal*), refinado, granuloso.

- Açúcar light, mistura de açúcar refinado com adoçantes artificiais (sacarina, aspartame, ciclamato).

- Açúcar mascavo (*brown sugar – sucre roux*), não refinado, de cor escura, extraído após o cozimento da cana-de-açúcar, rico em cálcio, ferro e sais minerais.

- Açúcar demerara (*demerara sugar – cassonade*), açúcar mascavo cristalizado.
- Açúcar impalpável, açúcar de confeiteiro acrescido de amido.
- Açúcar invertido (*invert sugar – sucre inverti*), no qual a sacarose é hidrolisada ou invertida e iguais partes de glicose e frutose são formadas pela adição de ácido (suco de limão ou cremor de tártaro) à calda de açúcar. Encontrado em forma líquida.
- Açúcar de isomalte, produzido com açúcar de beterraba, apropriado para doces e produtos de confeitaria.
- Açúcar orgânico, produzido sem nenhum aditivo químico tanto na fase agrícola como na industrial, possui granulação uniforme e pode ser claro ou dourado.

O *sucre semoule* dos franceses nada tem a ver com a presença de semolina; é um açúcar ultra-refinado, especial para confeitaria. Pode ser comercializado a granel, em tabletes ou com essências.

Além de adoçante natural, o açúcar está presente em boa parte das produções de confeitaria, seja ao natural ou em forma de *caldas* e ainda em trabalhos de escultura de açúcar.

O caldo da cana fervido e evaporado fornece um "mel vegetal" – o melado, com o qual se faz a rapadura, encontrada pura ou misturada com várias outras frutas. O melaço é um líquido espesso, remanescente da produção do açúcar, que quando fermentado produz o rum.

As caldas

As caldas são produto do açúcar submetido à ação do calor com adição de água, conforme sua utilização posterior. Na confeitaria brasileira, devido à influência portuguesa, as caldas são ingredientes de várias produções culinárias muito apreciadas (ver Doces brasileiros). Os pontos de calda são basicamente divididos entre:

- *Ponto de fio*: é o ponto em que, retirando-se um pouco de calda e pressionando-a entre os dedos, ao puxá-los forma-se um pequeno fio, firme o suficiente para não se desfazer facilmente. Serve para preparação de doces em pasta, creme, manteiga e geleias.

- *Ponto de fio brando*: ponto semelhante ao anterior, diferenciando-se daquele pelo fio, que é mais delicado e se desfaz facilmente. Utilizado para frutas em calda, babas, *savarins* etc.

- *Ponto de calda mole* (bala mole): ponto que se obtém quando, ao se pingar pequena porção da calda em água fria e pegá-la nas pontas dos dedos, fica macia e pode ser moldada facilmente. Serve para balas moles, merengue italiano, *nougat*, geleias, caldas mais densas etc.

- *Ponto de bala dura*: ponto em que, ao se pingar a calda em água fria, forma-se uma bola dura e quebradiça. Serve para balas duras, glaçar doces, *nougat* etc.

- *Ponto de pasta*: ponto em que, ao mergulhar uma colher na calda, esta forma vários filamentos ao ser retirada. Serve para a confecção de trabalhos em açúcar, glaçagem de *choux*, frutas cristalizadas, caramelização de fôrmas etc.

- *Ponto de açúcar*: ponto em que, ao se pingar a calda em água fria, esta forma uma bola pegajosa. Utilizada para doces de corte, *fondants* etc.

- *Ponto de caramelo*: ponto em que a calda apresenta tonalidade castanho-clara, podendo chegar a castanho-escura, e quase não possui elemento líquido (água). Usada para caramelização de fôrmas, pudins, glaçagens diversas etc.

Adoçantes

São produtos especificamente formulados para conferir sabor doce aos alimentos e bebidas, utilizados em substituição ao açúcar. Podem ser feitos de substâncias químicas (sacarina, ciclamato de sódio, sorbitol, aspartame, acessulfame-K), como também de origem natural (*stevia rebaudiana*, com folhas ricas em glicosídeos). Comercializados pré-embalados em forma de tabletes, comprimidos, grânulos, pós, líquidos ou aerados (expandidos).

As propriedades dos edulcorantes devem ser levadas em consideração quando utilizados em preparações culinárias; alguns deles perdem o poder adoçante com a agitação ou o aumento de temperatura a que são submetidos.

Diferença entre alimentos diet e light

Diet caracteriza alimentos que têm formulação especial para atender a pessoas com disfunções ou distúrbios físicos ou metabólicos, como diabetes ou hipertensão, sem que o produto seja menos calórico; devem ter a total ausência de determinado ingrediente (normalmente açúcar ou sódio), que deve ser substituído por outro. São produtos indicados para dietas motivadas por problemas de saúde.

Light caracteriza alimentos que devem ter no mínimo 25% menos de algum componente calórico: açúcar, gordura ou sal. Muitas vezes o produto acaba sendo menos calórico, indicado para quem quer se alimentar de forma mais saudável. Essa redução deve ser muito bem observada, pois alguns queijos e requeijões *light* têm menos calorias para reduzir gorduras mas, para manterem a consistência, têm o sal aumentado, o que os torna contraindicados para hipertensos.

Assim, um bolo *diet* não tem açúcar, logo é indicado para diabéticos, mas apresenta valor calórico igual a um bolo comum.

É conveniente consultar os rótulos dos produtos para saber a quantidade de calorias e comparar produtos *diet* e *light* com os convencionais. Na dúvida, deve-se ligar para os serviços de atendimento ao cliente ou consultar um médico ou nutricionista.

Mel

O primeiro adoçante conhecido pelo homem é o resultado da transformação do néctar que as abelhas colhem de vários tipos de flores, entre elas: eucalipto, alecrim, laranjeira, maçã, flores-do-campo, assa--peixe, castanheiro, alfazema e tília.

O mel de abelha jataí – uma pequena abelha cujo mel é muito apreciado – é extraído de várias flores silvestres.

De larga utilização na cozinha do Oriente Médio, da Grécia e dos Bálcãs, está presente na confeitaria (*baklavas, halvas, loukoum, ataif*) e nas caldas que, levadas para a península Ibérica, influenciam até hoje a doçaria brasileira; em biscoitos, pães, bolos, bebidas (o hidromel); em molhos, *chutneys*, preparações salgadas, *nougat*, massas de confeitaria, licor, para abrilhantar alimentos ou como substituto do açúcar em dietas. Comercializado líquido, sólido ou nos próprios favos.

Geleia real

É a substância produzida pelas abelhas operárias para alimentação das larvas e da abelha-rainha. Encontrada comercialmente em pequenas cápsulas, a geleia real é um complemento alimentar considerado de alto valor nutritivo por suas qualidades regeneradoras e terapêuticas.

LEITES E DERIVADOS

Emulsão líquida branca, opaca, secretada pelas glândulas mamárias das fêmeas dos animais mamíferos, sendo os mais consumidos os de vaca, cabra, búfala, ovelha, camela e égua.

Alimento de composição das mais completas, rico em vitaminas, minerais, proteínas, carboidratos e gorduras. Por se tratar de um alimento muito nutritivo torna-se o campo ideal para o desenvolvimento de bactérias, devendo-se portanto observar as instruções de estocagem nas respectivas embalagens.

No Brasil, o leite de vaca é o mais conhecido e mais facilmente encontrável. O leite para consumo deve obrigatoriamente ser obtido em instalações higiênicas, produzido por vacas sadias.

Ao natural e industrializados

- *Pasteurizado*: aquecido a uma temperatura entre 70 °C e 75 °C por cerca de vinte segundos, em seguida submetido a um brusco resfriamento de 3 °C a 5 °C. De acordo com o teor de gordura é classificado em A, B e C.

  - Leite tipo A: extraído com os mais rigorosos controles de higiene das instalações e de funcionários uniformizados adequadamente. Limite bacteriano, contagem padrão de 2,0 x 1.000 UFC por ml, presença de até 0,05 u de antibióticos por ml e ausência de coliformes.

  - Leite tipo B: extraído nas mesmas condições de higiene de instalações, no entanto os funcionários não utilizam os uniformes adequados. Limite bacteriano, contagem padrão de 8,0 x 10.000 UFC por ml, presença de coliformes fecais de 1,0 por ml, coliformes totais de 4,0 por ml.

- Leite tipo C: ordenha manual, sem condições de higiene ou controle microbiológico obrigatório. Limite bacteriano na contagem padrão de 3,0 x 10.000 UFC por ml, coliformes fecais de 2,0 por ml, coliformes totais de 4,0 por ml.

- *Esterilizado*: aquecido a temperaturas que chegam até 120 ºC e imediatamente resfriado.

- *Ultrapasteurizado (UHT – Ultra Heat Treated)*: homogeneizado (método que distribui uniformemente a gordura), aquecido a uma temperatura de 145 ºC e logo após resfriado. Empacotado em caixinhas com o interior aluminizado, confeccionadas com polietileno, papel duplex e alumínio; é o chamado *leite longa vida*.

- *Condensado*: leite com adição de açúcar (55%) e evaporação de água.

- *Evaporado*: obtido pela evaporação de parte da água nele contida e, em seguida, esterilizado.

- *Em pó*: leite pasteurizado e desidratado.

- *Desnatado*: contém até 0,5% de gordura.

- *Semidesnatado*: contém de 1,5% a 2% de gordura.

- *Leitelho*: o *buttermilk* das receitas americanas e inglesas é na verdade o líquido resultante do leite quando do processo de fabricação da manteiga.

Manteiga

Substância gordurosa obtida mexendo-se vigorosamente a nata do leite por processo manual ou mecânico. Comercializada com ou sem sal, em lata ou em tabletes aluminizados. Seu uso na culinária é dos mais abrangentes ao natural nas mais diversas preparações ou em manteigas compostas (ver Molhos – manteigas compostas).

Manteiga clarificada

É o produto resultante do aquecimento da manteiga sem sal a temperaturas abaixo de seu ponto de fusão com a finalidade de retirar os resíduos de leite, separando-o da água. Por não conter mais os resíduos sólidos pode ser conservada por mais tempo, já que não fica rançosa e seu ponto de combustão torna-se mais elevado; em contrapartida perde em parte o sabor tão característico da manteiga integral.

Na Índia leva o nome de *ghee*, normalmente tendo por base o leite de búfala, e no Nepal o leite de iaque.

No Nordeste do Brasil, a manteiga de garrafa é obtida, entre outras maneiras, da seguinte forma: o leite é levado a coalhar, separa-se o soro do creme que se forma, o qual é batido ligeiramente para ficar consistente – ponto intermediário de manteiga; leva-se então ao fogo brando. Quando a "borra" começa a dourar retira-se do fogo e coa-se em seguida. O líquido resultante é a manteiga de garrafa. Ou então, a massa de leite fermentado com coalho animal é levada à cocção, geralmente em fogão a lenha; deve ser levada a dourar, e a continuidade do cozimento desprende o que virá a ser a manteiga de garrafa. Ela leva esse nome por ser comercializada em garrafas. Não pode ser usada para frituras, sendo ideal na finalização de pratos de legumes, tapioca e como acompanhamento da carne de sol.

Leites acidulados ou fermentados

Iogurte (Yogurt/Yoghurt – Yaourt)

O iogurte é o leite fermentado pela ação de bactérias *Streptococcus thermophilus* e *Lactobacillus bulgaricus*. Pode ser obtido artesanalmente ou por processos industriais. Encontrado comercialmente ao natural ou com adição de diversos sabores, integral ou desnatado. Pode ser consumido puro, com açúcar ou mel, em sobremesas, saladas, bebidas, em substituição ao creme de leite, como acompanhamento de pratos das culinárias da Índia (*raita*) e da Pérsia, grega e árabe.

Coalhada

É o leite que sofre processo de acidificação natural pela bactéria *Streptococcus lactis*, elaborada artesanal ou industrialmente. Encontrada comercialmente, pode ser utilizada do mesmo modo que o iogurte. A coalhada e o iogurte são alimentos muito saudáveis, sendo encontrados com diversos nomes nas diferentes culinárias em que estão presentes, como *kefir* e *laban* na culinária árabe-libanesa.

Creme de leite

A gordura que sobe à superfície do leite cru em repouso é a base para a produção do creme de leite. O processo utilizado para sua produção é a centrifugação, seguida de homogeneização, pasteurização, resfriamento e embalagem. Comercialmente é encontrado em lata, embalagem longa vida, desnatado ou *light*, em aerossol e ainda fresco em embalagens plásticas, sendo este último o preferido dos cozinheiros.

Seu uso na culinária é muito importante, servindo para preparações doces e salgadas, na composição de molhos, cremes, suflês; batido é conhecido como *chantilly*.

Encontrado em outros países em diferentes tipos e classificado de acordo com seu teor de gordura, causa muitas confusões em virtude de não termos os equivalentes. À guisa de esclarecimento, listamos os mais encontrados em receitas estrangeiras:

- *half cream* – 12% de gordura;
- *single cream* – 18% de gordura;
- *whipping cream* – 35% de gordura (especial para ser batido);
- *spooning cream* – 35% de gordura (para ser espalhado);
- *double cream* – 48% de gordura;
- *extra thick cream* – 48% de gordura;
- *clotted cream* – 55% de gordura, creme de leite, talhado, feito com leite não pasteurizado, especialidade da região do Devonshire, Inglaterra;

- *crème fraîche* – o creme de leite, fresco e pasteurizado, que contém de 30% a 40% de gordura, na França. Na Inglaterra e nos Estados Unidos é o creme pasteurizado com acréscimo de elementos acidulantes: leitelho ou *sour cream*;

- *sour cream* – creme de leite com 18% a 20% de gordura, acrescido de ácido lático. Pode ser encontrado *light sour cream* ou *nonfat sour cream*.

Obs.: A nata, como a chamamos na maior parte do Brasil, ao contrário do creme de leite, é a gordura que fica em suspensão no leite previamente submetido a fervura. O que provoca controvérsias e confusões é o fato de que em Portugal e no Sul do Brasil a palavra nata significa creme de leite.

Queijos (*cheese* – *fromage*)

O queijo, um dos mais antigos alimentos elaborados pelo homem – a mais antiga evidência está em um resíduo encontrado em um pote egípcio datado de 2500 a.C. –, é o resultado da aglutinação de proteínas do leite (caseína) a partir da ação de um agente coagulante.

Alimento completo, de alto valor nutritivo, rico em proteínas, aminoácidos, gorduras, fósforo, cálcio, vitaminas A e D e sais minerais que podem variar em função da composição ou do tipo de leite. Os queijos podem ser obtidos dos leites de vaca, cabra, ovelha e búfala.

Os processos de fabricação dos queijos são diferentes e variam de acordo com o produto final.

A França é o maior produtor e consumidor do mundo, no entanto o Brasil tem se revelado um mercado promissor e ocupa atualmente o sexto lugar na produção de queijos.

Até o final do século XIX, no Brasil só eram conhecidos dois tipos: o queijo-de-minas e os requeijões do Nordeste, aliás considerados os únicos queijos genuinamente brasileiros.

Os imigrantes alemães e dinamarqueses fomentaram a indústria queijeira e, com base em dois queijos dinamarqueses – *typo* e *danbo* –

foi criado o nosso queijo tipo prato. Em seguida os italianos contribuíram com o *parmeggiano*, o *provolone* e a *mozzarella*.

Processo de fabricação

Basicamente os queijos passam pelo mesmo processo de fabricação. No entanto, em algumas etapas, os procedimentos variam em função do tipo a ser obtido: fresco, azul, massa mole etc.

Resumimos no esquema a seguir as principais etapas do processo:

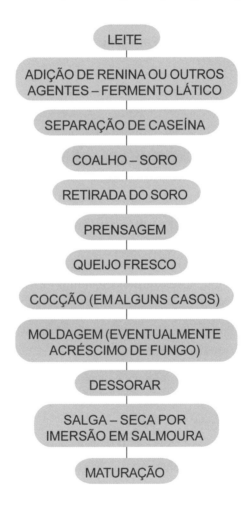

Classificação de acordo com a textura

- *Frescos*: não envelhecidos, obtidos por coagulação lática sem interferência de prensagem; geralmente muito úmidos, puros com sabor neutro, salgados ou misturados com elemento acidulante. Exemplos: queijo tipo minas e ricota fresca.

- *Moles, não cozidos, casca com mofo branco*: obtidos por coagulação mista (prensados e fermentados), dessorados espontaneamente sem pressão (não espremidos), moldados, cobertos por fungos externos e em seguida submetidos a cura e maturação. Exemplo: *camembert*.

- *Moles com a casca lavada*: obtidos por coagulação mista, cortados para apressar a dessoragem, lavados em salmoura durante a maturação. Exemplo: *munster*.

- *Tipo azul*: moles, não cozidos, não prensados, cortados logo após a coagulação, injetados com mofo natural e maturados. Exemplo: *gorgonzola*.

- *Semiduros, não cozidos, prensados*: coagulados sob pressão, cortados para facilitar a dessoragem, misturados, prensados e maturados. Alguns recebem revestimento de casca parafinada. Exemplo: *saint-paulin*.

- *Duros, cozidos e prensados*: como os precedentes, o coalho é aquecido por aproximadamente sessenta minutos. Durante a cura e maturação são regularmente esfregados com salmoura (*morge*). Exemplo: *emmenthal*.

- *De cabra*: feitos exclusivamente com leite de cabra, de massa mole, não cozidos, crosta com mofo natural, coberto às vezes com cinza (*soudre*). Exemplo: *chabichou*.

- *De massa filada*: frescos, secos ou defumados, passam por um tratamento particular; no momento do corte, o coalho é misturado com soro e aquecido até atingir consistência elástica. Exemplo: *provolone*.

- *Fundidos*: feitos com vários tipos de massa amalgamada e misturados com a presença de corantes ou aromáticos; fundidos com a ação do calor; apresentados em embalagens revestidas de alumínio. Exemplo: polenguinho.

Alguns queijos fabricados no Brasil são:

- *bel paese*
- *brie*
- *boursin*
- *cacciocavallo*
- *camembert*
- *chabichou*
- *chanchilik*
- *cream cheese*
- *cheddar*
- *chèvre à l'huile*
- *chevrotin*
- *cottage*
- *crottin*
- *danablu*
- de coalho
- *édam*
- *emmenthal*
- estepe
- feta
- frescal
- *gorgonzola*
- *gouda*
- *gruyère*
- itálico
- limburgo
- maasdam
- minas
- minas meia cura

- minas padrão
- mozzarela (mussarela)
- parmesão
- *pecorino*
- *port-salut*
- prato
- *provolone*
- *quartirolo*
- *reblochon*
- do Serro
- requeijão-de-minas
- reino
- ricota
- *roquefort*
- *saint-paulin*
- *tilsit*
- *tomme*

Obs.: O requeijão no Brasil é encontrado em três formas diferentes:

- requeijão cremoso típico do sul do Brasil, encontrado em potes ou copos;
- requeijão do Nordeste, de cor amarelada, comercializado em bloco;
- requeijão em pasta, comercializado em caixinhas ou embalagens plásticas.

A presença dos queijos na culinária é muito grande. Na França e em outros países da Europa, nenhuma refeição é completa sem a presença de um queijo, geralmente servido em tábuas ou individualmente. Além de ser consumidos puros, podem compor canapês, patês, saladas, pastas, manteigas compostas, recheios, molhos, sopas, suflês, pratos típicos (*fondue* e *raclette*), panificação e confeitaria. No Brasil, o queijo é comumente servido como acompanhamento de doces em pasta ou em calda ou como aperitivo, além de compor produções culinárias doces e salgadas.

SOBREMESAS

Tradicionalmente, definem-se como sobremesas os alimentos servidos por último em uma refeição. No entanto, esse hábito é relativamente moderno, datando do século XIX. Até então, o conceito de sobremesa, tal como o entendemos atualmente, não existia e se costumava "entremear" as refeições com os chamados *entremets*, tais como manjares, pudins, gelatinas, *sorbets* etc. servidos após os queijos. Em muitas ocasiões continuava-se servindo pratos frios ou quentes. O termo *entremets* como sinônimo de sobremesa permanece até os nossos dias em muitas publicações, tendo um conceito inteiramente diverso do *entremets* como guarnição ou acompanhamento dos pratos.

Na Antiguidade, os doces eram confeccionados à base de mel, e o açúcar era tão raro a ponto de ser considerado o "ouro branco". Foram os árabes os primeiros a usar e propagar o uso do açúcar da cana, que por sua vez já era conhecido na Índia desde o século V a.C.

Somente após os grandes descobrimentos, o açúcar branco passou a fazer parte dos hábitos europeus, tendo sido motivo de guerras entre as grandes potências da época. Entretanto, o que se consumia era uma substância dura, parecendo um pão. Os processos de refinação eram incipientes e arcaicos, e somente após a descoberta do açúcar de beterraba e a evolução das máquinas houve um grande progresso na confeitaria.

As sobremesas podem ser apresentadas individualmente e em bufê; podem ser industrializadas, terceirizadas ou preparadas no próprio estabelecimento; e podem ser classificadas de acordo com sua composição ou método de preparação. Geralmente são classificadas em cinco grupos:

- pastelaria;
- sobremesas quentes;
- sorvetes e sobremesas frias;
- à base de frutas;
- queijos.

Optamos pela divisão a seguir, que apresenta os tipos de sobremesa de acordo com aquilo com que são confeccionados.

Massas básicas de confeitaria

Por este termo compreendem-se os três grandes grupos de massas que são a base da confeitaria moderna, quase sempre citados em livros específicos, ainda que com nomes ou denominações diferentes: massas secas, massas levedadas e massas moles.

Massas secas

São as massas compostas por trigo, gorduras, sal, bem como um elemento de ligação. Sua maior característica é que geralmente são de textura crocante, desfazendo-se facilmente ao ser mordidas, resultado da grande quantidade de gordura em sua composição. Isso as torna quebradiças (friáveis), daí a denominação *friables*, usada por alguns autores. Lembre-se de que a massa folhada, apesar de integrar o grupo das massas secas, não deve ser incluída entre as massas *friables*.

- *Massa* brisée*:*

Em sua confecção é utilizada manteiga gelada, farinha de trigo, água gelada e ovo, misturados rapidamente, mesmo que restem alguns pedaços de manteiga não incorporados; isto permitirá que a massa apresente consistência leve, dando a impressão de ser quase "folhada". Quando acrescentado açúcar, esta massa torna-se massa *brisée sucrée* ou massa *sucrée*. Utilizada indistintamente na cozinha quente, *garde-manger* e confeitaria como fundo de tortas, *tartelettes*, *barquettes*, *quiches*, *petits-fours*, *ramequins*.

Na culinária francesa existe a *pâte à foncer*, muito parecida com a *brisée* diferindo daquela por ser trabalhada à mão pelo menos duas vezes, o que lhe confere um aspecto mais uniforme.

- *Massa* sablée*:*

A palavra *sable* quer dizer areia em francês, daí algumas traduções citarem-na como areada. Seus ingredientes são farinha de trigo, manteiga em consistência cremosa, ovo, açúcar de confeiteiro e essência de baunilha. Esta massa deve sempre ser trabalhada até que todos os seus elementos estejam devidamente ligados. É necessário que seja resfriada antes do uso, que pode ser em biscoitos, tortas e tarteletas.

- *Massa folhada*/pâte feuilletée:

Genericamente, a massa folhada consiste na adição de manteiga ou gordura em uma massa previamente confeccionada sem gordura (*détrempe*), de forma a separá-la em "folhas". Sob a ação do calor, a água transforma-se em vapor, estufando as folhas da *détrempe*, dando assim a estrutura característica à massa folhada. Existem diversos métodos que podem variar em função da presença ou não de alguns ingredientes. Por exemplo, o método francês ou clássico determina que a manteiga usada ao folhar seja sem adição de farinha; já no método holandês, à matéria gordurosa usada ao folhar deve ser acrescentada pequena porção de farinha de trigo. Existe ainda uma versão rápida chamada de folhada a minuto ou semifolhada (*feuilletage rapide*), na qual o método permanece o mesmo da massa tradicional, com a diferença de que se deve usar margarina especial para folhados, que, por ser mais firme, reduz o tempo necessário para as dobras, além do que suas quantidades podem ser diminuídas.

Utilizada indistintamente na cozinha quente, *garde-manger* e confeitaria, em *allumettes*, *feuilletées*, *fleurons*, *vol-au-vents*, *bouchées*, *Pithiviers*, *mille-feuilles*, *jalousies*, *chaussons*, *palmiers*, *sacristains*, *tartes Tatin*, *croissants*.

- *Massa de* Strudel:

A palavra pode literalmente significar "enrolado", pois na verdade é um rolo de massa com origem no império austro-húngaro. Apesar de o *Strudel* de maçã, o famoso *Apfelstrudel*, ser o mais corriqueiro, pode--se fazê-lo com os mais variados recheios doces e salgados, incluindo-se até versões nacionais de manga, goiabada, banana, doce de mamão verde e carne-seca com abóbora. Sua massa é constituída de farinha de trigo, ovo, água morna, sal, manteiga ou outra gordura e um acidulante (vinagre ou suco de limão). O grande segredo desta massa é ser trabalhada com precisão e constância até atingir uma consistência elástica, deixá-la descansar e em seguida abri-la manualmente com a destreza de um tocador de acordeão até atingir a espessura de uma folha de papel, quando então é untada e recheada, enrolada e levada a assar.

- *Massa filo (*Phylo):

Presente na culinária mediterrânea, em especial nas gregas e árabe--libanesas, é composta basicamente de água e farinha de trigo. Seu aspecto lembra a massa de *Strudel*, sendo aberta até a espessura de uma folha. Utilizada em produções doces e salgadas.

- *Massa "podre"*:

A popular massa das empadinhas brasileiras era composta originalmente de banha, ovo, farinha de trigo e sal. Atualmente, a banha foi substituída por óleo ou gordura vegetais, havendo ainda receitas que pedem a adição de manteiga.

Massas levedadas

As massas assim chamadas são aquelas que aumentam seu volume antes ou durante a cocção, pela ação de levedos (fermento) adicionados durante o preparo. Os fermentos mais comumente utilizados são o químico, no preparo de bolos e pães leves do tipo *muffins*, ou o biológico, na preparação de pães de fôrma, *croissants*, brioches, *savarins*, pães doces, pães do tipo francês, bisnagas, de tipo italiano etc.

Nesta categoria, apesar de diferir do nosso conceito, são incluídas as massas do tipo *genóise* e *savoie*. Essas massas crescem sob a ação do calor que expande o ar aí contido. A massa *genóise* é confeccionada a partir de três ingredientes principais: farinha, ovos e açúcar; como elemento secundário adiciona-se manteiga derretida. Seu preparo é feito batendo-se os ovos com açúcar até adquirir a consistência de um creme aerado, do tipo merengue, quando então adicionam-se a farinha de trigo peneirada e a manteiga derretida, e mistura-se levemente. Ao assar, o ar contido na massa faz com que a *genóise* cresça.

A *savoie* é feita de modo semelhante, diferindo da *genóise* por utilizar apenas as claras e não o ovo inteiro.

O pão de ló, de origem portuguesa, que tantas dúvidas gera ao ser confundido com a *genóise*, diferencia-se por não utilizar manteiga no seu preparo, mas apenas ovos, açúcar e farinha de trigo. Já o rocambole nada mais é que pão de ló enrolado.

Massas cozidas

A massa *choux* ou *pâte à choux* diferencia-se das outras massas por exigir um prévio cozimento da farinha, água e gordura; só posteriormente são acrescentados os ovos. A massa *choux* pode ser submetida a quatro tipos de cocção: ao forno, em água fervente, frita e sob ação do vapor. Trata-se de uma das mais versáteis massas e presta--se à confecção de algumas das mais renomadas produções da confeitaria; além disso é usada na cozinha quente e *garde-manger*. *Choux*, carolinas, bombas, *éclairs*, *profiteroles*, torta *Saint-Honoré*, *Paris-Brest*, *cro-quembuche*, *beignets*; em produções salgadas: nhoques, *ramequins*, batatas *dauphine*, *beignets* salgados, guarnição de sopas e consomês.

Massas líquidas

Assim chamadas em virtude de sua consistência líquida, levemente pastosa. Possuem os ingredientes básicos de todas as massas: farinha, ovos e gordura, no entanto o ingrediente líquido varia de acordo com a receita, podendo ser leite, água, cerveja, vinho e mesmo saquê. Utilizadas para frituras de *beignets*, crepes, panquecas, *tempura*, empanados. A massa das frutas carameladas à moda chinesa pode ser incluída nesta categoria, feita com maisena, água e ovo e em seguida farinha de trigo e óleo, deixando-se descansar antes de sua utilização.

Merengues

São produzidos a partir das claras de ovos batidas em neve em conjunto com o açúcar, tendo diversos usos na confeitaria. Basicamente há três maneiras clássicas de prepará-los:

- *Francês, básico ou a frio*: a clara é batida em neve, acres-centando-se açúcar; usado para ovos nevados, omeletes flambadas e de fundo para sobremesas como *vacherin* e coberturas. Levado ao forno para secar, torna-se o suspiro. Curiosamente, na confeitaria brasileira tem-se por hábito utilizar a proporção de três colheres de sopa de açúcar para cada clara de ovo.

- *Italiano*: neste processo, o açúcar deve ser adicionado à água e levado a ferver até se tornar uma calda fervente que é despejada sobre claras em neve, batendo-se continuamente até que se torne um creme brilhante e uniforme. Serve para coberturas diversas, conhecido como *marshmallow*.

- *Suíço*: levam-se as claras com o dobro de seu peso em açúcar para bater em banho-maria, adicionando-se suco de limão ou outro elemento acidulante, tornando-o mais firme. Serve para coberturas.

Cremes de confeitaria

Utilizados como recheios, coberturas ou mesmo guarnição, são classificados de acordo com sua forma de preparo:

- *Creme inglês (*crème anglaise*)*: produzido a partir de açúcar, gemas de ovos, leite e aromatizante (baunilha ou raspas de cítricos). Com a adição de ovos, transforma-se no *custard*, muito popular entre os anglo-saxões.

- *Creme* pâtissier *ou* patissière *(creme de confeiteiro)*: confeccionado com ovos, açúcar, leite e amido (farinha ou amido de milho).

- *Creme de manteiga*: engloba coberturas/recheios em que a manteiga é incorporada a outros ingredientes. Os mais utilizados são:

  - com merengue: a manteiga é batida como merengue italiano ou suíço;

  - com *fondant*: resulta num creme mais pesado;

  - com gemas: também chamado de creme francês, resulta da manteiga batida com creme de gemas;

  - à inglesa: creme *patissière* batido com manteiga.

- *Creme* chantilly: consiste na aeração do creme de leite fresco com açúcar.

Marzipã

Extremamente popular na confeitaria europeia, sua produção apresenta variações no preparo, com algumas receitas adicionando ou excluindo alguns ingredientes secundários. De modo geral, podemos defini-lo como o produto resultante da pasta de amêndoas com açúcar de confeiteiro; podem ser utilizadas como elemento de ligação glucose de milho ou claras e, ainda, adicionados aromatizantes como licores ou essências. Pode servir como massa de decoração ou docinhos modelados. Na Europa, sua denominação muda conforme o país: *pâte d'amandes* na França; *massepain* na Suíça e Bélgica; *marzipan* na Inglaterra.

Em um país repleto de frutas como o Brasil, podemos ter "marzipãs" preparados com castanhas de caju ou castanhas-do-pará torradas, pequis e amendoins.

Uso do ovo

O ovo, além dos usos já citados ao longo deste capítulo, é elemento primordial de certas preparações de sobremesas, inteiro ou em clara ou gema.

No Brasil costumamos servir somente omeletes salgadas, mas na confeitaria europeia existem diversos tipos de omeletes doces com diferentes recheios, como a *norvégienne*, feita com o merengue, e outras. Outro uso é em suflês, que podem ser servidos quentes ou frios. Uma das mais populares sobremesas da atualidade é o *crème brûlée,* na verdade a *crème*, já que esta palavra é feminina em francês. Trata-se da versão gaulesa da *crema catalana* espanhola, um creme feito a base de gemas, leite e açúcar, cuja finalização consiste em polvilhar açúcar, sempre depois de resfriado, com um maçarico, ou levando-se à sala-mandra. Existem algumas variações bastante inusitadas como a adição de chocolate, gengibre, frutas secas, entre outros.

A tradição do uso do ovo na culinária portuguesa é muito antiga, sendo a base de sua doçaria, que recebeu grande influência dos árabes e, posteriormente, desenvolveu-se nos conventos. Alguns doces portu-gueses se difundiram e se tornaram extremamente populares no Brasil, a ponto de ser hoje identificados como doces brasileiros, como os papos--de-anjos, toucinho-do-céu, manjar-do-céu, bem-casados e outros.

Sorvetes, *sorbets* e sobremesas geladas

- *Sorvete:*

Confeccionado a partir de um creme (do tipo inglês) batido em baixas temperaturas até se tornar cremoso, sem no entanto congelar totalmente. Nas receitas, algumas vezes o creme é substituído por leite, gorduras ou gemas, podendo ainda ser acrescentados frutas, polpas, chocolate etc.

* Sorbet:

Diferencia-se do sorvete principalmente pelo fato de não entrar leite ou gordura em sua composição, e sim suco ou polpa de frutas, açúcar e claras. O restante do processo é igual ao do sorvete. *Granita* é o equivalente italiano do *sorbet*.

* *Sobremesas geladas:*

Neste grupo optamos por classificar aquelas sobremesas que comumente são servidas geladas ou resfriadas, encontradas em alguns livros com a denominação de *entremets froids*:

* *Aspic*: frutas envoltas em gelatina e enformadas.

* *Bavarois*: sobremesa cremosa, gelatinizada, de consistência entre musse e purê, composta de polpa de frutas e outros ingredientes. Não confundir com *bavaroise,* uma bebida quente.

* *Blanc-manger*: inicialmente uma receita medieval cuja composição variava muito, transformou-se na atualidade em uma espécie de manjar ou pudim, com leite, amêndoas, gelatina e creme de leite. Ver manjar-branco em Doces brasileiros.

* Bombas: camadas de sorvetes sobrepostas em uma fôrma arredondada lembrando uma bomba, daí o seu nome.

* *Cassata*: na Itália, de onde vem esta receita, existem várias versões desta sobremesa montada em uma fôrma específica; basicamente composta por camadas de sorvetes de diferentes cores sobre um fundo de pão de ló.

* *Charlotte*: a característica desta sobremesa é estar envolta por biscoitos do tipo *champagne*, pão de ló, pão e panetone.

Seu recheio cremoso pode ser composto por musses, *bavarois*.

- *Coupes*: nome genérico para recipientes nos quais se acondicionam várias sobremesas; são também sorvetes como *coupes Jacques*, à base de morangos.
- *Île flottante*: o equivalente francês para as nossas claras nevadas.
- Musse: pode ser feita de frutas com creme de leite, açúcar e clara de ovos, com chocolate, creme de leite e clara de ovos ou quaisquer outros ingredientes doces. Deve ter consistência aerada e cremosa e pode ser enformada com o auxílio de gelatina.
- *Nougat*: doce clássico preparado com mel e frutas. Algumas receitas geladas incluem claras em neve, creme de leite batido ou outros ingredientes, o que lhe confere textura semelhante à do sorvete. A palavra *nougat* também é aplicada para preparações de *friandises*, semelhantes a torrones.
- *Œufs à la neige*: nome francês para ovos nevados.
- *Omelette norvégienne*: sobremesa feita com massa *genóise* recoberta com camadas de sorvete e merengue italiano, levada ao forno ou gratinada rapidamente, eventualmente flambada. Existem diversas variações conhecidas como *omelettes surprises*, cujas receitas mudam.
- *Parfait*: sorvete cremoso, de frutas ou outros ingredientes apropriados, cuja característica é ter sido congelado diretamente no congelador e não turbinado. Os *parfaits* podem ser feitos de vários sabores e camadas, lembrando uma *cassata*.
- Pavê: camadas de creme intercaladas por fatias de pão de ló ou biscoitos com coberturas diversas.
- *Pêche Melba*: clássico criado por Escoffier em homenagem à cantora clássica Nellie Melba. Composto por doce

de pêssego com sorvete de baunilha e calda de framboesas. As versões atuais variam.

- *Sabayon*: versão francesa do italiano *zabaglione*, composto por gemas de ovos batidas com açúcar e bebida alcoólica (vinho branco licoroso ou espumante, marsala, licores ou outros). Pode ser servido quente. Existe também o molho contemporâneo homônimo.

- Suflê: apesar do nome, pouca relação tem com a preparação quente. A denominação deve-se ao fato de que várias camadas de sorvetes são sobrepostas em uma fôrma para suflê envolta por papel cartolina ou acetato e em seguida congeladas. Tal qual o *parfait*, o suflê congela naturalmente, sem ser mexido.

- *Terrine*: semelhantes ao *aspic*, as *terrines* são feitas a partir de geleia de frutas envoltas em gelatina, montadas em forma de *terrine*, servidas com creme de leite ou molho de frutas.

- *Tiramisù*: sobremesa italiana, de grande aceitação, feita com camadas de pão de ló ou biscoito *champagne*, intercaladas com creme feito com queijo mascarpone, café ou chocolate, vinho marsala ou do Porto e gemas de ovos.

- *Vacherin*: basicamente composto por uma coroa de merengue que pode ser servida com sorvetes variados, coberta com frutas confeitadas ou cristalizadas e creme *chantilly*.

Sobremesas quentes

São preparações normalmente utilizadas como sobremesas servidas quentes ou mornas. Também conhecidas por *entremets chauds*. Eventualmente algumas podem ser flambadas.

- Beignets: frutas envoltas em massa líquida e fritas em gordura muito quente; eventualmente polvilhadas com açúcar, canela ou outra especiaria.

- *Crepes e panquecas*: basicamente idênticos, diferenciam-se principalmente pela espessura da massa e posterior dobra. São resultantes da fritura de massa líquida em pequenas frigideiras específicas. Crepes podem ser dobradas em leque *fan*, quadradas *pannequets* ou em forma de "cigarrinhos" (*cigarette*).

- *Pudins*: preparações feitas de farinhas (de arroz, semolina etc.) ou pão, frutas, leite, além de ovos e açúcar, cozidas em vapor ou assadas em banho-maria. Sua textura pode ser das mais delicadas às mais consistentes, como é o caso dos pudins ingleses. O chamado pudim de leite no Brasil é conhecido na França como *crème renversée* ou *caramel*, e na Espanha é chamado de *flan*. Na Inglaterra, os pudins são extremamente populares, havendo uma infinidade deles, com texturas e características as mais diversas; alguns tornaram-se clássicos, como o *Christmas pudding* ou o *bread pudding*.

- *Suflês*: *souffler* em francês significa soprar, e a palavra *soufflé* significa literalmente "inchado". Os suflês quentes podem ser feitos à base de frutas, chocolate, queijos, ocasionalmente enriquecidos com gemas de ovos incorporadas às claras em neve, o que lhes confere leveza. O pulo do gato do suflê quente é ser servido imediatamente após seu preparo, o que requer grande sincronia entre a cozinha e o restaurante.

Frutas

As frutas, como já nos referimos no espaço a elas reservado, podem ser servidas ao natural, como frutos de mesa – acompanhadas por creme *chantilly*, sorvetes etc. –, puras, somente com açúcar, ou em saladas. Em geleias podem compor recheios ou guarnições de doces, pudins, suflês, omeletes. Em pastas podem ser consumidas com creme de leite. Podem ainda ser apresentadas cristalizadas, em compotas ou musses.

Friandises e petits-fours

Friandises, conforme o termo indica, são pequenos confeitos servidos ao final de uma refeição, normalmente à hora do café. Constituem preparações à base de caramelos, *fondant*, pastas de amêndoas, frutas cristalizadas ou geleias. As *friandises* podem também ser compostas por trufas, *petits-fours*, *nougatines*, *tuilles*, biscoitinhos e uma infinidade de outros itens.

Petits-fours são todas as preparações que tenham tamanho reduzido, podendo ser consumidas com uma só mordida, doces ou salgadas (*salés*). Assim, entre outros podem ser incluídos barquetas, tarteletas, pequenas tortas de pão de ló confeitadas ou não, pequenos bombons passados em *ganache*, frutas confeitadas com *fondant* ou em calda de caramelo, biscoitos, miniquiches.

Usos do chocolate

O chocolate – produzido a partir da moagem das sementes de cacau, secas e torradas – é um dos alimentos mais populares em todo o mundo ocidental. Desconhecido até o século XV, coube aos espanhóis sua introdução no cardápio alimentar dos europeus. Até meados do século XVII seu consumo ocorria por meio de uma bebida na qual não entrava leite. Com a invenção do chocolate em barra (pelos suíços) seu uso na confeitaria se difundiu, bem como seu consumo se tornou peça-chave para a boa nutrição. Pode ser encontrado comercialmente puro, com açúcar, ao leite, branco, meio amargo e para cobertura. Sua utilização é das mais versáteis e das mais constantes, seja em bombons, coberturas, molhos, recheios de tortas e de biscoitos, musses, bolos, cremes, biscoitos. Sua versatilidade o tornou ingrediente principal de vários itens de confeitaria, como as tortas *Sacher* e imperatriz (austríacas), a torta floresta negra (alemã), a *gianduia* (italiana), as trufas (francesas), o brigadeiro (brasileiro) e diversos outros. O Brasil, grande produtor de cacau, exporta matéria-prima de alta qualidade para produção de chocolate, apesar de sofrer concorrência do produto oriundo de países africanos e latino-americanos.

Doces brasileiros

Os brasileiros herdaram dos portugueses, e estes por sua vez dos árabes, o gosto pelas "coisas doces". Em um país de dimensões continentais, com a variedade de climas e influências étnicas, é natural encontrarmos doces provenientes de vários países. No entanto, o forte da doçaria brasileira está na adaptação de nossas frutas às compotas e doces em calda portugueses e na adaptação, feita pelas escravas africanas, a muitos outros. No Brasil são encontradas preparações típicas tão arraigadas às tradições locais que se tornaram sinônimos de determinada região ou estado, como é o caso das cocadas baianas e dos doces mineiros/paulistas. Entre os exemplos mais significativos temos:

- *Alfenin*: calda de açúcar, leite de coco, vinagre.
- *Ambrosia*: doce de leite e gemas, com aspecto granuloso; pode ser aromatizado com laranja.
- *Arroz-doce*: arroz, leite, açúcar, gemas.
- *Balas de ovos*: calda de açúcar, manteiga, farinha de trigo e gemas de ovo.
- *Fatias de parida/rabanadas*: fatias de pão adormecido umedecidas em leite ou vinho, passadas em ovo e fritas. Servidas frias com açúcar e canela.
- *Bem-casados*: calda de açúcar, manteiga, coco, farinha de trigo.
- *Mãe-benta*: bolo de farinha de arroz com leite de coco.
- *Manjar*: sobremesa à base de leite de vaca ou de coco, amido de milho, servida com caldas.
- *Olho-de-sogra*: docinho de confeitaria que tem por base ameixa seca recheada com doce de coco ou castanhas.
- *Siricaia*: doce à base de ovos batidos cozidos lentamente em leite e açúcar.
- *Quindim*: doce de gemas e coco ralado, cozido em banho--maria; em tamanho maior chama-se quindão.
- *Baba-de-moça*: doce de consistência cremosa à base de calda de açúcar, gemas e leite de coco.
- *Cocada*: doce à base de coco ralado, açúcar ou rapadura. Pode ser acrescentada a várias outras frutas.
- *Furrudum*: doce que tem por base açúcar mascavo, especiarias e cidra ralada.

- *Papo-de-anjo*: doce de gemas batidas, assado em forno quente e imerso em calda de açúcar.

Além dos mencionados, temos também pés de moleque, paçocas, doces à base de milho, bolos regionais, beijus e as produções com derivados da mandioca: puba, polvilho, carimã (ver *mandioca*). Ou seja, uma infindável gama de sabores e texturas.

Uso do café (ver Frutas)

CAPÍTULO IV
Produções culinárias

A listagem abaixo foi elaborada com o intuito de servir como guia para a escolha das produções culinárias de um cardápio. O número de pratos será variável em função da especialidade do restaurante e do tipo de serviço. Esse mesmo critério aplica-se ao peso das porções de acordo com a conceituação do restaurante ou do tema escolhido. Assim, não existem fórmulas feitas para a determinação dessas quantidades; no entanto, algumas publicações mais específicas tratam do assunto.

ENTRADAS FRIAS

Peixes, moluscos e crustáceos

- *Crus*
- *Em conserva*
- *Em salmoura*
- *Defumados*
- *Cozidos*
- *Grelhados*
- *Fritos*
- *Com ou sem molhos, maionese, manteigas, cremes*

- *Ovas*: podem ser granulosas ou esponjosas:

  - Granulosas: de esturjão (caviar), peixe encontrado nos mares Cáspio e Negro. Divididas em três grupos, de acordo com a maneira como são preparadas:

    – beluga: de grãos maiores e tonalidade cinza-escura a negra;

    – sevruga: grãos menores e coloração negro-esverdeada;

    – osetra: grãos maiores e coloração variável de cinza a marrom-clara.

    Existe ainda o tipo *sterlet*: raríssimo, proveniente de um esturjão albino, de grãos brancos.

    Malassol, palavra russa que significa "pouco sal", é o processo de salgamento, indicando que o teor de sal não deve passar de 10%.

    Encontradas também pasteurizadas e prensadas.

    Além das do esturjão, outras ovas granulosas são comercializadas: de salmão (*keta*), tainha (*bottarga*), peixe-voador, truta e lompo (*lumpfish*) – pequeninos grãos pretos muito parecidos com o verdadeiro caviar de esturjão.

  - Esponjosas: de bacalhau, sardinha, atum.

Charcutaria

Nome genérico para frios e embutidos, proveniente do francês *charcuterie*, dos *cuisseurs de chair* – aqueles que cozinhavam carnes. Atualmente, o termo engloba toda a gama de embutidos, presuntos, defumados e outros derivados.

- *Embutidos:*

  A palavra significa literalmente produtos embutidos em um recipiente. Até recentemente eram utilizadas as tripas de certos animais, substituídas por fibras sintéticas.

- *Salsicha (*sausage – saucisse*):*

Pode ser feita de carne bovina, suína, de aves e até mesmo de peixes e frutos do mar. No Brasil, já se encontram inúmeras variedades fabricadas pelos principais frigoríficos e artesanalmente: *frankfurt*, viena, munique, de vitela, *schublig*, *chipolata*, *hot-dog*, *cervelas*, brancas (*Weisswurst* e *Bratwurst*), de frango, de peru, de chester, para aperitivos.

- *Salsichão (*sausage – saucisson*):*

De características semelhantes às da salsicha, diferindo no tamanho: *bavaria*, lionês e outros específicos de cada fabricante.

- *Linguiça:*

Com textura mais grosseira do que as salsichas, diferenciamse também pelo processo de fabricação: toscana, calabresa, *Nurnbergen*, americana, comum, portuguesa, do tipo paio, chouriço, de chester e de chester simples, de frango, de peru, morcela.

- *Salame (*salami*):*

De origem italiana, pode ser feito com carne suína ou outra, gordura, aromatizantes, condimentos, podendo ser defumado ou seco. Encontrado nos tipos italiano, hamburguês, milano, dinamarquês, suíço e picante.

- *Mortadela:*

Feita com carne de porco, temperos os mais diversos e gorduras; é uma especialidade italiana, encontrada pura ou com diversos complementos, entre eles o pistache. Pode ser: *bologna*, comum, com pistache, de frango, de chester e de peru.

- *Presunto (*ham – jambon*):*

Feitos a partir das patas traseiras do porco, podem ser cozidos, curados, defumados; vendidos com ou sem osso. Alguns deles têm reputação internacional, em especial o tipo parma, o jamón serrano e o virginia ham, e os tipos tender. No Brasil já são fabricados excelentes produtos, entre eles os crus (curado, tipo parma) e os cozidos (comum, defumado, *maryland*, *virginia*, de peru, de chester).

- *Defumados e derivados:*

  Pastrami, *coppa*, *bresaola*, rosbife, carne-seca suíça (*viande des grisons*), *speck*, lombos canadenses simples e condimentados, peito de peru defumado, derivados de chester, *Kasseler*, *corned-beef*, apresuntados e afiambrados.

- *Patês, terrines, galantines*
- *Musses*/mousselines
- Aspics *e* chauds-froids

Ovos

- *Duros, simples, recheados*
- Pochés *(com geleia)*

Frutas

- *Simples, em saladas, coquetéis*
- *Com charcutarias*
- *Com bebidas*

Legumes e verduras

- *Crus (*crudités*)*
- *Cozidos (*ratatouilles*, caponatas)*
- *Em conserva (*picles*)*

Carnes e aves

- *Cozidas*
- *Peças fatiadas*

- *Assadas*
- *Em gelatina*

Canapés (pães, torradas, biscoitos)

- *Alimentos diversos, em partes ou inteiros, em creme; apresentação e decoração as mais variadas.*

HORS-D'ŒUVRE QUENTES

À base de peixes, frutos do mar, aves, carnes e legumes.

Fritos (simples)

- *Croquetes*

Fritos em massa

- *Simples ou com recheio:*
  - *beignets (fritters)*
  - pastéis
  - empanados
  - *rissoles*
  - crepes/panquecas/*pannequets*
  - *cromesquis*
  - *börecks (beurrecks)*

Assados

- *Simples ou com recheio:*
  - *Barquettes, tartelettes*
  - *Quiches, ramequins*
  - *Talmouses*

- *Vol-au-vents/bouchées/croustades*
- Empanados
- *Coquilles*, casquinhas
- *Timbales*, *darioles*
- Folhados (*feuilletés*)

Massas italianas

À base de cereais

- *Risotos*

À base de ovos

- *Suflês*
- *Fritadas*

SOPAS

Consomês

Com vários tipos de guarnição à parte ou incorporados.

Sopas ligadas

- *Cremes*
- Veloutés
- Purées

Sopas não passadas (*potages – soupes*)

Um ou vários legumes em cortes variados, em pedaços.

Sopas de caráter regional

- *Peixes, ostras, moluscos* (bisques)

- *Aves*

- *Cereais*

- *Legumes/verduras*

  Exemplos: *bortsch*, *bouillabaisse*, caldeirada, *chicken-broth*, *clam chowder*, minestrone, *mulligatawny*, *oxtail*, barbatana de tubarão, ninho de andorinha, tartaruga.

OVOS

Cozidos com casca

- *Duros ou moles*

Cozidos sem casca

- Brouillés

- Cocottes

- Pochés

- *Mexidos*

- Poêlés

Fritos

- *Na chapa*

- *Na gordura*

Omeletes

- *Simples*

- *Compostas*

Fritadas

- Tortillas

Frigideiras

SALADAS

Simples

Mistas

Exemplos: *Caesar's salad, Niçoise, Waldorf.*

MASSAS (ITALIANAS)

Produtos

- *Industriais*
  - secas (*pasta asciutta*)
  - semifrescas
- *Preparadas no estabelecimento*

Podem ser:

- *Entrada*
- *Prato principal*
- *Guarnição*
- *Simples (cozidas) com molhos*
- *Recheadas:*
  - cozidas
  - assadas

PESCADOS

Peixes, moluscos, crustáceos, rãs.

Peixes

- *Água doce*
- *Água salgada*
- *Importados*

Cortes:

- *Filés*
- *Postas*
- Darnes
- Goujons, goujonettes
- *Em* orgnette
- *Escalopes*
- *Inteiros*

Modos de preparo:

- *Cozidos:*
  - *pochés*
  - *au bleu*
  - em *court-bouillon*
- *Fritos:*
  - empanados com farinha
  - empanados à inglesa
  - envoltos em massa de fritar (orly)
- *Assados:*
  - inteiros
  - no espeto
- *Grelhados:*
  - ao natural

- empanados
- na grelha (carvão)
- *Salteados:*
  - *à meunière* (salteados na manteiga)

Crustáceos

- *Cozidos:*
  - em água, aromáticos e vinhos
  - com molhos ou manteigas
- *A vapor (no bafo)*
- *Fritos*
- *Salteados*
- *Assados*
- *Guisados (ensopados)*
- *Grelhados*

Moluscos

- *Cozidos*
- *A vapor (no bafo)*
- *Salteados*
- *Fritos*
- *Assados*
- *Grelhados*
- *Guisados*

Rãs

- *Fritas*

- *Salteadas*
- *Em musse*
- *Em* aspic

AVES

Produtos

- *Naturais*
- *Semicongeladas (resfriadas)*
- *Congeladas*
- *Defumadas*

Tipos

- *Domésticas*
- *De caça*

Cortes

- *Inteiras*
- *Na junta*
- Suprême
- *Coxa e sobrecoxa*
- *Filé*

Existe também o frango inteiramente desossado, aproveitado em *galantines*, e o frango cortado ao meio, em *crapaudine*.

Os japoneses cortam o frango em 68 pedaços diferentes, sendo o Brasil o maior exportador de alguns desses cortes:

- *Sasami*: filé sem pele, miolo do peito.
- *Dice cut*: peito congelado, cortado em cubinhos de 11 mm.

- *Kagujiri*: coxa e sobrecoxa desossadas, recortadas em três pedaços de 70 g aproximadamente.
- *Kirini*: coxa e sobrecoxa desossadas, cortadas em seis pedaços de 30 g cada.

Modos de preparo

- *Assadas:*
  - fornos, espeto
  - recheadas ou não
- *Grelhadas*
- Pochées
- Poêlées
- *Salteadas*
- *Fritas:*
  - simples
  - empanadas
- *Cozidas:*
  - estufadas
- *Guisadas*
- *Especiais:*
  - *confits*
  - *roulades*
  - típicos brasileiros

Miúdos de aves

CARNES

Bovina

Suína

Ovina

Caprina

Caças e outros animais comestíveis

Cortes de carnes

- *Bovinos*

- *Suínos*

- *Ovinos/caprinos*

Modos de preparo

- *Assadas:*
  - forno, espeto
  - recheadas ou não
- *Grelhadas*
- Pochées
- Poêlées
- *Salteadas*
- *Fritas:*
  - simples
  - empanadas
- *Cozidas*
- *Guisadas*
- *Especiais:*
  - típicos brasileiros

Miúdos

GUARNIÇÕES

Batatas

Legumes e verduras

Cereais e leguminosas

Massas e risotos

Frutas

Farofas

Cuscuz marroquino

SOBREMESAS

Podem ser industriais, compradas fora ou confeccionadas no próprio estabelecimento.

Preparações à base de massa seca

Preparações à base de massa folhada

Preparações à base de massa cozida

Preparações à base de levedadas

Preparações à base de massas líquidas

Doces à base de marzipã

Bolos e doces à base de merengue

Friandises e *petits-fours*

Frias

Sorvetes

- *Frutas*
- *Montagens especiais*
- *Moldados*
- Coupes *(taça)*
- Sorbets
- *Bombas*
- *Bolos e sobremesas à base de sorvete*

Quentes

À base de ovos

À base de chocolate

REFERÊNCIAS BIBLIOGRÁFICAS

A carne de porco e cordeiro. Século Futuro.

ABRENNAN, Jennifer. *The Cuisines of Asia.* Londres: Macdonald & Co., 1984.

ALEXANDER, Stefanie et al. *The Food of Australia – Contemporary Recipes from Australia's Leading Chefs.* Cingapura: Periplus, 1996.

ALMANAQUE DE COZINHA. São Paulo: Nova Cultural, 1994.

Aves. Rio de Janeiro: Time Life, 1992. (Coletânea)

BAILEY, Adrian. *Cook's Ingredients.* Londres: Reader's Digest, 1990.

BATMANGLIJ, Natjmieh. *Persian Cooking.* Washington: Mage, 1997.

BUARQUE DE HOLANDA, Aurélio. *Novo dicionário da língua portuguesa.* 2ª ed. Rio de Janeiro: Nova Fronteira, 1996.

_____ . *Pequeno dicionário brasileiro da língua portuguesa.* 10ª ed. São Paulo: Nacional, 1972.

Carnes. Rio de Janeiro: Time Life, 1992. (Coletânea)

CARVALHO, Alfredo Filho. *Peixes da costa brasileira.* São Paulo: Marca D'água, 1994.

CASCUDO, Luís da Câmara. *História da alimentação no Brasil.* Belo Horizonte: Itatiaia, 1983. vols. 1 e 2.

CAVALCANTE, Paulo B. *Frutas comestíveis da Amazônia.* 5ª ed. Belém: Cejup, 1991.

CHOI, Trieu Thi & ISAAK, Marcel. *The Food of Vietnam – Authentic Recipes from the Heart of Indochina*. Cingapura: Periplus, 1997.

COMPANHIA INDUSTRIAL DE ÓLEO DO NORDESTE – CIONE. *Nova culinária nordestina*. Fortaleza.

COSTA, Paloma Jorge Amado. *As frutas de Jorge Amado ou o livro de delícias de Faul Abdala*. São Paulo: Companhia das Letras, 1997.

DAWSON, A. G. *O poder das ervas*. Rio de Janeiro: Best Seller, 1988.

DONEL, Elisa. *O passaporte do gourmet*. Rio de Janeiro: Ediouro, 1999.

DORNENBURG, Andrew & PAGE, Karen. *Culinary Artistry*. Nova York: John Wiley, 1996.

DURUSSEL, Vladimir. *Étude rédaction & planification des menus*. Lausanne: École hôtelière de Lausanne, 1979.

ESCOFFIER, George Auguste. *Le guide culinaire – aide-mémoire de cuisine pratique*. Paris: Flammarion, 1996.

FLANDRIN, Jean Louis & MONTANARI, Massimo (dir.). *História da Alimentação*. São Paulo: Estação Liberdade, 1998.

GIACOMETTI, D. C. *Ervas condimentares e especiarias*. São Paulo: Nobel, 1989.

GOMES, Raimundo Pimentel. *Fruticultura brasileira*. São Paulo: Nobel, 1972.

GONSALVES, Paulo Eiró. *Livro dos alimentos*. São Paulo: Martins Fontes, 1992.

GRANDE ENCICLOPÉDIA DELTA LAROUSSE. Rio de Janeiro: Delta, 1972.

GRIGSON, Jane. *O livro das frutas*. Trad. Helena Londres. São Paulo: Companhia das Letras, 1999.

GUIA DAS PROFISSÕES HOTELEIRAS. São Paulo: OIT/Senac-SP, 1980.

GUIA DE SAÚDE NO COMÉRCIO DE ALIMENTOS. Programa de Fiscalização e Vigilância Sanitária no Comércio de Alimentos.

GUIA RURAL. *Ervas e temperos.* São Paulo: Abril, 1º sem. 1991. Edição especial.

HAFNER, Dorinda. *A Taste of Africa.* Ten Sped Pren Berkeley, CA: Simon & Schuster, 1993.

HARRIS, Valentina. *What Pasta, Which Sauce?* Cingapura: Kyle Cathie, 1998.

HERBST, Charon Tylier. *The New Food Lover's.* Nova York: Baron's Educations Series, 1995.

HOLZEN, Heinz Von & ARSANA, Lother. *The Food of Bali – Authentic Recipes from the Island of the Gods.* Cingapura: Periplus, 1995.

INSTITUTO BRASILEIRO DE GEOGRAFIA E ESTATÍSTICA – IBGE. *Nomenclatura dos alimentos consumidos no Brasil:* parte I – vegetais; II – animais. Rio de Janeiro: IBGE, 1980.

INSTITUTO DE TECNOLOGIA DE ALIMENTOS – ITAL. *Compotas, doces em massa, geleias e frutas cristalizadas para pequenas e microempresas.* Campinas.

JONES, Bridget. *Dicionário prático de culinária.* (*Cooking and Kitchen Skills*). São Paulo: Melhoramentos, 1996.

JUNQUEIRA, Lígia. *Ervas e especiarias na cozinha.* São Paulo: Ediouro, 1980.

KINTON, Ronald. *Enciclopédia de serviços de alimentação.* São Paulo: Varela, 1999.

KONISHI, Kigoko. *Cozinha japonesa.* (*Japanese Cooking for Healt and Fitness*). São Paulo: Art, 1983.

KOSCHER, Joseph; RUQÚIÉ, Lucien; MONTILLET, Gérard. *Maîtrisier la pâtisserie.* Paris: BPI, 1990.

KOTSCHEVAR, Lendal H. *Management by Menu.* Wisconsin: WCB Co. Publ., 1975.

LABENSKY, Sarah R. & HAUSE, Alan M. *On Cooking.* Nova Jersey: Second Edition, 1999.

LANCELLOTTI, Sílvio. *Cozinha clássica.* São Paulo: Art, 1991.

_____ . *O livro do macarrão – 99 receitas de antologia.* Porto Alegre: L&PM, 1996.

_____ . *O livro dos molhos.* São Paulo: Art/Círculo do Livro, 1991.

LAROUSSE CULTURAL. *Enciclopédia Compacta – Brasil.* São Paulo: Nova Cultural, 1995.

LAROUSSE GASTRONOMIQUE. Paris: Larousse-Bordas, 1996.

LEGLAND, Jean-Pierre & WOLFF, Jean-Marc. *Technologie culinaire à la carte.* Paris: Jaques Lanore, 1979.

LEVIE, Albert. *The Meat Handbook.* 3ª ed. Westport: Avi, 1977.

LIMA, Zelinda Machado de Castro e. *Pecados da gula – comeres e beberes das gentes do Maranhão.* São Luís: CBPC, 1998.

MABAN, L. Kathleen & STUMP, Silvia Escott. *Krause – alimentos, nutrição & dietoterapia.* 9ª ed. São Paulo: Roca, 1998.

MASUI, Kasuko. *Queijos franceses – guia para mais de 250 tipos de queijos de todas as regiões da França.* Trad. e pesq. de Talita M. Rodrigues. Rio de Janeiro: Ediouro, 1999.

MATHIOT, Ginette. *La cuisine pour tous.* Paris: Albin Michel, 1955.

MAXIMIANO, Yeda & ALMEIDA, Maria de Oliveira de. *Sabores da Ásia.* São Paulo: Marco Zero, 1998.

MICHAELIS *– Dicionário ilustrado.* São Paulo: Melhoramentos, 1998.

Molhos. Rio de Janeiro: Time Life, 1992. (Coletânea)

MOMENTOS CULINÁRIOS PERDIGÃO. São Paulo, 1997.

MOREIRA, Silvio & RODRIGUES FILHO, A. J. "Cultivo dos citros". Em: GOMES, Raimundo Pimentel. *Fruticultura brasileira.* São Paulo: Nobel, 1972.

NORMAN, Jill. *The Complete Book of Spices – A Pratical Guide to Spices & Aromatic Seeds.* Londres: Vicking Studios Book, 1990.

NORWAK, Mary. *The Book of Preservs – Jams, Chutneys, Pickles, Jellies.* Los Angeles: HPBooks, 1986.

ORRICO, Bettina. *O livro dos peixes.* São Paulo: Art, 1993.

PACHECO, Aristides de Oliveira. *Manual de serviço do garçom.* São Paulo: Editora Senac São Paulo, 1997.

_____ . *Manual do maître-d'hôtel.* São Paulo: Editora Senac São Paulo, 1994.

PARIENTÉ, Henriette & TERNANT, Geneviève de. *La fabuleuse histoire de la cuisine française.* Paris: Odil, 1981.

PAULI, Eugen. *Classical Cooking – The Modern Way.* Nova York: Van Nostrand Reinhold, 1989.

PERRELLA, Angelo Sabatino & PERRELLA, Myriam Castanheira. *História da confeitaria no mundo.* Campinas: Livro Pleno, 1999.

PETERSON, James. *Sauces.* Nova York: Van Nostrand Reinhold, 1991.

PLASSCHAERT, Benito & ELEGEER, Jill. *Patês e terrinas.* Blumenau: EKO, 1999.

POKHLIOBKIN, V. V. *Cozinha tradicional dos povos da URSS.* Moscou: Mir, 1989.

RAZAN, Marcella. *Fundamentos da cozinha italiana clássica.* São Paulo: Martins Fontes, 1997.

RECIPES BY THE COOK OF BOM TON RESTAURANT. *The Food of Malaysia – Authentic Recipes from the Crossroads of Asia.* Cingapura: Periplus, 1995.

RIELY, Elizabeth. *The Chef's Companion.* Nova York: Van Nostrand Reinhold, 1986.

ROQUE, Carlos. *As três raças do Brasil e nove receitas clássicas.* São Paulo: s. ed., 1997.

_____ . *Chefs de Cuisine nordestinos e a culinária europeia.* São Paulo: s. ed., 1996.

SANTOS, Euclides. *Peixes de água doce.* Belo Horizonte: Itatiaia, 1987.

SANTOS, Eurico. *Nossos peixes marinhos – zoologia brasílica.* Belo Horizonte: Villa Rica, 1992. vols. I e II.

SENAC. *Comércio varejista de carnes*. São Paulo, 1993.

_____ . *Serviço de garçom*. São Paulo.

_____ . *CBC cozinha*. 4ª ed. Rio de Janeiro: Senac Nacional, 1985.

SILVA, Silvestre P. *Frutas Brasil*. São Paulo: Empresa das Artes, 1991.

SONNENSCHMIDT, Frederic. *Art of Garde-Manger*. Nova York: Van Nostrand Reinhold, 1992.

TEICHMANN, Ione Mendes. *Cardápios – técnicas e criatividade*. 4ª ed. Caxias do Sul: Educs, 1995.

TEMPERLEY, Carol & NORMAN, Cecilia. *O livro de queijos*. São Paulo: Ed. Manoel, 1997.

THE CULINARY INSTITUTE OF AMERICA. *The New Professional Chef*. Nova York: Sixth Edition, 1996.

TUOR, Conrad. *Aide – mémoire du sommelier*. 6ª ed. Lausanne: Professeur de Service École Hôtelière Lausanne, 1975.

UNICAMP. *Doces, geleias e frutas em calda – teórico e prático*. Campinas.

WESSEL, István. *Os segredos da carne*. São Paulo: Dórea Books and Art, 1997.

_____ . *Segredos da família Wessel*. São Paulo: Art, 1992.

WIBISONO, Djoko & WONG, David. *The Food of Singapore – Authentic Recipes from the Manhattan of the East*. Cingapura: Periplus, 1995.

WILLIAM, E. & MARLING, Clare F. *The Marling Menu – Master For Italy*. Bielefeld: Altarinda Books, 1971.

WRIGHT, Jeni & TREUILLE, Eric. *Todas as técnicas culinárias – le cordon bleu*. 2ª ed. São Paulo: Marco Zero.

OUTRAS REFERÊNCIAS

http://www.ibama.gov.br/atuacal/conserbi/fauna/fausilve.htm (conservação da biodiversidade). Acesso em 2010.

http://members.tripoda.com/~emporio (Empório Silvestre). Acesso em 2010.

http://www.geocities.com. Acesso em 2010.

http://www.clinica-humana.com.br. Acesso em 2010.

http://www.eciencia.usp.br. Acesso em 2010.

http://www.pescaecia.com.br. Acesso em 2010.

http://www.bacalhau.com.br. Acesso em 2010.

http://www.nitnet.com.br. Acesso em 2010.

http://www.allfood.com.br. Acesso em 2010.

http://www.ibama.gov.br. Acesso em 2010.

http://www.icmbio.gov.br/cepsul/images/stories/legislacao/ Portaria/2015/p_mpa_mma_13_2015_proibe_pesca_mero.pdf (Proibição da captura do mero). Acesso em 2017.

GLOSSÁRIO

Aletria: massa muito fina, presumivelmente de origem árabe; conhecida como cabelo-de-anjo.

Aspic: alimento envolto em gelatina de carne, frango ou peixe, moldado em fôrmas grandes ou pequenas.

Au bleu: modo de cozinhar alimentos, geralmente peixes, em *court-bouillons*.

Béarnaise: molho derivado do holandês.

Beignets: preparação na qual o alimento é envolto em massa e em seguida frito. Pode ser doce ou salgado.

Bisque: sopa à base de crustáceos.

Bomba: sobremesa gelada (ver Sobremesas).

Böreck ou *Beurreck*: espécie de pastel ou *beignet* da cozinha árabe-libanesa, preparado com massas e recheios diversos.

Bouchées: pequeninos *vol-au-vents* salgados ou *petits-fours* doces.

Bouquet garni: composição de temperos amarrados juntos, tendo por finalidade aromatizar preparações.

Braiser: brasear em português. Método de cocção misto feito em panela especial *braisière* (ver Métodos de cocção).

Bresaola: carne seca e salgada do boi; especialidade da Lombardia, no norte da Itália.

Brouillés: mexidos.

Cambusa: local onde são armazenadas as bebidas que serão servidas nos restaurantes e onde são feitos sucos e bebidas leves.

Cassata: ver Sobremesas.

Cemen: condimento da culinária armênia. São grãos de feno-grego com outras especiarias.

Charcutaria: adaptação da palavra francesa *charcuterie*, conjunto de frios e embutidos.

Charcutiers: confraria na qual trabalhavam os que confeccionavam produtos de charcutaria (ver Produções culinárias).

Charlotte: ver Sobremesas.

Chaud-froid: preparação clássica na qual o alimento é envolto por um molho *chaud-froid* (ver Molhos).

Chou: na confeitaria são pequenas *profiteroles* e na cozinha quente, as couves.

Civets: preparações feitas com o sangue dos animais.

Cocotte: pequeno utensílio de cozinha, redondo ou oval, no qual os alimentos são preparados *en cocotte*.

Confits: modo de preparo de animais na própria gordura, patos e gansos sobretudo. Também modo de glaçagem de frutas ou legumes.

Coquilles: nome genérico para conchas.

Coral: ovas esponjosas de alguns crustáceos, usado como elemento de ligação em algumas culinárias.

Court-bouillon: caldo aromatizado que contém vinho e elemento acidulante; usado para cozinhar.

Crackers: biscoitos salgados e crocantes de origem inglesa.

Créole: cozinha típica do sul dos Estados Unidos, originária do estado da Luisiânia; encontrada também espalhada pelas Antilhas. Trata-se da combinação das culinárias africana, francesa e espanhola.

Cromesquis: croquetes envoltos em massa e fritos.

Croustades: pequenas produções culinárias feitas com diversas massas e recheios, que se assemelham a pequeninas tortas.

Dariole: pequena fôrma cilíndrica na qual são feitas diversas preparações que levam o mesmo nome.

Darne: posta espessa, cortada transversalmente em peixes de tamanho médio a grande.

Demi-glace: molho clássico francês (ver Molhos).

Emincé: modo de preparo de carnes diversas com molhos; a palavra vem do verbo *emincer* (cortar legumes e carnes em finas lâminas).

Escalope: corte de carne bovina, de aves e, por extensão, de peixes e alguns crustáceos. Caracteriza-se por ser um corte fino e regular.

Fricassê: modo de preparo de carnes brancas, sem dourar.

Galantine: modo de preparar aves ou outros animais, envolvendo--os em pele ou filme plástico, em seguida em tecido. Cozinha--se em ligeira fervura. Em tamanho maior, de forma comprida e cilíndrica, chama-se *ballottine*.

Goujons/goujonettes: corte de peixe que lembra iscas, em maior ou menor tamanho.

Halva: doce árabe de massa fina com grãos de gergelim. Receitas diferentes com o mesmo nome são encontradas nas culinárias grega e do Oriente Médio.

Kasseler: costeleta de porco curada e defumada.

Liaison: ligação (ver Bases de cozinha).

Menus morceaux: literalmente, "pequenos pedaços" de carne que eram vendidos na porta dos açougues e que supostamente deram origem à palavra *menu*.

Mirepoix: aromático composto por 50% de cebola, 25% de cenoura e 25% de salsão cortados em cubos.

Mise-en-place: arrumação prévia de qualquer atividade.

Mousseline: termo com várias aplicações: musse salgada ou doce aerada com creme de leite batido; molhos derivados do holandês e da maionese; massa para biscoitos.

Moutardiers: corporação dos fabricantes de produtos com mostarda; pé da planta; recipiente no qual a mostarda é servida.

Musse: preparação doce ou salgada composta por alimentos finamente moídos e ligados.

Orgnette: corte ornamental do linguado cujos filés laterais são enrolados e presos.

Palmiers: biscoito feito com massa folhada cujo formato lembra a folha de uma palmeira.

Papillotte: alimento cozido e servido em um saco de papel-alumínio ou manteiga.

Parfait: ver Sobremesas.

Pastrami: carne bovina, curada com temperos, em seguida defumada; servida fria.

Pâtissiers: profissionais da pastelaria e corporação dos pasteleiros, hoje confeiteiros.

Pocher: método de cocção em líquido ligeiramente fervente. Escalfar.

Poêler: método de cocção em recipiente coberto, com elemento gorduroso, aromático e pouco líquido.

Poivre vert: pimenta-do-reino verde, em grãos.

Pumpernickel: pão preto alemão feito com farinha de centeio.

Quenelles: bolinhos feitos com alimentos moídos, ligados e cozidos *à poché*; por extensão qualquer alimento moldado em forma de bolinhos ovais.

Quiche: torta composta por ovos, creme de leite e toucinho, a que podem ser adicionados outros ingredientes.

Ramequin: pequeno utensílio redondo no qual são preparadas várias produções que levam o mesmo nome.

Restaurateurs: corporação dos donos dos estabelecimentos nos quais o público podia restaurar as forças e comer em determinadas horas alimentos prefixados.

Rillettes: prato feito com carne de porco, ganso ou coelho, frita e depois servida fria envolta em gordura.

Rôtisseurs ou *rôtissiers*: corporação dos assadores de carnes.

Roulades: nome genérico para alimentos enrolados em carne.

Royales: denominação de várias preparações; creme de gemas e de claras, sem temperos, cozido em forma de *darioles* e cortado em pedaços; mistura de clara de ovos e açúcar de confeiteiro.

Sauciers: corporação dos cozinheiros que faziam molhos.

Speck: nome alemão para toucinho defumado.

Steward: profissional responsável pela administração das louças, talheres e prataria, como também pela limpeza das áreas de alimentos e bebidas.

Suprême: peito e parte de asa de aves; molho derivado do *velouté*.

Tahine: pasta de gergelim.

Talmouse: tartelette em massa folhada ou *brisée* com vários recheios.

Terrine: recipiente de formato oval ou retangular em refratário; alimentos moídos finamente e assados em banho-maria em fôrma específica. Tipo de sobremesa (ver Sobremesas).

Timbales: fôrma em formato de sino; diversas preparações.

Traiteurs: corporação que servia alimentos sob encomenda.

Tranche: fatia ou corte de carne.

Tripiers: corporação dos açougueiros que trabalhavam com tripas e vísceras.

Velouté: molho básico e tipo de sopa.

Viennoiserie: conjunto de produções da confeitaria que englobam *croissants*, brioches, pães de leite e frutas etc.

Vinaigriers: corporação dos fabricantes de vinagre.

Vol-au-vent: produção feita com massa folhada, podendo ter vários recheios.

ÍNDICE GERAL

BASES, MOLHOS E MÉTODOS DE COCÇÃO	47
Bases	47
Agentes de ligação ou espessantes (*liaisons*)	52
Elaboradas	54
Naturais	53
Aromáticos	56
Embelezadores e melhoradores de sabor	56
Fundos de cozinha	47
Fundos claros (fonds clairs)	49
Fundos de caça (fonds de gibier)	52
Fundos de legumes (fonds végétariens)	52
Fundos de peixe (fonds de poisson)	51
Fundos escuros (fonds bruns)	50
Métodos de cocção	70
Métodos de cocção contemporâneos	79
Blast chiller	83
Cap-cold	83
Cocção a vácuo (sous-vide)	82
Cook-chill	82
Cozinha de montagem (cuisine d'assemblage)	82
Em forno combinado	80
Em forno de convecção	82
Em fritadeiras com controle digital	82
Flash oven	83

Por indução (halogênica)	81
Por micro-ondas	79
Métodos de cocção tradicionais	70
Auxiliares de métodos de cocção	78
Calor misto ou combinado	77
Calor seco	70
Calor úmido	75
Molhos	57
Molhos básicos	58
Molhos de base clara	61
Molhos de base escura	59
Molho de tomate	65
Molhos emulsionados	63
Molhos contemporâneos e alternativos	67
Molhos especiais	66
Molhos frios	65
CONHECENDO OS ALIMENTOS	85
Açúcar (*sugar – sucre*)	243
Adoçantes	245
Diferença entre alimentos diet e light	246
Caldas, As	244
Geleia real	247
Mel	246
Aves (*volaille – poultry*)	123
Carnes	131
Coelho (*rabbit – lapin*)	141
Gado bovino (*beef meet – le bœuf*)	131
Para cada prato, um pedaço de carne	133
Vitela (veal – veau)	132
Gado caprino: cabra (*goat – chèvre*), bode, cabrito (*kid – chevreau*)	140
Cabra e bode	141
Gado ovino: carneiro (*mutton – mouton*), ovelha e cordeiro (*lamb – agneau*)	139

Gado suíno: porco, leitão, leitoa (*pork/piglet – porc/cochon de lait*)	136
Maturação	141
Rendimento das carnes	142
Fator de correção	143
Fator de rendimento	142
Cereais	211
Farelos	216
Farinhas	215
Féculas	215
Massas alimentícias (macarrões)	216
Milheto e painço (*millets*)	215
Sêmola ou semolina	216
Cogumelos (*mushrooms – champignons*)	241
Condimentos	225
Condimentos ácidos	227
Condimentos picantes	226
Especiarias e ervas aromáticas	228
Essências ou aromatizantes	225
Salinos	225
Frutas	170
Frutas cristalizadas (*cristallized/candied – confits/déguisés*)	205
Frutas latino-americanas	204
Frutas secas/desidratadas (em passas)	206
Frutas vermelhas	205
Oleaginosas (castanhas)	206
Gorduras	222
Gorduras de origem animal	222
Gorduras de origem vegetal	223
Legumes e leguminosas	151
Legumes	151
Hortaliças (*legumes de folha*)	151
Legumes de bulbo	167
Legumes de caule ou de talo	164
Legumes de flor	166

Legumes de fruto	157
Legumes de raiz	160
Legumes de tubérculos	162
Leguminosas	168
Leites e derivados	247
Ao natural e industrializados	247
Leites acidulados ou fermentados	249
Coalhada	250
Creme de leite	250
Iogurte (yogurt/yoghurt – yaourt)	249
Manteiga	248
Manteiga clarificada	249
Queijos *(cheese – fromage)*	251
Classificação de acordo com a textura	253
Processo de fabricação	252
Miúdos	149
Óleos	223
Outros animais comestíveis	144
Ovos	222
Pescados (peixes e frutos do mar)	85
Como comprar	86
Estocagem	87
Frutos do mar	115
Crustáceos	116
Métodos para limpar e conservar moluscos e crustáceos	115
Moluscos	119
Métodos para limpar, cortar, desossar e/ou conservar peixes	87
Peixes anódromos	114
Peixes brasileiros de água do mar	88
Peixes de água doce	104
Peixes importados	101
Sobremesas	255
Cremes de confeitaria	261
Doces brasileiros	268

Friandises e *petits-fours*	266
Frutas	266
Marzipã	261
Massas básicas de confeitaria	256
Massas cozidas	259
Massas levedadas	259
Massas líquidas	260
Massas secas	257
Merengues	260
Sorvetes, *sorbets* e sobremesas geladas	262
Sobremesas quentes	265
Uso do café (ver Frutas)	269
Uso do ovo	262
Usos do chocolate	267

GLOSSÁRIO — 295

INTRODUÇÃO — 19

PLANEJAMENTO DE UM CARDÁPIO — 21

Noções de brigadas e serviço	37
Organização de uma brigada de cozinha	38
Organização funcional da cozinha	40
Perfil dos cargos, descrição das tarefas e competências	41
Colaboração com setores e gerências de um hotel	46
Planejamento de cardápios	22
Cuidados especiais com a redação de cardápios	23
Cuidados especiais no planejamento de cardápios	31
Objetivos	22

PRODUÇÕES CULINÁRIAS — 271

Aves	281
Cortes	281
Miúdos de aves	282
Modos de preparo	282
Produtos	281
Tipos	281

Carnes	282
Bovina	282
Caças e outros animais comestíveis	283
Caprina	283
Cortes de carnes	283
Miúdos	284
Modos de preparo	283
Ovina	283
Suína	283
Entradas frias	271
Canapés (pães, torradas, biscoitos)	275
Carnes e aves	274
Charcutaria	272
Frutas	274
Legumes e verduras	274
Ovos	274
Peixes, moluscos e crustáceos	271
Guarnições	284
Batatas	284
Cereais e leguminosas	284
Cuzcuz marroquino	284
Farofas	284
Frutas	284
Legumes e verduras	284
Massas e risotos	284
Hors-d'œuvre quentes	275
À base de cereais	276
À base de ovos	276
Assados	275
Fritos em massa	275
Fritos (simples)	275
Massas italianas	276
Massas (italianas)	278
Produtos	278

Ovos	277
Cozidos com casca	277
Cozidos sem casca	277
Frigideiras	278
Fritadas	277
Fritos	277
Omeletes	277
Pescados	278
Crustáceos	280
Moluscos	280
Peixes	279
Rãs	280
Saladas	278
Mistas	278
Simples	278
Sobremesas	284
À base de chocolate	285
À base de ovos	285
Bolos e doces à base de merengue	284
Doces à base de marzipã	284
Friandises e *petits-fours*	285
Frias	285
Preparações à base de levedadas	284
Preparações à base de massa cozida	284
Preparações à base de massa folhada	284
Preparações à base de massa seca	284
Preparações à base de massas líquidas	284
Quentes	285
Sorvetes	285
Sopas	276
Consomês	276
Sopas de caráter regional	276

Sopas ligadas   276

Sopas não passadas (*potages – soupes*)   276

REFERÊNCIAS BIBLIOGRÁFICAS   287

Outras referências   293